공감하고 생각하고 실행하라! 생각혁신 프로젝트

디자인 씽킹 수업

우영진 · 박병주 · 이현진 · 최미숙 지음

i-Scream

당신은 지금 행복한가? 아무런 문제없이 행복하게 살아가고 있는가? 여기에 대한 답변을 자신 있게 할 수 있다면 당신은 정말 행복한 사람이다. 그러나 안타깝게도 그런 행복을 누리는 사람들은 많지 않다. 누구나 삶을 살아가다보면 끊임없이 어려움과 문제들을 만나게 된다. 이러한 문제들을 만날 때 보통 어떻게 해결하는가? 보통은 문제를 해결하기 위해서 끊임없이 노력하고 또 노력할 것이다. 그럼 문제들이 깔끔하게 해결되었는가? 만약에 제대로 해결되지 않은 문제들이 있다면 왜 그런 것일까?

이러한 물음에 대해서 명쾌한 대답이 나오지 않을 때가 많다. 그렇게 해결되지 않는 가장 큰 이유는 우리를 곤경에 빠뜨리는 수많은 문제를 대하는 방식이 잘못되었기 때문이다. 그렇다면 문제를 어떻게 대해야 할까? 이제 당신은 디자인씽킹을 만나게 되면서 그 전에 문제에 대해서 접근하던 방식과 전혀 다른 새로운 방식으로 문제를 대하게 될 것이다.

첫 번째, 디자인씽킹을 통해 '사람'을 가장 중요하게 여기게 될 것이다. 현재 우리가 살고 있는 사회는 어떠한가? 지금 전 세계는 인공지능(AI), 사물인터넷(IoT), 빅데이터(Big Data)의 정보공학(IT)과 로봇공학, 나노공학(Nano Technology), 생명공학(Bio Technology), 3D 프린트 기술 등의 융합, 복합적인 발달로 4차 산업혁명의 문턱에 가까이 와 있다. 과거와 비교할 수 없을 정도로 무시무시하게 빠르게 변화하는 시대 속에 살고 있는 것이다. 지금은 매년마다 축적되는 디지털 데이터 양이 거의 2배씩 증가하고 있다. 다시 말하면 가장 최근 1년 만에 축적된 데이터가 인류 역사 이래부터 불과 1년 전까지 축적된 정보의 양과 거의 동일하다. 이렇게 쏟아지는 정보의 홍수와 빠르게 변화하는 사회에서 점점 인간의 자리를 대체해가는 인공지능과 로봇들을 바라보면서 어떤 생각이 드는가? 혹시 '사람'이 할 수 있는 진짜 가치를 놓치고 있는 것은 아닐까.

그러나 디자인씽킹은 메말라 가는 사람에 대한 마음을 다시 '사람'을 중심으로 생각하게 하는 중요한 도구이다. 마치 대통령 선거에서 나왔던 '사람이 먼저다'라는 슬로건처럼 말이다. 사람의 어려움과 필요를 돌아볼 수 있으려면 어떻게 해야 할까? 가장 좋은 방법은 '함께 하는 것'이다. 사람의 어려움을 함께 체험하고, 함께 결핍과 필요를 느끼는 것. 그것이야말로 '사람'을 중심으로 생각하게 하는 디자인씽킹의 힘이 아닐까? 디자인씽킹을 만나면서 당신은 그 전의 방식이 아닌 진짜 '사람'을 먼저 생각하고 '사람'을 중심으로 문제를 바라보는 경험을 하게 될 것이다.

두 번째, 디자인씽킹으로 문제의 '진짜 모습'과 만나게 될 것이다. 어떤 병이 걸렸을 때 병을 치료하는 방식은 크게 두 가지 방식이 있다. 바로 대증 요법과 원인 요법으로 나눌 수 있다. 대증 요법이란 겉으로 드러나는 병의 증상을 완화 또는 제거하기 위해 치료하는 요법이다. 반면에 원인 요법은 겉으로 드러나는 병의 증상보다는 그러한 증상을 일으키는 병의 원인을 찾아내어 제거 또는 치료를 하는 방법이다. 이제껏 여러 가지 문제를 맞닥뜨리게 되면 어떻게 해결해 나갔는지 생각해보자. 보통은 겉으로 보이는 문제를 해결하는 데에 초점을 두게 되는 경우가 많다. 어떤 문제가 생길 때마다 원인을 찾기 보다는 당장 눈앞의 문제 상황만 해결하려는 '대증 요법'과 같은 태도를 가졌다면 디자인씽킹을 접하면서 새롭게 바뀔 것이다.

디자인씽킹은 눈에 보이는 문제 상황보다 문제의 진짜 모습을 찾아내게 만든다. 디자인씽킹을 만나게 되면 '빙산의 일각'이라는 말처럼 겉으로 보이는 문제의 현상에 집중하기 보다는 수심 깊은 곳에 묻힌 문제의 진짜 모습을 찾아내어 해결하려는 태도로 바뀌게 될 것이다.

세 번째, 디자인씽킹은 '실패'를 딛고 '함께 성장'할 수 있게 만들 것이다. 당신이 꿈꾸는 교육의 모습은 어떤 모습인가? 당신은 실패를 겪었을 때 어떻게 반응하는가? 스스로를 또는 다른 사람을 실패한 사람이라고 낙인찍은 적은 없는가? 대부분의 사람은 실패를 겪을 때 좌절하거나 실의에 빠지는 경우가 많다. 아는 분을 통해 들은 일화를 하나 소개하겠다. 원래 꿩은 야생으로 닭처럼 가축으로 키우기가 매우 어렵다고 한다. 꿩을 새장에 가두어 두면 야생의 습성 때문에 하도 날아오르고 천정에 부딪혀 죽고 만다. 그러나 어떤 가축을 키우는 농부가 이러한 꿩을 잡아다가 가축처럼 키울 수 있는 방법을 찾아냈다. 바로 썬캡 같은 조그만 모자를 꿩의 머리 위에 씌우는 것이다. 야생 꿩은 모자를 씌우자 하늘 위로 날아오르기를 무서워했다. 눈 위에 보이는 조그마한 모자가 야생 꿩에게는 엄청나게 두꺼운 벽처럼 느껴졌던 것이다. 그래서 꿩은 눈 앞에 보이는 천정(작은 모자)이 두려운 나머지 날아오르지 못했던 것이다.

우리도 마찬가지다. 실패하는 것에 익숙하지 않아 두려운 나머지 한 번 실패한 후에 다시 도전하지 못하는 경우가 많다. 사람은 누구나 실패한다는 사실을 잊지 않아야 한다. 실패라는 것은 야생 꿩이 쓰고 있었던 썬캡 같이 대단한 것이 아니다. 충분히 극복하고 일어나서 다시 도전할 수 있다. 이제는 실패에 대한 두려움을 벗어버려야 한다. 다시 높은 하늘을 바라보며 대지를 가르고 날아다니는 야생 꿩의 원래 모습처럼 극복할 수 있다. 디자인씽킹을 통해서 쓰디쓴 실패를 경험할지도 모른다. 하지만 디자인씽킹의 협업을 통해서 실패를 혼자가 아닌 모두가 함께 극복할 수 있는 힘을 배우게 될 것이다.

디자인씽킹은 '사람'을 중심으로 생각하는 프로세스이다. 당신은

이 세상 누구보다도 소중한 '사람'이라는 사실을 잊어서는 안 된다. 그 사실을 알고 있다면 나만 '소중한 사람'이 아닌 다른 사람 또한 '소중한 사람'임을 알게 될 것이다. 또한 문제는 겉으로 보이는 것이 진짜가 아니라는 것을 잊어서는 안 된다. 디자인씽킹으로 문제의 진짜 모습을 찾아내는 통찰력을 가지는 경험을 하기 바란다. 마지막으로 디자인씽킹을 통해서 혼자가 아닌 공동체로서 실패를 극복하고 성장하는 계기가 될 것이다.

아무쪼록 본 책을 통해 선생님들에게는 디자인씽킹이라는 새로운 교육의 패러다임을 제시하고, 학생들에게는 실패를 딛고 일어설 수 있는 위대한 기회를 제공하고자 집필한 도서이다. 학부모나 일반인들에게는 삶의 문제를 경험했을 때 문제를 새롭게 해결할 수 있는 방법을 찾게 되는 도구가 되길 바란다.

● Contents

●

"How might we?"

디자인씽킹이란, 아이디어의 새로운 전환과
인간에 대한 공감을 실현시킬 수 있는 창의적인 문제 해결 방법이다.

디자인씽킹으로
만나는 세상

디자인씽킹이란
무엇인가

▲▲

디자인씽킹이란 무엇일까. 디자인씽킹이란, 아이디어의 새로운 전환과 인간에 대한 공감을 실현시킬 수 있는 창의적인 문제 해결 방법이다.

학교 현장에서 학생들을 가르치다보면, 아이들은 새로운 개념을 접하게 될 때 대충 두루뭉술하게 알고 넘어갈 때가 많다. 처음 몇 번은 문제없이 자연스럽게 알게 되겠으나 시간이 흐르고 또 다른 개념들이 많아지게 되면 대충 알던 개념들이 쌓여서 더욱 더 커다란 혼동을 겪게 된다. 이것을 방지하기 위해서는 처음부터 느리더라도 개념을 잘 잡고 가는 것이 중요하다.

먼저 디자인씽킹을 시작하기 전에 가장 중요한 것은 '디자인'이 무엇인지 아는 것이다. 사람들은 보통 초행길이거나 목적지로 가는 길을 모를 때 일단 내비게이션의 안내를 믿고 교통신호를 잘 지키면서 가곤 한다. 그러다보면 어느 순간 최종 목적지에 도착하게 된다. 이와 마찬가지로 디자인씽킹이란 개념이 낯설더라도 처음 경험하는 목적지를 향해 한 걸음 한 걸음 따라가다 보면 디자인씽킹이 무엇인지 쉽게 이해하게 될 것이다.

처음에 디자인씽킹이라는 용어를 접하게 되면 바로 '디자인'이나 '디자이너'가 떠오르게 된다. 이 용어 때문에 '디자인하는 생각'인지 '비주얼씽킹'의 또 다른 이름인지 혼동하기 쉽다.

쉽게 설명하면 디자인씽킹은 '디자이너들이 창조적으로 일을 할 때 사용하는 절차나 방법'이라고 할 수 있다. 그럼 '디자이너'라고 하면 어떤 디자이너가 떠오르는가? 옷을 만드는 패션디자이너, 건물을 설계하는 건축디자이너, 물건을 만드는 물건디자이너, 컴퓨터로 그림이나 글씨를 만드는 그래픽 디자이너, 홈페이지를 디자인하는 웹디자이너, 공연장을 만드는 무대디자이너, 머리 모양을 손질하는 헤어디자이너, 심지어 학교에서 수업을 설계해주는 수업디자이너 등등 우리 주변에는 여러 종류의 많은 디자이너가 있다.

하는 일도 다른데 왜 모두 '디자이너'라고 부를까? 그럼 '디자이너'라는 이름이 붙은 직업들이 하는 일은 무엇일까? 하는 일이 달라도 모두 디자인을 하고 있기 때문에 우리는 그들을 '디자이너'라고 부른다. 그럼 '디자인'의 뜻은 무엇일까.

얼핏 드는 생각으로는 무슨 그림을 그리거나 물건을 만드는 일을 하는 것이라고 생각할 수 있다. 그럼 '수업 디자이너'는 어떨까. 수업디자이너는 일반적으로 그림을 그리거나 물건을 만드는 일이라고 쉽게 생각하기 어렵다. 실제로 수업 디자이너는 그림을 그리거나 물건을 만드는 일과는 직접적인 관련은 없다. 다시 말해서 '디자인을 한다.'라고 할 때 눈에 보이는 그림이나 물건과 꼭 직접적인 관련이 있어야만 한다고 생각하는 오해는 접어두어야 한다.

그렇다면 '디자인'이라는 말은 어디에서 시작되었을까? 디자인은 원래 라틴어인 데지그나레(designare)에서 나왔다. 이 단어는 '지시하다', '성취하다', '표현하다'라는 뜻을 가지고 있다. 왜 디자인이 단순히 그림을 그리거나 물건을 만드는 것만을 의미하는 것이 아닌지 어원의 뜻을 통해 알게 되었을 것이다. 그럼 디자인을 하는 세계적인 디자이너들은 디자인을 무엇이라고 생각하는지 들어보자.

"디자인은 눈에 보이는 지성이다."

르 코르뷔지에 (국제적 합리주의 건축사상가, 거대 주거단지 마르세유의 《유니테》를 설계)

"디자인한다는 것은 단순히 조립하고 배열하고 또는 편집하는 것보다 훨씬 큰 의미가 있다. 그것은 가치와 의미를 불어넣고, 의미를 드러내고, 단순화하고, 명확히 하고, 꾸미고, 권위를 부여하고, 극적으로 만들고, 그리고 즐거움을 주는 일까지도 포함하는 것이다."

폴 랜드 (그래픽디자이너, ABC, UPS, IBM, Next 로고 디자인)

프랑스 마르세유에 거대한 주거단지를 설계했던 르코르뷔지에와 세계적인 로고디자이너 폴 랜드에 따르면 디자인은 눈에 보이는 지성이라고 했다. 즉, 사람이 가지고 있는 어떤 아이디어나 생각, 가치, 철학들을 '눈에 보이게' 하는 것을 디자인이라고 생각했다.

눈에 보이지 않는 중요한 의미들을 눈에 보이도록 드러내고 명확하면서도 단순하게 강조하는 것, 그것이 바로 디자인이라고 할 수 있다. 또 다른 디자이너들의 말을 인용해보자.

"가장 간단한 디자인의 정의는
'당신이 사용자를 어떻게 대하는가'이다".

이브베하 (퓨즈 프로젝트)

"위대한 디자인은 고객과의 깊은 관계를 창조하는 것이다."

빌 버넷 (스탠포드대학 디자인 프로그램 책임자)

모바일 디바이스를 디자인했던 이브베하와 스탠퍼드 대학의 빌 버넷은 디자인에 대해 서로 다른 생각을 가지고 있다. 바로 '사람'과의 관계에 대한 것이다. 그들은 디자인이라는 것을 디자인을 하는 사람과 디자인을 사용하는 사람과의 관계라고 정의했다. 즉, 디자이너와 디자인을 사용하는 사람을 이어주는 매개체가 디자인이라는 것이다.

좋은 디자인은 디자이너가 사용하는 사람에 대해 관심을 가지고 공감할 때 나올 수 있다. 우리가 익히 알고 있는 그림을 그리거나 무엇을 만드는 것과 전혀 다른 접근이다. 때문에 '디자인을 하다'라는 말에는 사용하는 사람에게 '관심'을 가지고 생각하고 공감한다는 뜻이 포함되어 있어야 한다. 다시 말하면 디자인을 하는 것은 인간을 중심으로 생각하고, 관심을 갖고, 공감해서 필요나 문제를 해결하는 마음에서 시작되어야 한다.

그렇다면 디자인씽킹은 무엇일까? 디자인씽킹은 '사람의 입장에서 사람을 중심으로 생각하고 공감하며 사람의 어려움이나 문제를 함께 해결해나가는 과정'이라고 말할 수 있다.

디자인씽킹은 디자인 분야에서 출발한 프로세스이자 사고 방법이다. 그러나 디자인씽킹은 디자인을 넘어 경영, 문화, 사회, 교육에 이르기까지 매우 다양한 분야에서 이미 적용되고 있다. 이는 디자인씽킹이 갖는 공감을 바탕으로 한 협업을 통해 인간중심적 가치라는 강력한 메시지가 있기 때문일 것이다. 디자인씽킹을 이야기하고 있는 다양한 전문가들의 정의와 견해를 살펴보도록 하자.

● Roser Martin의 새로운 사고의 패러다임

디자이너가 아닌 경영학자로서 디자인씽킹을 강조하고 있는 토론토

대학 로저 마틴(Roger Martin)교수는 『디자인씽킹(design thinking)』이라는 저서에서 '생각의 가장 완벽한 방식은 분석적 사고에 기반을 둔 완벽한 숙련과 직관적 사고에 근거한 창조성이 역동적으로 상호작용하면서 균형을 이루는 것'이라고 정의하였다. 쉽게 말해 직관적 사고와 분석적 사고의 균형을 이루는 사고를 디자인씽킹이라고 칭한 것이다.

그가 디자인씽킹을 직관적 사고와 분석적 사고의 균형이라고 정의한 이유는 디자인 작업의 속성상 이 두 사고의 균형이 필연적이며, 직관적 사고와 분석적 사고가 끊임없이 충돌하고 조정되면서 결국에는 균형을 찾아가는데, 이것이 디자인씽킹만이 가진 독점적인 가치라고 생각했기 때문이다.

〈 지식 생산 필터 〉

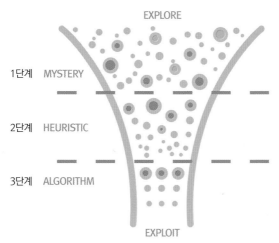

출처 : 로저마틴 '디자인씽킹'

로저 마틴은 지식의 생산과정을 지식 생산 필터를 통해 설명하고 있다. 어떠한 지식이든지 초기에는 아무것도 알 수 없는 미스터리 즉, 카오스 가운데 있다. 몇 번의 성공적 체험을 통해 경험 규칙화 하게 되고 이러한 경험 규칙은 암묵적 지식으로 존재하지만 곧 언어화된 규칙 즉, 알고리즘으로 탄생하게 된다. 여기에서 경험 규칙 또는 알고리즘이 미스터리한 상황 전체를 설명하는 것은 아니다. 단지 그 가운데 우연적으로 발견된 일부의 경향성을 강조해서 설명하고 있는 것이다. 따라서 혁신을 이루기 위해서는 알고리즘에서 벗어나 다시 미스터리한 카오스의 상태로 탐색을 수행하는 것을 반복해야 한다. 그는 이 과정에서 분석적 사고와 직관적 사고의 가운데 디자이너의 귀추적 사고가 존재함을 언급하였다. 그리고 이를 분석적 사고와 직관적 사고의 균형을 갖게 되는 제3의 사고방식인 디자인씽킹으로 정의하였다.

● Tim Brown의 창의적 문제해결 프로세스

아이디오 IDEO의 CEO 팀 브라운(Tim Brown)은 디자인적 사고란 '소비자들이 가치 있게 평가하고 시장의 기회를 이용할 수 있으며 기술적으로 가능한 비즈니스 전략에 대한 요구를 충족시키기 위하여 디자이너의 감수성과 작업방식을 이용하는 사고방식'이라고 설명한다.

예를 들어 디자이너는 어떤 문제에 대하여 광범위하고 엉뚱하기까지 한 다양한 대안을 찾는 확산적 사고와 선택된 대안을 현실에 맞게 다듬는 수렴적 사고를 반복 사용하고 있고, 문제에 관해 분석적으로 사고할 뿐만 아니라, 논리적 연관성을 뛰어넘는 직관적 사고를 하는 등 통합적으로 사고한다는 것이다.

팀 브라운이 말하는 구체적인 문제해결 프로세스는 다음과 같다.

1. **Inspiration** (관찰, 공감, 협력하여 영감을 얻음)
2. **Ideation** (통합적 사고-확산과 수렴을 통해서 구체적인 아이디어를 얻음)
3. **Implementation** (프로토타입을 만들어 테스트하고, 실패하고, 개선하는 것을 반복하여 최선의 답을 얻음)

그는 창의적인 사람들로 손꼽히는 디자이너들이 자주 사용하는 디자인씽킹 방법을 말하였다. 예를 들면 실제 소비자가 빨래하는 모습을 관찰하고 그들에게 공감하는 것을 통해서 세제나 세탁기를 개발하기 위한 확산적 사고를 하고 그 사이에서 필요한 것을 추려내는 수렴적 사고를 뜻한다.

팀 브라운은 디자인씽킹이 기존의 창의적 문제 해결 방법과 다른 점으로 인간 중심적 관찰과 공감을 강조한다고 말한다.

'관찰'은 문제와 연계된 사람들이 실제 어떠한 생활을 하고 있고,

〈 팀 브라운의 디자인적 사고 마인드 맵 〉

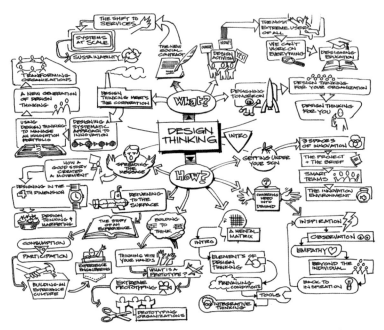

출처 : IDEO

그 안에서의 문제점과 요구사항을 파악하기 위해 그들이 살고, 일하고, 노는 곳으로 들어가 직접 경험해보는 것이다. 사람들이 무슨 일을 하는지, 어떤 말을 하는지, 어떤 대상을 관찰할 것인지, 어떤 연구방식을 택할 것인지, 수집된 정보에서 어떻게 유용한 요소를 끄집어낼 것인지, 또는 해결을 위한 통합 작업을 언제 시작할 것인지를 가늠하는데 있어 중요한 역할을 한다고 할 수 있다.

'공감'은 소비자의 관점에서 생각하고 느끼는 것으로 우리 모두가 사람들과 어울리면서 느끼는 공통의 감정이다. 공감은 디자인씽킹과 학문적 사고를 구분 짓는 가장 중요한 차이점이다.

디자인씽킹은 관찰한 결과를 통찰력이 깃든 아이디어로 풀어내고, 통찰력이 스며든 아이디어를 삶의 질을 향상시켜주는 상품이나 서비스로 구현하는 것이다. 이때, 디자이너는 사람들이 눈으로 세상을 바라보고 그들과의 경험을 통해 세상을 이해해야 한다. 다시 말해 '공감'을 통한 통찰력으로 수놓은 다리를 만들어 가는 과정이라고 할 수 있다.

그렇다면, 우리 교육 상황에서는 디자인씽킹을 어떻게 정의하여야 할까? 디자인씽킹은 창의적으로 생각하는 디자이너의 사고방식에서 출발한 창의적인 문제 해결 과정과 사고 방법이다. 그 이유는 디자인씽킹 프로세스가 주어진 문제 상황을 관찰 및 분석하고 해결을 위한 아이디어를 제시하며, 아이디어를 시각화하는 프로토타입을 제작, 시험, 출시하는 일련의 과정이라고 할 때, 주어진 문제에 대한 최선의 해결 방안을 모색하는 과정과 발상이 디자인 프로세스의 핵심이라고 판단할 수 있기 때문이다. 이렇듯 교육 상황에서는 디자인씽킹을 주어진 문제를 창의적으로 해결함으로써 혁신적인 방안을 창출하는 사고의 과정이자 방법이라는 점을 주목할 필요가 있다.

왜 디자인씽킹일까?

2016년 3월 9일 세기의 대결이 펼쳐졌다. 바로 이세돌과 영국에서 개발한 알파고(Alpha Go)라는 인공지능의 대국이었다. 알파고는 어떤 인공지능인가? 충격적일지 모르지만 가장 먼저 짚고 넘어가야 할 것은 '알파고'라는 인공지능은 '바둑 프로그램'이 아니라는 것이다. 무슨 소리냐고 의아해하는 사람들이 있을 것이다. 그렇다면 왜 바둑을 선택하였을까? 구글 딥마인드(Google Deepmind)의 CEO인 데미스 하사비스(Demis Hassabis)는 알파고를 개발한 이유에 대해 다음과 같이 설명한다.

> "바둑은 인간의 직관력과 창의력이 가장 많이 발현될 수 있는
> 게임이다. 바둑에서 나올 수 있는 경우의 수는 우주에 존재하는
> 모든 원소의 수보다 많기 때문이다. 우리가 개발한 인공지능이
> 바둑을 정복한다면 다른 분야에도 인공지능을 활용할 수 있게 된다.
> 이것이 우리가 바둑을 선택한 이유다."
>
> 출처 : 위키백과

세계 바둑을 석권했던 이세돌은 인간을 대표해서 알파고와 대국했다. 이세돌은 컴퓨터 프로그램이 인간의 직관력과 창의성을 아직은 이길 수 없다고 생각하기 때문에 당연히 본인이 5대 0으로 이길 것이라고 예상했다. 그러나 그의 당당한 출사표와 달리 첫 판부터 흔들리기 시작했다. 초반의 기세와는 달리 경기는 쉽게 풀리지 않았다.

무기력하게 첫 판을 내 준 뒤 3연패를 하고 말았다. 5전 3선 승으로 알파고의 승리가 확정된 이후 마음을 가다듬은 이세돌은 가까스로 1승을 따냈다. 4국에서 흑돌 사이에 끼워 넣는 0.007% 확률의 78번수를 두는 신의 한수 끝에 알파고의 항복을 받아낼 수 있었다. 그러나 5국은 다시 알파고의 승리로 끝나 최종적으로 1승 4패의 완패로 끝이 났다.

대국이 끝난 후 전 세계는 대단한 충격에 휩싸였다. 인공지능이 사람의 창의력과 직관력을 넘어섰다는 것을 눈으로 직접 확인했기 때문이다. 어떤 사람들은 인공지능을 상대로 이세돌이 1승을 했다는 사

〈 데미스 하사비스_구글 딥마인드 CEO 〉

실을 두고 사람이 인공지능을 넘어설 수 있다고 주장하기도 했다. 하지만 인공지능에 대하여 조금이라도 안다면 그렇지 않다는 것을 쉽게 알 수 있다.

알파고를 보고 비슷한 프로그램이 이미 있었다고 말하는 사람도 있을 것이다. 그 중 가장 유명한 것이 바로 '딥 블루(Deep Blue)'라는 인공지능이다. 1997년 딥 블루는 당대 체스 세계 챔피언이었던 개리 카스파로프를 꺾었다. 딥 블루는 체스를 위한 인공지능 프로그램이었다. 딥 블루는 체스를 세계에서 가장 잘 둘 수 있지만 다른 것은 전혀 하지 못한다. 그러나 알파고는 딥 블루와는 완전히 다르다.

알파고는 딥 블루와 어떤 점이 다른 것인가? 알파고는 기본적으로 사람의 뇌와 같은 메커니즘으로 신경망을 활용하여 스스로 학습한다.

신경망은 사람의 뇌에 있는 신경세포처럼 기억이나 연산, 처리를 하는 것을 말한다. 일종의 부정확하고 미완성된 정보들을 보고 직관적으로 유목화 시키거나 의미를 구성하여 처리하는 것을 말한다.

알파고는 그동안 프로 바둑기사들이 대국했던 거의 모든 수의 바둑 기보들을 스스로 학습했다. 바둑의 원리와 방법을 스스로 터득한 셈이다. 또한, 알파고는 대국을 할 때 승리할 수 있는 확률이 가장 높은 최적의 수를 찾는다. 그런 다음 스스로 계속된 대국을 통해 약점을 보완하고 훈련하고 학습한다. 인간이 학습하고 훈련하는 것처럼 시간이 지나면 지날수록 알파고는 더욱 똑똑해지고 강해지는 것이다.

2년 전 이세돌과 대국을 했던 인공지능인 '알파고 리(Alpha Go Lee)' 이후에 새로운 인공지능 시스템이 개발되었다. 바로 가장 최근에 개발된 알파고 제로(Alpha Go ZERO)다. 알파고 제로는 이세돌과 대국했던 알파고 리와 대국하여 100전 100승을 거두었다. 다시 말하면, 이제는 인간이 절대로 이길 수 없는 바둑 수준에 도달한 것이다.

알파고 제로는 그동안 다른 인공지능과는 다른 방식의 학습 방법을 시도했다. 사람이 만든 정보를 사용하지 않고 기본적인 바둑의 규칙과 방법만을 가지고 스스로 공부하기 시작했다. 완전히 백지 상태인 아기 상태, 즉 아무것도 모르는 상태에서 며칠 만에 세계에서 가장 강력한 바둑 고수 '알파고 리'를 완벽히 제압하는 학습 상태가 된 것이다. 충격적이지 않은가? 수 천년동안 인간이 쌓아온 바둑에 관한 지식을 단 며칠 만에 이길 수 있는 것이 바로 인공지능이다.

이제는 시대가 바뀌었다. 기존의 방식으로 접근해서는 다른 사람을 이기기는커녕 기계에게도 직업을 빼앗기는 시대가 되었다. 그렇다면 그대로 아무 생각 없이 그동안 해왔던 대로 하는 것이 옳은 것인가? 지금 당장 인공지능이 우리 생활을 변화시킬 수는 없을지도 모른다. 하지만 전 세계는 분명히 그런 방향으로 가고 있다는 사실이다. 불과 30년 전만 해도 이 세상 누가 모든 사람의 손에 스마트 폰이 있을 거라고 생각 했겠는가? 우리가 인식하든지 인식하지 못하든지 세상은 엄청나게 빠르게 변화하고 있다. 이렇게 인공지능과 로봇 등 사람이 필요 없는 사회로 변화되어갈 것이다.

그러나 역설적이게도 앞으로는 사람들만이 가질 수 있는 가치 또한 더욱 중요해지는 시기가 올 것이다. 우리 자신과 우리 아이들이 디자인씽킹을 우리가 배워야 하는 이유가 여기에 있다. 디자인씽킹은 사람에 대해 공감하고 사랑하는 마음을 배울 수 있는 멋진 도구이기 때문이다.

디자인씽킹이 지닌 인간 중심적인 철학과 가치를 보여주는 대표적인 사례를 하나 더 살펴보자.

한 남자가 하얀색 옷을 입고 차가우면서도 초점 없는 눈으로 한 남자 아이를 바라본다.

'아직 한 녀석이 더 남았군…'

그는 가벼운 한숨을 내쉬며 아이를 움직이지 못하게 단단히 고정시킨 후 건물 구석 후미지고 폐쇄된 공간으로 데리고 들어가려고 했다. 아이는 겁에 질린 얼굴로 스스로 할 수 있는 최대한의 저항을 하고 있다.

"꺄~~~악!!"

아이의 부모는 그렇게 끌려들어가는 모습을 바라볼 뿐 무기력하게 아이를 빼앗길 수밖에 없었고, 아이는 그런 부모를 향해 분노와 원망이 담긴 눈으로 쳐다보며 연신 비명을 질러댔다. 가끔 아이 근처를 지나가는 사람들조차 그런 상황에 크게 신경 쓰지 않았고 오히려 관심이 없다는 듯 무미건조한 표정으로 아이가 끌려들어가는 모습을 쳐다보기만 했다. 그 누구도 아이가 처한 현실에서 구해주거나 도움을 주지 않았다. 아이는 자신을 알고 있는 사람이 전혀 없는 낯선 공간으로 끌려들어갔다. 그곳에는 UFO에서 볼 법한 이상한 기계와 생체실험에서 사용할 것만 같은 도구가 놓여있었다. 방안에 대기하고 있던 또 다른 사람들에 의해 아이는 완벽히 제압당해 강제로 폐쇄된 공간에 넣어졌다.

"아~~~~악!! 싫어!! 싫단 말이야!! 엄마! 살려줘!!"

아이가 온몸을 움직이며 소리를 지르고 있었다. 옆에 서있던 같은 무리의 사람들이 아이를 움직이지 못하게 팔다리를 잡고 있었다. 모자를 쓴 여자가 나타나 주머니에서 주섬주섬 무언가를 꺼냈다. 약병이었다. 아이를 결박한 후 여자는 주사기로 약병의 주사제를 쭉 빨아들인 후 아이의 몸에 강제로 주입했다. 아이는 정신이 몽롱해짐을 느꼈다. 이젠 더이상 저항할 힘도 소리칠 기운도 남아있지 않았다. 얼마쯤 지났을까? 아이들 가둬놓은 남자 한 명이 밖에 있는 아이의 부모에게 무언가 할 말이 있는지 찾아 나왔다.

"아이 보호자이신가요? MRI 촬영을 마쳤습니다. 아이가 너무 무서워해서 어쩔 수 없이 진정제를 투여했어요. 아마 조금 지나면 깰 것 같습니다"

당신은 혹시 이러한 광경을 본 적이 있는가? 이 글은 아이가 많이 아파서 검사를 받아야 했던 실제 경험을 재구성해서 표현한 것이다. 당신이 만약 아이를 둔 부모라면 병원 문 앞에서부터 들어가지 않겠다고 떼를 쓰는 아이 때문에 곤란했던 경험이 한 두 번은 있을 것이다. X-Ray나 MRI와 같은 검사를 해야 한다면 아이는 극도의 공포를 느끼며 병원이 떠나가라 울고 말 것이다. 불편하고 힘든 경험이지만 당연히 그렇게 진료를 받고 검사를 받아야 한다고 생각하는가? 이러한 상황이 '잘못'되었다고 생각해본 적은 없는가? 똑같은 상황을 경험하고 무엇인가 '잘못'되었다고 생각한 사람의 이야기를 들어보자.

GE Healthecare에서 이십여 년간 일해 온 수석 디자이너 더그 디치는 병원에 검사를 받으러 갔다가 우연히 자신의 회사에서 디자인 했던 MRI장비의 영상 촬영을 앞두고 겁에 질려 울고 있는 아이를 보게 되었다. 그는 진정제를 투여하여 검사를 진행하는 모습을 보며 뭔가 잘못되었음을 깨달았다. '아이들이 무서워하지 않고 MRI촬영을 할 수 있는 방법은 없을까?'

고향으로 돌아온 그는 병원에서 보았던 공포심 가득한 아이의 얼굴을 떠올리며, 아이들이 무서워하지 않는 MRI촬영 방법을 찾는 것에 몰두하였다. 그는 팀원들과 함께 프로젝트를 시작하였다. 프로젝트 팀은 먼저 이렇게 생각했다.

'아이들이 MRI 기계를 무서워하는 이유는 뭘까?'

아이들을 관찰한 결과 세 가지의 문제가 있다는 것을 찾아냈다. 우선 거대한 장비의 크기가 아이들을 압도했고, 엄청난 굉음이 아이들을 더욱 겁에 질리게 만들었다. 그리고 검사하는 시간 동안 갇힌 공간에 꼼짝없이 들어가게 되어 폐소공포증을 유발하기도 했다. 이러한 문제를 해결하기 위해 초기에 그들이 찾은 방법은 장비를 획기적으로 줄이는 것, 굉음 소리를 제거하고 아이들이 좋아하는 음악을 틀어놓는 것, 폐소공포증이 없도록 개방된 모양으로 설계를 수정해야 한다는 것이었다.

하지만 MRI의 특성상 크기를 줄일 수 없다는 현실적인 문제에 부딪혔다. 인체를 구성하는 세포에 신호를 보냈다가 반사되는 소리를 통해 단층 촬영이 되기 때문에 커다란 소리도 줄일 수 없었던 것이다. 또 촬영하는 동안 사람이 움직이면 초점이 맞지 않아 정확한 영상 촬영이 어렵다. 때문에 아이들은 꼼짝없이 고정된 자세로 장시간 참고 있을 수밖에 없었다. 문제 해결을 향한 장벽이 너무도 많았다. 어떠한 것도 해결될 기미가 보이지 않았다. 이 때, 한 엔지니어가 질문을 통해 문제를 새로운 각도에서 바라보기 시작했다.

'아이들이 좋아하는 놀이공원에도 엄청나게 거대한 놀이기구가 많단 말이지.'

'놀이기구도 쇠로 만들어져있고 소리도 엄청나게 크고 꼼짝도 못하게 안전벨트나 안전 바로 단단하게 묶어놓기도 하고 말이야…'

'그렇지만 아이들이 크기가 크고 소리도 요란할수록 더 신나게 놀잖아?'

'만약 MRI 장비의 구조나 작동 방법을 전혀 수정할 수 없다면, 진단 도구가 아니라 놀이기구처럼 신나고 재미있게 만들면 되겠네.'

다소 엉뚱하고 말도 안 되는 아이디어였지만 그들은 즉시 아이디어를 실행에 옮겼다. 이렇게 개발된 것이 '어드벤처 MRI'다. 이 장비는 다른 모든 것은 그대로 둔 채 어떤 기능이나 구조적인 변화를 주지 않았다. 단지 장비 겉면을 바다를 항해하는 해적선처럼 꾸몄을 뿐이었다. 그럼 이렇게 해서 문제가 해결 되었을까? 대답은 다음 장면에서 찾아보자.

의사 선생님은 의사 가운을 벗어 던지고 캐리비안 해적에 나오는 잭 스패로우같은 선장의 복장을 하고 아이들에게 소리쳤다.

"모두 들어라! 저기 해적선이 나타났다!"

호기심 가득한 눈을 한 아이들은 선장(의사선생님)에게 다급히 물어본다.

"선장님! 저는 이제 무엇을 하면 되나요?"

출처 · GE healthcare

선장(의사선생님)은 아이를 향해 다시 외쳤다.

"나의 명령을 따르면 살아남을 수 있다. 해적선이 모두 지나가서 내가 나오라고 명령하기 전까지 조용히 이곳에 숨어있어야만 한다!"

이 말을 들은 아이들은 해적선(MRI)이 무사히 지나갈 때까지(촬영이 끝날 때까지) 쥐 죽은 듯이 누워있었고 촬영을 무사히 마칠 수 있었다. 이렇게 MRI 장비 속에 들어가는 아이들에게 촬영하는 동안 즐거운 항해의 기분을 선사할 수 있었다. 그 결과, MRI를 경험한 아이는 촬영을 마친 후에 더 이상 무섭게 느끼는 것이 아니라 즐겁고 신나는 경험으로 생각했다. 심지어는 부모나 의사들에게 언제 해적선을 다시 탈 수 있냐고 졸라대기도 했다.

이렇게 일상에서 일어나는 여러 문제에 대해 남들과 다른 관점을 가지고 바라보고 창의적으로 문제를 해나가는 과정과 결과를 '디자인 씽킹'이라고 한다. 어드벤처 MRI의 사례에서 볼 수 있듯이 디자인씽킹은 단순한 프로세스나 방법이 아니다. 디자인씽킹은 방법론적 단계를 넘어서서 문제를 해결하는 사람들이 지닌 인간 중심적인 철학과 가치도 포함하고 있다.

디자인씽킹은 현재의 문제를 해결하는 것은 물론 혁신적인 미래를 준비할 수 있는 방법으로 유럽과 미국 등에서는 기업, 공공기관, 정부 부처 등에서 오래전부터 창의적 문제 해결 방안으로 활용되어 왔다.

우리나라에서도 대기업에서 시작하여 정부 기관까지 혁신적 문제해결 방법으로 디자인씽킹을 적극적으로 도입하고 있다.

디자인 분야에서 출발하여 기업의 비즈니스 모델이 된 디자인씽킹을 교육 분야에서는 어떻게 접근할 수 있을까? 교육에서는 디자인씽킹을 어떻게 활용할 수 있을까?

구글이 선정한 최고의 미래학자인 토머스 프레이(Thomas Frei)는 '2030년에는 현존하는 50%의 일자리가 사라질 것이며, 경제 활동을 하는 사람들은 8~10번의 직업을 바꾸면서 새로운 기술을 습득해야 할 것'이라고 예측하였다. 이와 같이 우리 아이들이 살아갈 미래 사회는 토머스 프레이가 예측한 것처럼, 아니 그 보다도 더 복잡하고 빨리 변화할 지도 모른다.

모두가 잘 알고 있는 유태인 격언 '물고기를 한 마리 주면 하루밖에 살지 못하지만 물고기 잡는 방법을 가르쳐주면 한 평생을 살아갈 수 있다'는 말을 다시 새겨보자. 산업의 구조가 격변하고 미래를 예측하기 어려운 시기에 놓인 지금은 디자인씽킹에 가장 주목해야 할 때이다. 아이들에게 끊임없이 닥칠 문제의 본질을 찾아 창의적으로 해결해나가는 디자인씽킹의 경험은 미래 사회를 살아갈 아이들에게 반드시 필요한 '물고기를 잡는 방법'이 될 것이다.

교육 분야에서도 디자인씽킹을 도입하려는 시도는 이미 시작되있다. 기존의 디자인씽킹을 분석하여 여러 학문 영역 사이의 융합 교육과 집단적인 창의성 증진을 위한 방법으로 사용되고 있다. 대표적으로 스탠포드 대학의 d.school을 들 수 있다. d.school에서는 디자인적 사고를 중심으로 인문학, 경영학, 공학, 예술 등의 영역들과 연계된 글로벌 문제 해결 교육과정을 운영하고 있다. 아이데오(IDEO)에서는 인간중심의 프로세스와 마음가짐(마인드 셋, mind-set)으로 디자인적 사고를 정의하고 교사와 교육자를 위한 디자인 사고 워크숍, 온라인 강좌를 운영하고 있다.

그렇다면 왜 디자인씽킹을 교육에 접목시키려고 할까? 기업에서 사용하던 디자인씽킹을 교육현장에서 사용해야하는 이유는 무엇일까?

디자인씽킹은 사람을 중심으로 생각하고 탐구하는 능력, 실패를 두려워하지 않고 도전하는 마음, 함께 공감하고 함께 해결하는 협업능력과 집단 창의성을 성장하는 것에 교육적인 의미가 있다. 이러한 교육의 흐름의 변화에도 불구하고 우리나라 교육 현장에 맞는 디자인씽킹 지침서나 자료가 매우 부족하다. 이 책을 통해 현직 교사들이 실제 학교 현장에서 교육하고 적용했던 디자인씽킹의 사례를 함께 나누고 앞으로 교육과 디자인씽킹이 잘 접목될 수 있는 방향을 함께 모색해 보자.

디자인씽킹,
교육과 만나다

디자인씽킹을 활용한 교육으로는 이미 수많은 방법론이 소개되고, 실제 교육 현장에서 활용되고 있다. 창의적이고 혁신적인 수업 방법으로 디자인씽킹을 소개한다면, 교사와 학부모들이 가장 먼저 '그럼 원래 있던 다른 교육방법과는 어떤 점이 다른 거야?'라는 생각이 들 것이다.

앞서 언급한 것과 같이, 디자인씽킹은 분명히 성공한 비즈니스 모델이다. 교육 분야에서 살펴보면 국내, 외 교육 연구에서 효과적인 교수 방법으로 소개된 바는 있지만 아직 획기적인 교육 방법으로 활용되고 있지는 않다. 여기에서는 디자인씽킹 프로젝트 수업 사례를 소개하기에 앞서 디자인씽킹이 지닌 교육적 가치에 대해 먼저 알아보도록 하겠다.

다른 사람의 신발을 신어봐
다른 사람의 마음을 공감하는 능력

당신이 누군가와 마음을 공감했다고 느끼는 순간은 언제인가? 반대로 당신이 다른 사람의 마음을 공감할 때는 언제인가? 그렇다면 '공감한다'는 것은 어떤 의미일까? 누군가를 공감한다는 의미는 그 사람의 마음을 '안다'라고 할 수 있다. 히브리어로 '안다'라는 말은 '야다(יָדַע, yadah)'라고 한다. 그 말의 뜻은 '몸과 마음을 써서 깊이 알다'이다. 다시 말하면 '공감'한다는 것은 '그 사람의 마음과 처한 현실을 이해하고, 함께 깊이 몸과 마음으로 체험하는 것, 마치 그 사람이 된 것처럼 몸과 마음으로 안다'는 뜻이다.

이와 같이 디자인씽킹은 사람을 사랑하는 마음을 바탕으로 둔다. 사람을 중심으로 생각하고 이해하고 느끼고 함께하는 과정에서 공감하는 법을 배우게 되는 것이다. 어떠한 대상과 깊은 공감을 하다보면 겉으로는 전혀 보이지 않던 진짜 현실과 문제를 발견하게 된다. 이것이 바로 디자인씽킹을 배워야 하는 진짜 이유다.

디자인씽킹은 무엇을 하기 위한 도구나 방법이기 전에 사람의 삶을 변화시키는 마음가짐이라고 할 수 있다. 먼저 사람을 생각하고 사랑하는 마음을 가져야 하기 때문이다. 디자인씽킹은 다른 사람의 마음을 '공감'하는 것에 초점을 둔다. 다음의 이야기를 통해서 '공감'하는 것에 대한 의미를 살펴보자.

새벽부터 무거운 폐지를 담은 리어카를 끌고 힘겹게 걸어가는 할머니가 있다. 허리는 구부러져 제대로 펴지도 못하고 하루 종일 길에 떨어져있는 폐지나 고물을 주워 생활한다. 리어카를 가득 채우면 손에 쥐는 돈은 3,000원 남짓. 한 달 내내 비가 오나 눈이 오나 쉬지 않고 그렇게 일을 해도 할머니가 버는 돈은 10만 원이 채 안 된다. 이런 상황을 지켜보던 대학생들이 할머니를 도와드리고 싶었다. 이들은 할머니와 공감하기 위해서 6개월을 할머니와 함께했다. 할머니와 함께 리어카를 끌고 함께 폐지를 줍고 함께 숨을 쉬었다.

몇 개월 후 학생들은 할머니가 처한 문제를 발견하게 되었다. 먼저 리어카가 할머니와 같은 노인들이 끌기에는 너무 위험하고 무거웠다. 그리고 한 달 남짓 열심히 폐지를 수거해도 수입이 고작 10만원 남짓이라는 것이다. 이러한 문제를 해결하려면 '안전하고 가벼운 리어카'와 '폐지 수집 외에도 추가 수입'을 찾아야 했다. 학생들은 할머니의 문제를 해결해주고 싶었다. 학생들은 새로운 리어카를 디자인해서 1차, 2차, 3차 프로토타입을 제작했다. 그 결과, 이전보다 가볍고 튼튼

한 리어카를 만들 수 있었다.

학생들은 할머니가 리어카를 끌고 다니는 동선을 자세히 살펴보았다. 보통 리어카는 주로 같은 동네를 반복적으로 다녔다. 할머니는 곳곳에 숨어있는 폐지나 고물을 줍기 위해 골목 구석구석 다니지 않은 곳이 없었다. 새로운 수입원이 없을까 고민하던 중 길가에 너부러진 광고 전단지와 버스 정류장 옆에 붙어있는 광고판이 보였다.

'바로 저거야. 리어카에 광고판을 붙여보면 어떨까?'

학생들은 곧바로 리어카 광고판을 제작하기로 했다. 먼저 피트니스 센터와 상의하여 시범적으로 광고 효과가 있는지 실험했다. 실험 결과, 광고 효과가 있음을 확인할 수 있었다. 추가로 여러 업체를 광고했더니 매출 증대가 눈으로 확인되었다. 학생들은 크라우드 펀딩을 받

출처 : 끌림 홈페이지

아 '끌림'이라는 사회적 기업을 창업했다.

대학생들의 디자인씽킹은 할머니의 마음을 공감하는 것에서 시작했다. 그 결과, 할머니와 같은 생활을 이어나가는 사람들에게 더 안전한 리어카와 조금 더 넉넉한 수입을 줄 수 있게 되었다. 기업이나 상점에게는 저렴한 비용에 효과적인 광고 효과를 제공했다.

학생들은 '끌림'이라는 사회적 기업을 창업하여 현재까지 무려 8,100만 원 이상의 수익을 창출했고 11명의 폐지 수거 노인이 원래 버는 수입의 50%이상의 돈을 더 벌 수 있게 되었다.

사람을 중심으로 생각하는 마음을 가진 디자인씽킹으로 얼마나 크고 선한 영향력을 줄 수 있는지 보여주는 좋은 사례다. 이렇게 기업가 정신을 가지고 사회 곳곳에 선한 영향력을 미치는 '인액터스'라고 하는 글로벌 대학생 연합은 세계 36개국 1,700개가 넘는 대학에서 운영되고 있다.

또 다른 사례를 알아보자. 캐나다 유치원 교사 메리 고든은 수업 시간에 생후 6개월 된 아기를 교실에 초대했다. 교실의 학생들은 아기의 성장을 지켜볼 수 있었다. 처음에는 귀여운 아기의 등장에 호기심 어린 눈으로 아기를 바라보았다. 1년이라는 시간 동안 학생들은 아기의 성장 과정을 꾸준히 지켜보았다. 차츰 시간이 지나면서 아기의 입장에서 아기의 감정에 대해 이해하려고 노력하게 되었다.

"선생님! 아기가 일어서고 싶은가 봐요. 저를 보고 웃었어요. 제가 웃으니까 따라 웃는 거예요."

1년이 지나자 학생들에게는 다른 사람의 감정을 읽을 수 있는 능력, 바로 '공감 능력'이 자연스럽게 생성되었다. 캐나다 내 대학의 연구 결과에 다르면 실제 '공감의 뿌리' 수업에 참여한 학생들은 공격적인 행동이 60% 이상 감소했고, 교내 집단 괴롭힘도 무려 90% 가까이 감소했다고 밝혔다.

미국에서는 18개 주에서 공감을 주제로 한 교과 과정이 실시되고 있다. 학생들의 공감 능력 개발을 강조하는 새로운 교육 혁명을 '공감 혁명'이라고 한다. 학생들의 공감 능력이 높을수록 학업성취도도 함께 올라간다는 연구 결과도 보고되고 있다.

21세기 초반에 들어 '공감'의 개념과 실천에 대한 관심은 폭발적으

출처 : 공감의 뿌리 홈페이지

로 증가하였다. 인간관계에 있어서 공감이 중요하다는 인식이 확산되고 있다는 것을 말해준다. 미래 학자이자 사회학자인 제러미 리프킨은 자신의 저서 『공감의 시대』에서 '이성의 시대는 가고 공감의 시대가 도래 했다'라고 표현했다. 다소 직설적이기는 하지만 경쟁과 적자생존의 시대는 끝나고 협력과 이해를 바탕으로 하는 공감의 시대가 왔다고 선언한 것이다. 우리가 이미 알다시피 공감은 사회적 연대와 시민 정신을 길러준다. 또한 사람과 사람의 관계를 끈끈히 이어주기도 한다. 이러한 공감은 우리 아이들이 살고 있는 교실에서부터 시작되어 사회적으로 확산되어야 할 가치이자 목적이다.

공감을 연구하는 학자들에 의하면, 공감 능력은 타인의 입장을 다양하게 상상해볼수록 향상된다고 한다. 5세 이후부터는 타인의 가진 고유의 관점을 인식하게 되는데 이때부터 다른 사람의 입장에서 '상대방의 상황과 기분, 감정이 어떨까?'를 상상해보고 자신이 공감한 바를 표현해보면서 발달시켜나갈 수 있다. 이는 공감 능력 또한 교육과 훈련이 필요하다는 것을 의미하며, 앞서 제시한 '공감의 뿌리', '공감혁명'이 공감 교육의 좋은 예라고 할 수 있다.

디자인씽킹은 사람들의 필요, 즉, 그들이 겪는 어려움과 절박하게 해결해야 할 문제에 초점을 둔 인간 중심적인 활동이다. 사람들의 니즈(needs, 필요)를 파악하기 위해 사람들의 일상을 관찰해야 하고 경험을 탐구해야 하며 그들의 입장에서 문제를 해결하고자 끊임없이 노력해야 한다. 이를 위해 인터뷰 활동과 관찰 활동 등을 실시하면서 직접 사람들을 만나고 관찰하며 숨겨진 니즈를 이해하고 공감해나가는 과정이 필요하다.

디자인씽킹의 장점은 팀원들이 서로를 공감하는 관계로 촉진시킬 수 있다는 것이다. 팀원 각자가 지닌 장점과 특기, 단점과 차이점 등을 인정하면서 공동의 목표를 달성하기 위해 협력하게 되는데, 서로 다른 배경, 지식, 경험을 함께 공유하고 이를 바탕으로 창의적인 문제해결을 해나감으로써 나와 함께하는 사람에 대한 이해와 공감이 싹트게 되는 것이다. 실제로 '사용자를 향한 공감', '팀원 간의 공감'은 디자인씽킹 프로젝트 수업 속에서 확인할 수 있다. 프로젝트 활동에서 학생들은 설문 조사, 인터뷰, 관찰하기 등을 통해 문제와 관련된 사람들에게 좀 더 다가가기 위해 노력하게 된다.

디자인씽킹 프로젝트 활동을 하면 학생들은 다른 친구들의 장점과 특기에 관심을 갖게 되고, 자신이 팀을 위해 기여한 점, 이를 친구들이 인정해 준 것에 뿌듯해 한다. 이처럼 다른 사람을 진정으로 공감하기 위해서는 나 자신이 공감 받은 경험이 많아야 한다. 학생들은 공감을 주고받는 소중한 경험을 하나씩 쌓아가는 계기가 되는 것이다.

〈 업사이클링 프로젝트 설문조사 〉

여행 상품 개발을 위한 설문조사   팀이름: 비트박스2호

안녕하세요? 저희는 광주도평초등학교 6학년 1반 학생들입니다. 저희는 세계의 여러나라의 문화에 대해 배우면서 [여행상품 개발]프로젝트를 진행중입니다. 저희 팀은 (선생님)를 위한 (귀요)여행 상품을 개발하고 있는데요. 질문을 보시고 답해주시면 설문조사를 바탕으로 좋은 여행 상품을 개발하는데 많은 도움이 될 것입니다. 감사합니다.

1. 성별 (남, 여)

2. 나이대
① 10대 ② 20-30대 ③ 40-50대 ④ 50-60대 ⑤ 70대 이상

3. 여행을 좋아 하나요? (예, 아니요)

4. 여행은 며칠정도가 괜찮은가요?
① 1박2일 ② 2박3일 ③ 3박4일
④ 4박5일 ⑤ 기타()

5. 여행에서 가장 중요한건 무엇이라고 생각하나요
① 숙소 ② 먹거리 ③ 관광지
④ 휴식 ⑤ 비용 ⑥ 함께 가는 사람들

6. 여행 상품을 고르는 이유는 무엇인가요? ()
① 가족이랑 () ② 여자친구랑 () 남편이랑 ()
③ 친구들과 추억 만들려고

7. 좋아하는 교통편은 무엇인가요? (예 . 버스, 택시(비행기 기차))

〈 태양열 조리기 프로젝트에서 정한 페르소나 〉

〈 10대천년 인터뷰 〉 사용자를 대표하는 페르소나

사용자 이름: 권년선, 김현아
나이: 10살, 11살
사는 곳: 경기도 광주시 초월읍
직업: 초등학생
사용자로 정한 이유: 10대 한창 어린이들을 위하여...
업사이클링을 해본 적어서

사용자에 대한 간략한 소개

10대 초등학생이고, 엄마, 아빠가 맞벌이를 한다.
별로인 엄마가 학교를 다녀오면 할게 없다.

사용자의 하루 일과

부모님이 아침일찍 나가서서 애들이 학교에 다녀오면 할게
없다 그래서 유튜브로 여러 보드게임 영상을 보고 자는 거다

업사이클링과 관련하여 사용자의 요구사항

보드게임을 좋아하지만 굳이 보드게임이 없어서 심심하게 대하고 돼!
심심하다.
그래서 저희집에 나뒹 쓰레기로 보드게임 만들어주세요

실패해도 괜찮아
실패의 반복과 극복을 통한 성장

우리가 디자인씽킹을 배우고 가르쳐야만 하는 또 다른 이유는 바로 '실패'를 극복하는 힘에 있다. 사람은 누구나 실패를 두려워한다. 그 이유는 항상 무엇인가를 할 때 반드시 성공을 해야 한다는 가르침을 받았기 때문이다. 실패에 대한 책임, 비난, 질책, 꾸중을 두려워하는 이유도 있다. 요즘 학생들이 부족한 부분 중에 하나가 바로 자신감이다. 무언가를 도전하기 보다는 실패를 두려워해서 시도도 안 해보고 포기하는 마음, 그런 학생들을 보고 도전하기를 포기하는 교사, 모두 실패가 두렵기 때문이다. 그러나 디자인씽킹은 도전하고 시도해서 멋지게 '실패'하도록 만든다. 실패할 일을 왜 하냐고? 까짓거 다시 도전하면 되기 때문이다.

필자는 걸음걸이가 이상해서 걸을 때마다 종종 넘어지곤 한다. 조그만 돌부리 하나만 있어도 걸려 넘어질 때가 있는데, 하도 잘 넘어지니 아내가 걱정이 되었는지 이런 말을 건넸다.

"여보, 조심해요. 넘어지면 어떻게 하려고 해요?"
"넘어지면 다시 일어나면 되죠."
"하하하 그러네요. 바로 일어나면 되네!"

아무 생각 없이 툭 내뱉은 말이었지만 아내는 웃었다. 그렇다. 넘어지면 다시 일어나면 된다. 부끄러워 말고 당당하게 다시 일어나서 길을 걸어가면 된다. 그것이 디자인씽킹이 지향하는 중요한 가치 중 하나다.

디자인씽킹에서 배울 수 있는 큰 장점은 실패를 해도 상관없다는 교훈이다. 오히려 실패를 하지 않으려고 노력하는 것을 이상하게 여긴다. 실패를 통해 배우고 더 성장하며 다시 시작할 수 있는 힘을 기를 수 있기 때문이다.

디자인씽킹 단계 중에는 프로토타입 만들기가 있다. 2장에서 더욱 자세히 설명하겠지만 간단히 설명하면 '시제품'이라고 할 수 있다. 프로토타입이라는 것은 대단한 걸작이나 예술품, 또는 완성품을 만드는 것이 아니다. 단순히 자신이 가지거나 생각해낸 아이디어들을 '눈에 보이도록' 표현한 것일 뿐이다.

보기에는 다소 조잡하거나 허술해 보일 수 있다. 그러나 이 과정을 단순하게 표현하는 이유는 혹시 프로토타입을 버리게 되더라도 특별히 '아까워하지' 않아도 되기 때문이다. 또한 그렇게 하는 것이 돈이 덜 들고 경제적이기 때문이다.

디자인씽킹에서 프로토타입을 만들고 평가하는 과정은 누구나 실패할 수 있다는 경험을 안겨준다. 그러나 작은 '실패'를 수정하고 극복하는 과정에서 '성공'이나 '문제 해결'에 한 걸음 더 다가갈 수 있다.

B형 간염 예방 접종의 예를 들어보자. 아이가 태어나거나 B형 간염의 항체가 없는 사람들은 가까운 보건소나 병원에서 예방접종을 한다. B형 간염의 바이러스를 죽이거나(사백신) 약하게 만들어(생백신) 사람의 몸에 주입하는 것이다. 우리 몸에 바이러스와 대항하여 백혈구를 비롯한 면역체계가 싸우게 되면 몸에 항체라는 면역이 생기게 된다.

어떤 사람은 단 한 번의 예방접종만으로도 면역력이 생긴다. 하지만 대부분은 그렇지 않다. 보통 3번의 예방접종을 거쳐야 비로소 항체가 생기게 된다. 그마저도 생기지 않으면 추가로 접종을 해야 한다. 최종적으로 항체가 생긴 것을 확인한 후에야 안심할 수 있다.

예방접종을 했는데 항체가 바로 생기지 않는다고 해서 전혀 좌절할 필요가 없다. 다시 맞으면 되기 때문이다. 안되면 다시 한 번, 안되면 또 다시 한 번, 될 때까지 접종하면 제 아무리 바이러스 할아버지가 와도 항체는 생긴다. 결국 바이러스가 이긴 것이 아니라 우리가 승리한 것이다.

우리의 삶도 마찬가지다. 사람이 살다보면 숱한 실패의 경험을 하게 된다. 각자 가슴에 손을 얹고 얼마나 많은 실패를 했는지 떠올려보자. 사업이 실패했거나 수능시험을 망치거나 올림픽에서 탈락하는 것 같은 거창한 일만이 실패라고 생각하는가? 아니다.

예를 들면, 자판기에 동전을 넣었는데 음료수는 나오지 않고 동전을 먹은 경험, 화장실에 갔는데 휴지가 없는 경험, 지하철을 타기 직전에 문이 닫힌 경험 등등 우리가 살아가는 지금의 일상에도 수많은 실패를 경험하고 있다. 아이들도 마찬가지다. 아이들의 인생에서 크고 작은 실패를 경험하게 될 것이다. 신이 아닌 이상 항상 성공의 경험만하고 살 수는 없다.

아이들에게 성공의 경험을 주고 싶다면 역설적으로 실패하는 경험을 주어라. 그러나 반드시 극복하는 경험을 함께 하도록 도와주어야한다. 작은 실패라도 한 번, 두 번, 세 번 겪은 다음 극복하는 경험을하다보면 자연스레 큰 실패도 극복할 힘이 생기게 될 것이다. 마치 B형 간염 백신 주사를 맞는 것처럼 말이다.

다음에서 소개할 예는 전 세계 다양한 그룹들이 참여한 '마시멜로 챌린지'라는 미션이다.

18분 동안 스파게티 국수 20개, 1yard(1야드는 약 0.9144m 이다) 테이프와 줄을 이용해 제한된 시간에 가장 높은 구조물을 만들고 그 위에 마시멜로 하나를 올려놓으시오.

출처 : 유투브 TED

유치원생들부터 MBA 졸업생들까지 참여한 이 미션에서 우승자는
누구였을까? 가장 높은 구조물을 만든 그룹은 건축가들이었다. 하지
만 그 다음 높이 만든 것은 어떤 그룹이었을까? 흥미롭게도 바로 유
치원생들이었다. 반대로 가장 낮은 구조물을 만든 그룹은 MBA 졸업
생들이었다. MBA를 가장 최근에 졸업한 그룹과 유치원생 그룹의 차
이점은 무엇이었을까?

먼저 MBA 졸업생들을 살펴보자. MBA 졸업생들을 18분이라는 제
한시간 중 처음 2~3분 동안 재료를 놓고 생각하거나 멍하니 있다가
4~5분 동안 어떻게 구조물을 만들 것인지 계획하고 설계하기 시작했
다. 그리고 나머지 10분 동안은 구조물을 열심히 만들었다. 마지막 1

분 정도 남았을 때는 조심스레 마시멜로를 구조물 위에 올려놓고 "짜잔!"하고 손을 떼었다. 하지만 대부분은 기대와는 달리 마시멜로의 무게를 지탱하지 못한 구조물이 와르르 무너지게 되었다. 그러자 당황한 나머지 아무렇게나 만들다가 결국 포기하고 말았다.

그럼 유치원생 그룹을 살펴보자. 아이들은 제한시간이 주어지자 누구도 가만히 있는 법이 없었다. 아이들은 가장 큰 목표인 마시멜로를 가장 높은 곳에 올리는 구조물을 만드는 것에 집중했고, 일단 마시멜로를 스파게티 면에 꽂아두고 테이프와 실을 이용해서 구조물을 만들었다. 만들다보니 구조물이 허물어지고 부서지기도 했지만 그때마다 구조물을 수정하고 보강하면서 마시멜로의 무게를 지탱하는 구조물을 만들어냈다.

MBA 졸업생들의 구조물 평균 높이가 10인치였던 것에 비해 유치원생들의 평균은 25인치가 넘었다. 개인이 가지고 있는 지식과 능력은 MBA 졸업생들이 월등히 높았다고 말할 수 있다. 그럼에도 불구하고 유치원생들이 MBA 졸업생들보다 높고 안정적인 구조물을 만들 수 있었던 비결은 무엇이었을까?

바로 '실패'에서 배우는 힘에 있었다. MBA 졸업생들은 마시멜로가 올라가도 절대 무너지지 않으면서도 엄청나게 큰 '완벽한' 구조물을 한 번에 만들려고 했다. 구조물이 완벽해질 때까지 마시멜로우를 '절대로' 올리지 않았던 것이다. 단 한 번의 실수도 실패도 용납하지 않고 멋지게 성공하려 했지만 결국 그들은 실패하고 말았다.

반대로 유치원생들은 건축에 대한 지식이나 수학, 과학적인 개념이 거의 없었다. 그럼에도 불구하고 일단 목표를 달성하기 위해 도전하고 또 도전했다. 특히 아이들 자신이 좋아하는 재료인 마시멜로를 활용하는 도전이라 더 신나고 재미있게 참여했다. 마시멜로를 먼저 올려놓고 시작하니 스파게티 구조물이 쉽게 망가졌다. 그때마다 다시 고치고, 보강하고, 다시 만드는 작업을 반복했다. 마침내 아이들은 마시멜로를 올려도 부러지거나 무너지지 않는 구조물을 만들어 낼 수 있었던 것이다. 실패를 숱하게 경험했음에도 개의치 않고 다시 배우고 수정하는 과정을 통해서 MBA 졸업생들보다 훨씬 뛰어난 결과를 가져왔던 것이다. 유치원생들이 만든 구조물은 MBA졸업생들뿐만 아니라 법조인 그룹보다 높았고 심지어는 기업체의 CEO그룹보다도 높았다.

극소수의 아이들을 제외하면 대부분의 아이들은 학업에 실패한 경험이 있다. 평가를 할 때마다 학업성적이 낮은 자신을 보고 자신감이 결여되고 좌절감에 빠지는 아이들도 많다. 점점 무기력에 빠져 그저 물에 둥둥 떠밀려가듯 표류하며 살고 있는 아이들이 많다. 실패를 두려워해서 완벽해지기 전에는 아무것도 시도하지 않으려고 한다.

마시멜로 챌린지의 예와 같이 디자인씽킹에서는 실패를 하더라도 두려워하지 않고 다시 일어설 수 있는 힘을 배울 수 있도록 해준다. 실의에 빠져있고 무기력한 아이들에게 완벽하지 않아도 된다는 경험은 매우 중요하다. 실패를 통해서 새롭게 더 좋은 것들을 알 수 있으며 실패해도 괜찮다는 것을 느끼게 해 주어야 한다. 아이들은 너무나 소중하고 존재 그 자체만으로도 가치 있기 때문이다. 만약 교사와 학생이 서로 공감하고 같은 어려움을 바라보게 된다면, 더 나아가서 사람들이 도전하고 실패하며, 다시 일어나서 도전할 수 있는 힘이 생길 수 있다면, 디자인씽킹을 배워야할, 그리고 꼭 가르쳐야할 충분한 이유가 될 것이다.

함께하는 힘
협업능력과 집단 지성 경험하기

'한 가닥 줄은 쉽게 끊어져도 세 겹줄은 쉽게 끊어지지 않는다.', '모든 것이 합력하면 선을 이룬다.'라는 유태인 격언이 있다. 우리나라에도 예로부터 내려온 '백지장도 맞들면 낫다.'라는 말이 있다. 아무리 작은 일이라도 무슨 일을 할 때 독불장군처럼 혼자 하는 것보다 여러 사람이 힘을 합치면 더욱 좋은 결과를 가져온다는 뜻이다. 다시 말하면 1+1=2가 아니라 1+1은 2+a가 되는 것이다.

세상에서 역사상 가장 많이 팔린 책은 무엇일까? 바로 성경이다. 성경은 한 사람이 쓴 것일까? 그렇지 않다. 무려 수천 년 이라는 세월 동안 이스라엘, 페르시아, 바빌로니아, 로마, 터키, 이집트 등 당대 '전 세계'라고 알려졌던 곳곳에서 무려 40여 명이 넘는 사람들이 신으로부터 받은 영감으로 수천 년 동안 함께 만든 책이다.

전 세계 누구나 알고 있는 브리태니커 백과사전은 지금으로부터 약250년 전 1768년 12월에 스코틀랜드 애딘버러에서 초판이 나왔다.

그 이후 2000년대 초 15판 '브리태니커 백과사전'이 나오기까지 대대적인 개성을 거쳤다. 총 32권 수십만 쪽에 달하는 어마어마한 분량의 방대한 지식과 엄청난 자료는 혼자 힘으로 만든 것일까? 아니다. 무려 100여국에 4000명이 넘는 저자들이 함께 협력하여 만든 것이다. 이렇게 대단한 책이 만들어지기 까지 250년에서 수천 년이 넘는 기간 동안 수십 명에서 수천 명의 사람들이 힘을 합쳤기 때문에 전세계 사람들이 찬사를 보내는 위대한 저작을 남길 수 있었던 것이다.

　앞서 언급한 일화들은 혹시 대단히 특별한 능력을 지닌 사람들이 힘을 모았기 때문에 가능했다고 생각할 수도 있다. 평범한 자신은 절대로 그렇게 될 수 없다고 생각할 수도 있다. 그럼 과연 그 말이 맞는 것일까? 한 가지 예를 더 살펴보자. 지금 여러분의 책장 속에 혹시 백

출처 : 위키백과

과사전이 있는가? 만약에 있다면 얼마나 활용하고 있는가? 오늘날 대부분의 가정에는 백과사전이 없다. 혹시 있다고 하더라도 적극적으로 활용하는 경우는 매우 드물다. 왜 그런 것일까? 위대한 저작이라고 칭송을 받았던 '브리태니커 백과사전'보다 더 뛰어난 새로운 백과사전이 등장했기 때문이다. 그 책의 이름은? 바로 '위키피디아'다.

위키피디아는 종이로 이루어진 책이 아니다. 바로 인터넷 상에 존재하는 온라인 백과사전이다. 다음이나 네이버, 구글과 같이 포털사이트 운영업체인 보미스의 CEO 지미 웨일스와 편집장 래리 싱어로부터 2001년에 탄생했다. 하지만 지미 웨일스와 래리 싱어가 '위키피디아를 만들었다.'고 할 수 없다. 위키피디아는 '우리 모두의 백과사전'이라는 모토를 가지고 있기 때문이다. 기존의 백과사전은 편집과

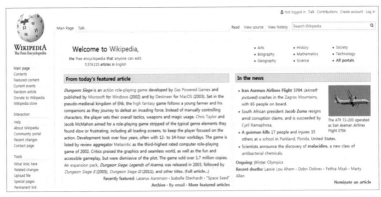

출처 : 위키피디아

출판권한이 제한되어 있고 저작권이 보호되는 특징을 가지고 있다. 그러나 위키피디아는 전혀 다른 방식을 취하고 있다. '우리 모두의 백과사전'이라는 말과 같이 인터넷에 접속하는 전 세계에 존재하는 누구나 만들 수 있게 되어있다.

위키피디아는 이런 취지에 맞도록 애초부터 이름에 '위키(wiki)'라는 말을 넣었다. '위키(wiki)'라는 말은 불특정한 다수의 사람들이 협력하고 협동하는 협업 과정을 통해서 내용을 수정 가능하도록 만든 인터넷 사이트라는 뜻이다. 쉽게 설명하면 아무나, 누구나, 어디서든 만들 수 있는 백과사전이라는 것이다.

그럼 위키피디아가 브리태니커 백과사전보다 더 위대한 이유는 무엇일까? 바로 '협업'에 있다. 물론 브리태니커 백과사전도 각 분야 최고 전문가들이 협업해서 만든 위대한 결과물이다. 그럼 무엇이 다를까? 위키피디아는 전문가들만 협업한 결과물이 아니다. 위키피디아를 만든 사람들은 각 분야 최고의 전문성을 지닌 사람들로부터 전업주부, 학생, 노인, 어린이까지 참여한 저작물이다. 누구나 참여할 수 있다. 잘못된 정보가 올라가면 어떻게 하냐고 생각할 수 있다. 그러나 바로 거기에 위키피디아의 강점이 있는 것이다.

디자인씽킹에서 언급했던 가장 중요한 요소가 이곳에 모두 담겨 있다. 디자인씽킹에서 가장 중요한 요소는 '인간 중심', '실패 극복', 그리고 '협업'이다. 위키피디아는 사람을 중심으로 믿드는 백과사전이다. 전 세계에 흩어져 있는 사람들이 각 나라의 상황과 현실에 맞게 만든다. 위키피디아는 몇 개 국어로 만들어졌는지 아는가? 무려 50개 국어로 운영되고 있다! 제 아무리 위대한 베스트셀러라도 50개 언어로 번역되는 것은 상상하기 어렵다. 엄청난 비용과 시간 노력이 필요하기 때문이다. 위키피디아는 전 세계 수많은 사람이 참여하기 때문에 엄청나게 많은 비용과 시간, 노력을 '함께' 나눌 수 있다.

전체로 보면 엄청난 부담이지만 모든 사람이 협력하면 개개인에게는 작은 노력만 가지고도 이루어 낼 수 있다. 그렇기 때문에 위키피디아는 각 나라와 언어에 맞게 상황과 현실에 맞게 운영될 수 있는 것이다. '인간 중심'적인 사고로 각 사람에게 맞는 정보를 제공할 수 있다.

솔직히 말하자면 위키피디아는 '실패'의 가능성을 항상 가지고 있다. '누구나' 참여할 수 있기 때문에 '누구나' 잘못된 정보를 탑재할 위험이 있기 때문이다. 그러나 반대로 생각하면 '누구나' 참여할 수 있기 때문에 잘못된 것을 '누구나' 바로바로 고치기가 쉽다는 장점이 있다. 오류를 고치는 것에서 한 걸음 더 나아가 실시간으로 변화하는 상황에 맞는 정보로 수정이 가능하다. '실패'를 할 수 있지만 그때마다 빠르게 '극복'할 수 있다. 실패를 쉽게 극복할 수 있기 때문에 '실패'(잘못된 정보)를 두려워하지 않고 '극복'(올바른 정보를 탑재하는 것) 할 수 있게 하는 것이다.

위키피디아는 '협업'하는 힘을 가지고 있다. 아무리 뛰어난 사람이라도 엄청나게 많은 정보를 혼자 찾아내어 제공하는 것은 불가능하다. 그러나 평범한 사람들이라도 함께 힘을 합쳐 '협업'하면 기적과 같은 일을 만들 수 있다. 사람들이 모여서 작은 힘을 모아 함께 '협업'할 때 위키피디아 같은 위대한 저작물을 만들어 낼 수 있는 것이다.

디자인씽킹은 이와 같이 '인간 중심', '실패를 극복하는 힘', '협업 능력'을 기를 수 있다. 세상에 완벽한 사람이 있는가? 그런 사람은 존재하지 않는다. 성서에는 '간음한 여자에게 돌을 들어 치려고 했던 사람들에게 예수가 "너희 중에 죄 없는 자가 먼저 돌로 쳐라"라고 외치자 모두 돌을 놓고 슬금슬금 도망갔다.'라는 이야기가 있다. 우리 모두는 어느 정도 흠결이 있기 마련이다. 그런 모습을 보고 인간적이라고 부르기도 한다. 나도 흠이 있고 너도 흠이 있기 때문에 서로를 더 잘 이해할 수 있다.

디자인씽킹은 사람들의 문제를 100% 완벽하게 해결해 주지 못한다. 대신 사람들의 문제를 조금 더 나은 방향으로 해결하도록 만들어준다. 그런 과정 속에서 숱한 '실패'를 경험할 수 있다. 그러나 실패를 극복하는 경험이 하나 둘 쌓이게 되면 자연스레 더 이상 실패를 두려워하지 않는 힘이 생기게 된다.

마지막으로 디자인씽킹은 사람들이 서로 힘을 모아 '협업'할 수 있는 능력을 길러 준다. 자동차는 성능이 아무리 좋아도 네 바퀴 모두 잘 굴러가야 목적지에 도달할 수 있다. 어느 하나라도 문제가 생기면 제대로 달릴 수 없다. 비행기도 두 날개가 모두 온전해야만 추락하지 않고 잘 날 수 있듯이 말이다.

디자인씽킹은 모두 함께 하는 것을 모토로 한다. 한사람 한사람 소중한 마음을 갖고 바라보고 이해하고 경청해야 한다. 그리고 힘을 합쳐서 문제를 맞서 싸워야 한다. 그래야만 실패하더라도 일어날 수 있다. 혼자가 아니기 때문에 외롭지 않을 것이다.

아프리카 격언에는 '빨리 가려면 혼자 가고 멀리 가려면 함께 가라'는 말이 있다. 혼자 하는 것보다 함께 하는 것이 당장에는 비효율적이고 느리게 보일지 모른다. 그러나 아무리 하찮아 보이는 사람 혹은 의견일지라도 내가 볼 수 없는 것을 볼 수 있고 새로운 해결책을 제시할 수 있다. 우리가 먹고 입고 쓰는 것 중에 우리 스스로가 만든 것이 얼마나 되는가? 아무 것도 없다고 해도 과언이 아니다. 우리 혼자의 힘으로 할 수 있는 것은 그리 많지 않다. 살아가면서 누군가의 도움이 없이는 오늘 하루 연명하기도 어렵기 때문이다.

우리 자신도 다른 사람의 도움을 받았듯이 함께 도움을 주며 살아가야 한다. 앞으로 디자인씽킹의 단계들과 실제 수업 현장에서 적용했던 사례를 살펴보며 우리 자신과 우리의 아이들이 함께 살아가는 법을 배우도록 할 것이다. 우리는 디자인씽킹을 하는 도구나 방법에 집중하기보다 마음가짐에 집중해야 한다. 사람을 사랑하고 생각하는 마음, 실패를 극복할 수 있는 마음, 함께하는 마음을 배워 나간다면 아무리 세상이 변하고 삶이 힘들어도 함께 헤쳐 나갈 수 있을 것이다.

프로젝트로 풀어내는
디자인씽킹

△△

프로젝트 수업은 아이들과의 상호작용을 강조한다. 선생님과 아이들의 상호작용을 통해 문제를 설정하고 이를 해결하기 위해서 스스로가 해결방안을 기획하여 조사와 탐구를 통해 구체적으로 경험하고 실천하면서 함께 과제를 해결해나가는 과정이다. 이러한 과정을 통해 아이들 스스로 탐구하고 경험하고 실천한 결과를 공유함으로써 배움의 극대화가 일어난다. 다시 말해, 아이들의 주도적 사고 활동과 경험을 통해 살아있는 지식과 가치를 획득하는 수업 방식을 우리는 프로젝트 수업이라고 한다.

그렇다면 디자인씽킹이 프로젝트 수업의 하나의 방법이 될 수 있을까? 프로젝트 수업의 조건과 연관 지어 생각해보도록 하자.

아래와 같이 프로젝트 수업의 조건은 크게 자기주도성, 협력, 사고의 성장, 공유를 들 수 있다.

프로젝트 수업의 조건

1. 자기주도성

2. 협력

3. 사고의 성장

4. 공유

출처 : 도서『프로젝트 수업, 교육과정을 만나다』

● 프로젝트 수업의 조건 1. 자기주도성

프로젝트 수업에서 선생님은 주제나 문제를 던져줄 뿐 구체적인 탐구 내용을 제한하지 않는다. 스스로가 주어진 범주 안에서 문제를 설정하고 이것을 해결하기 위한 자신만의 고유한 해결책을 찾아나서는 것이다. 일반적으로 프로젝트 수업은 팀으로 진행된다. 팀에서 각자에게 주어진 역할이 수시로 바뀌기도 한다. 따라서 프로젝트 수업에서 아이들은 자기주도성을 지니고 개인과 모둠 전체에 능동적이고 적극적으로 참여해야 한다. 자기주도성은 디자인씽킹이 지닌 고유의 성격이기도 하다.

디자인씽킹에서 문제는 대부분 프로젝트 참여자가 직접 찾는다. 그 문제가 진짜 문제인지, 그리고 그것과 관련된 사람들이 어떤 상황이고 무엇이 필요한지를 파악하기 위해 관찰, 인터뷰 등을 통해 적극적인 노력을 수반한다. 이러한 과정에서 참여자는 자연스럽게 자신에게 주어진 과제에 깊숙이 몰입하게 된다. 아이들이 찾은 문제와 그것과 관련된 사람들의 요구사항을 해결하는 것! 이것이 디자인씽킹 프로젝트가 갖는 학습 동기이자 과제에 주도적으로 참여하게 하는 힘으로 작용한다.

● 프로젝트 수업의 조건 2. 협력

제대로 된 프로젝트 수업은 반드시 성공적인 협력과정이 기본 전제이다. 이를 위해서는 팀 구성원간의 합의된 역할 분담과 충실한 역할 수행이 선행되어야 한다. 앞서 살펴본 바와 같이, 아이데오에서는 디자인씽킹 팀원들이 다학제 즉, 다양한 분야의 전문가들로 구성한다. 각자의 전문성을 기반으로 팀에서 역할을 수행하고 그것이 팀워크로 발현된다.

그러나 교실에서의 디자인씽킹은 조금은 다르다. 활동에 참여하는 사람들은 아이들로, 지적 수준 또한 성인의 그것과는 다르다. 아이 하나하나가 지닌 잠재성과 재능은 무한하나. 어느 한 분야의 전문성을 지녔다고 판단하기에는 아직은 무리가 있다. 디자인씽킹은 상호 간에 지속적인 정보의 소통과 협력을 자극하는 단계별 활동들이 존재한다.

예를 들면, 프로젝트의 문을 여는 팀원 간의 공감을 통해 팀워크를 다진다. 문제에 대한 공감 단계에서는 쉐도잉, 인터뷰, 설문조사, 페르소나와 같이 기존의 수업에서 접하지 못한 활동들을 수행하기 위해 꼼꼼한 계획과 역할 분담이 자연스럽게 이루어진다. 아이디어 생성을 통해 구현되는 프로토타입 또한 잘 만드는 것이 아니라는 것이 강조되며, 여러 번의 수정 기회를 갖는다. 이 과정에서 아이들이 실패에 대한 두려움 없이 적극적으로 참여하며, 서로의 의견을 받아들이고 그러한 피드백이 우리 모두를 위한 피드백이란 점을 기억하고 긍정적으로 순화시키고자 노력하게 된다.

● 프로젝트 수업의 조건 3. 사고의 성장

프로젝트 수업에서는 주제나 문제를 설정하는 아이들의 아이디어와 기획 능력이 핵심이다. 조사와 탐구를 진행하는 과정에서는 논리적 사고력에 기반을 둔다. 왜냐하면 프로젝트 수업은 단순히 지식을 습득하는 것이 아니라 지식의 본질을 탐구하고 재가공해야 하기 때문이다. 이를 위해서는 자신만의 고유한 아이디어, 선택과 결정을 통해 합리적으로 이끌어나갈 수 있는 논리적 사고력이 프로젝트 수업에 녹아 있어야 한다. 처음부터 아이들이 높은 창의성과 논리성을 타고 났다면 가장 이상적이겠지만, 그렇지 않다면 프로젝트 수업을 통해 지속적인 사고의 성장을 경험할 수 있는 기회를 제공받을 필요가 있다.

　디자인씽킹은 아이디어의 발산과 수렴, 프로토타입의 개선 과정을 통해 끊임없는 창의적 사고의 발현을 자극하게 된다. 아울러, 팀원들과 끊임없는 정보 교류와 아이디어 교환을 통해 자신이 갖고 있는 지식과 정보를 점검하고 부족한 것을 채우는 메타적 사고를 촉진시키는 데도 도움이 된다.

● 프로젝트 수업의 조건 4. 공유

프로젝트 수업에서 한 학급이 팀별로 서로 다른 세부 과제를 다루었다면 그 과정과 결과를 다른 팀과 공유하는 과정이 수반된다. 또한, 아이들의 다양한 특성과 재능이 최대한 발현되어 긍정적 영향을 주고받기 위해서는 프로젝트 수업에서 공유는 필수적 요소라고 할 수 있다. 결과를 공유하는 과정에서는 다양한 방식의 표현을 권장하고 유도할 필요가 있는 이는 아이들 각자의 재능과 뛰어난 분야가 다르기 때문이다.

　디자인씽킹에서도 이러한 성장의 공유는 활발하게 이루어진다. 팀원 간의 공감을 기반으로 서로에 대한 이해와 공감을 나누고 과제에 따라서는 인터뷰, 관찰, 설문조사 등을 통해 보다 다양한 사람의 관점과 생각을 얻고 공유하게 된다. 프로토타입은 일반적인 산출물, 작품의 개념과 다르므로 아이디어를 끼적인 공책, 그림, 역할극, 모형 등의 다양한 표현 방식으로 발표하고 피드백을 주고받는다.

디자인씽킹은 공감, 협업, 반복된 실패와 도전이라는 세 가지의 교육적 의미를 갖고 있다. 이러한 점은 프로젝트 수업이 갖는 특성인 자기주도성, 협력, 사고의 성장, 공유와도 그 맥락을 같이 한다.

시작이 반이다. 성공적인 디자인씽킹을 위해서는
나아가야 할 목표와 밑그림이 가장 중요하다.

디자인씽킹
준비하기

한 눈으로 보는
디자인씽킹 프로젝트 수업

Step 1. 이해하기	Step 2. 공감하기	Step 3. 문제 정의하기
Step 4. 아이디어 생성	Step 5. 프로토 타입	Step 6. 공유하기

타인에 대한 깊이 있는 공감, 실패에 대한 도전, 협업을 통한 문제해결, 바로 디자인씽킹이 지닌 매력이다. 디자인씽킹 프로젝트 수업에 앞서 디자인씽킹 프로젝트 수업이 어떠한 흐름으로 진행되는지 알아보자.

1단계 '이해하기'는 팀을 구성하고 함께 해결할 목표(문제)를 설정하는 단계이다. 'HMW사고'를 통해 팀 구성원들이 몰입할 수 있는 주제를 선정하고, 팀의 목표와 활동 과정에 대해 지속적으로 공유할 수 있는 공감적 분위기를 만든다.

2단계 '공감하기'는 팀 구성원들과 문제와 그와 관련된 사람들이 요구하는 사항을 파악하고 이해함으로써 문제에 대해 깊이 파고들어 가는 단계이다. '다른 사람의 신발을 신고 서 있기' 또는 '다른 사람의 눈을 통해 문제 바라보기'라고 할 수 있다. 현장 관찰, 인터뷰, 설문지, 페르소나 등의 문화인류학적 관찰을 통해 문제를 명확하게 이해하고, 문제 해결의 필요성을 느끼게 된다.

아울러, 팀 구성원 간의 배려와 공감을 활성화하기 위한 과정으로 과제와 다소 무관한 별도의 활동이 전개될 수도 있다. 예를 들어, 팀 구성원 별명 짓기, 칭찬 말풍선, 캐릭터 그리기, 롤링 페이퍼, 수다 등 정형화된 활동보다는 팀 구성원 간의 결속력을 높이고 소통할 수 있는 활동으로 구성된다. 이 단계는 이후 팀별 과제 활동에서 팀 구성원 간의 원활한 소통과 창의적인 문제해결을 유도하기 위한 목적이므로, 상호 간의 비방이나 단점을 이야기하는 것은 자제해야 한다. 가능하다면, 서로의 장점과 재능을 찾고 적합한 역할 배분이 이뤄지도록 하여 이후 활동이 원활히 진행될 수 있도록 한다.

3단계 '문제 정의하기' 단계는 학생들이 앞의 두 단계를 통해 얻게 된 요구 사항과 통찰을 종합하여 팀 고유의 관점을 갖는 과정이다.

'공감하기' 활동에서 얻은 요구 사항, 고려할 점, 반영할 사항 등을 고려하여 팀별로 문제를 어떤 방향으로 해결할 것인지 정립하는 단계라고 할 수 있다.

다음의 '아이디어 생성' 단계는 많은 수의 아이디어를 발산하는 단계로 집단의 창의성이 꽃을 피울 수 있는 단계이다. 팀의 구성원들이 골고루 발언할 수 있도록 하며, 의견의 적극적 경청과 수용이 이루어질 수 있도록 한다.

5단계 '프로토타입' 단계는 프로토타이핑을 통해 아이디어를 실행해보고 다양한 아이디어를 또 다시 반영하여 수정해보는 순환적 과정을 거친다. 이 때, 프로토타입은 모형, 글, 그림, 역할극, 게임, 스토리보드 등 다양한 형태도 제시될 수 있다.

마지막 '공유하기' 단계는 프로토타입의 피드백, 되돌아가기, 공유하기 등의 활동으로 나눌 수 있다. 앞선 단계에서 가장 빨리, 가장 저렴하게, 가장 손쉽게 만든 프로토타입을 평가하고 피드백 자유롭게 주고받으면서 개인과 팀의 성장을 도모한다.

Step 1. 이해하기
: 프로젝트 열기

▲▲

시작이 반이다. 디자인씽킹 프로젝트 수업을 위한 시작은 '왜 우리가 이 활동을 하는지, 그리고 어떻게 이루어갈 것인지?'를 정하는 것부터 출발한다. 충실한 디자인씽킹 활동을 위해서는 나아가야 할 목표와 그것을 추진해나가는 밑그림이 필요하기 때문이다.

가장 첫 단계인 '이해하기' 단계에서는 팀 구성과 활동의 기본 관점을 정한 후 관련된 자료를 중심으로 정보를 수집하는 활동을 진행한다. 팀 구성원들이 모여 활동의 기본적인 이해와 공감대를 형성하는 것도 여기에서 이루어진다. 아이들은 친구, 가족과 함께 무언가를 시작한다는 것 자체에 큰 즐거움을 느낀다. 때문에 디자인씽킹 프로젝트 수업이 목표를 향한 일관된 방향과 자발적인 참여와 협력으로 지속되기 위해서는 함께 이루고자 하는 목표와 주제를 함께 찾고 팀워크를 견고하게 다져야 한다.

그렇다면 이번 단계에서는 디자인씽킹 팀 구성과 프로젝트의 방향

정하기 및 팀원들이 목표를 공유하고 어떠한 방향으로 나아갈지 계획을 세워가는 활동을 소개해 보겠다.

● 디자인씽킹 프로젝트 수업의 첫 관문 이해하기 활동

(1) 다양성을 겸비한 최고의 팀, 하나의 팀(One team) 구성하기

협업은 팀 활동의 핵심이다. 디자인씽킹 프로젝트 수업에서도 한 명의 멋진 아이디어보다는 개개인의 작은 아이디어들이 모여 반짝이는 결과물을 만들어가는 것이 중요하다. 성공적인 협업을 위해서는 좋은 팀을 구성하는 것이 관건이다. 그러나 매번 완벽한 구성원들로 이루어진 팀을 구성하기는 불가능하다. 마음이 맞는 익숙한 사람들과 함께 하고자 하는 습성도 버리기 쉽지 않다. 디자인씽킹에서 추구하는 사람에 대한 공감, 니즈 파악과 인간중심적 문제해결에 초점을 둔 팀을 되기 위해서는 능력중심의 팀 구성과 친밀한 사람과의 팀 활동을 지양할 필요가 있다.

　디자인씽킹 프로젝트 수업을 위해서는 구성원들이 디자인씽킹의 철학을 함께 공유할 수 있어야 한다. 디자인씽킹은 인간 중심의 창의적 문제해결 과정으로 사용자 혹은 고객 중심으로 사고의 확산과 수렴이 반복된다. 이 과정에서 팀원들은 문제해결의 보람과 스스로의 만족을 얻게 된다. 디자인씽킹 프로젝트 수업은 단순히 '이윤 추구'나

'개인의 성공'을 위한 수업이 아닌 사람에 대한 깊이 있는 이해와 노력을 통해 변화와 혁신, 넓게는 '인류의 행복'과 같은 보편적인 가치를 추구한다는 점을 나눌 수 있어야 할 것이다.

다음으로 팀원들은 개인의 전문성과 잠재력을 믿고 그것이 표출될 수 있는 환경과 분위기를 조성해야 한다. 팀 활동으로 이루어지는 디자인씽킹 프로젝트 수업이 원활하게 진행되기 위해서는 팀원들끼리 깊이 있는 공감을 나누고 긍정적인 집단의 분위기를 조성할 필요가 있다. 서로를 격려하는 분위기는 내가 구성원들의 지지를 받고 있다는 느낌을 조성하여 구성원들의 창의적 수행과 결과를 도출한다. 아이들은 자신이 속한 팀이 자신의 의견을 지지해주고 안전한 집단이라고 인식할 때 다른 구성원들과 대화할 가능성이 높아지며, 자연스레 팀 내 커뮤니케이션이 증가할 수 있다. 결국 아이디어 교환, 공유, 새로운 아이디어 제공의 기회가 증가하게 되는 것으로 이러한 정보 공유는 구성원들의 지식 기반을 증가시키고 자연스럽게 창의적 성취의 가능성을 높인다. 상대방의 말을 경청하는 사람은 활기가 넘치고 다른 사람들에게 활력을 불어 넣는 사람은 집단 내에서 탁월한 성과를 올릴 수 있는 것이다.

아이들과 함께 하는 디자인씽킹 프로젝트 수업에서도 팀을 구성하고 협업을 촉진하는 기본 작업을 가장 첫 단계인 '이해하기' 단계에서 실천해야 한다. 그러기 위해서는 아이가 지닌 현재의 재능에 초점을 두기보다 아직 발현되지 않은 잠재성을 촉진할 수 있는 공감적 분위기에서 활동을 시작할 수 있도록 해야 할 것이다.

(2) 'HMW 사고'를 이용한 팀의 목표 세우기

"구성원들의 적극적인 참여와 몰입을 이끄는 힘은 무엇일까?"

"어떻게 하면 구성원들의 역량을 최대로 발휘하도록 하여 협업을 이끌어 낼 수 있을까?"

이러한 고민은 디자인씽킹 프로젝트 수업에서 모든 팀 활동을 시작함에 있어 누구나 고민하는 부분이다. 집단 지성을 강조하는 키스 소여는 그의 책『그룹 지니어스』에서 집단의 구성원들이 문제를 발견하고 그것을 해결하기 위해 지속적으로 문제와 과정을 공유하는 것이 필요하다고 강조하였다.

디자인씽킹은 인간 중심적 관점에서 문제를 발견하고 우리가 해결해야 하는 문제가 무엇인지 고민한다. 때문에 공동의 목표(문제)를 찾고, 그것을 지속적으로 공유하는 것은 디자인씽킹 프로젝트 수업의 자연스러운 과정이다. 나와 주변 사람들, 사용자의 시선에서 문제의 본질을 논의하며 '우리가 어떻게 할 수 있을까?'를 생각하다 보면 팀원끼리 목표, 임무, 방향을 끊임없이 공유하고 교류하는 동안 과제에 대한 몰입과 협력이 자연스레 이루어질 것이다.

디자인씽킹 프로젝트 수업을 시작함에 있어 목표를 거창하게 잡을 필요는 없다. 자신과 팀원들을 둘러싼 환경을 관찰해보고 문제를 발견해보는 것부터 시작해보는 것이 좋다. 단, 프로젝트의 올바른 문제를 찾는 비결로 'HMW(How Might We) 사고'를 꼭 기억하자.

디자인씽킹의 대표적인 기업인 IDEO를 비롯하여 페이스북, 구글, IBM, LG 등에서는 창의적 문제 정의 방법으로 디자인씽킹의 시작과 끝은 'HMW로 마무리 된다'고 말한다. 우리는 교실에서 아이들과 함께 'HMW 사고'로 주변의 문제를 찾아볼 수 있다.

✎ 문제 예시
- - - - - - - - -
① '우리는 어떻게 하면 학생들이 만족하면 편안한 교실 의자를 만들 수 있을까?'
② '우리는 어떻게 하면 집안의 재활용 쓰레기를 우리 생활에 이용할 수 있을까?'
③ '우리는 어떻게 하면 미세먼지가 심한 날 쉬는 시간에 즐겁게 놀 수 있을까?'

'HMW 사고'를 이용하여 질문을 만들어보는 연습을 해보는 것은 디자인씽킹 프로젝트의 목표(문제)를 찾는데 유용하다. 'HMW 사고'는 시작 단계에서부터 마무리 단계까지 프로젝트 전 과정에 걸쳐 활용할 수 있다. 'HMW 사고'는 인간중심, 공감, 협업을 강조하는 디자인씽킹의 철학을 고스란히 담고 있다. 그러므로, 'HMW 사고'를 통해 새로운 눈으로 문제를 발견하고 지속적으로 팀 구성원들과 공유해나갈 필요가 있다.

디자인씽킹은 사람에 대한 이해에서 시작하여, 사람을 위한 문제해결로 매듭짓는 과정이다. 디자인씽킹의 첫 걸음은 바로 '내가 아닌 우리에 대한 이해와 점검'이다. 디자인씽킹이라는 긴 여정을 함께할 팀원들을 모으고 기본 방향을 잡고 서로가 가진 지식과 노하우를 공유하는 첫 자리가 바로 '이해하기' 단계라는 점을 기억하자.

Step 2. 공감하기
: 타인의 눈으로 바라보기

어떤 문화에서든 공감(Empathy)은 인간관계의 핵심이다. 공감은 인간다움을 정의해주고 인간관계를 풍성하게 만들어준다. 그러나 디자인 씽킹에서 말하는 '공감'은 우리가 일반적으로 생각하는 공감과는 다소 차이가 있다. 디자인씽킹에서의 '공감'은 하나의 단계로써 현장으로 가서 문제에 접근하고 그와 관련된 사람들을 관찰하여 그들의 니즈를 파악하는 과정이자 활동이다.

우리는 사람들을 관찰하고 대화를 나누며 해결의 실마리를 찾는 과정에서 자연스럽게 깊이 있는 공감이 일어난다. 공감 단계에서 얻은 다양한 정보들은 사람들의 니즈를 반영한 문제해결, 제품, 서비스 등으로 구현된다. 이렇듯 디자인씽킹에서 '공감'은 문제해결을 위한 핵심적인 통찰을 얻기 위한 필수 과정이자 결과인 셈이다.

그렇다면 아이들과 함께 하는 디자인씽킹 프로젝트 수업은 어떨까? 이 경우 '공감' 단계에 초점을 두고 보다 세심한 활동을 구성할 필요가 있다. 그 이유는 '공감'이 디자인씽킹의 핵심 단계이며, 여기에서 얻은 사람에 대한 통찰로 디자인씽킹 활동 방향을 제시하기 때문이다. 또 하나 놓치지 말아야 할 점은 디자인씽킹 프로젝트 수업은 혼자서 활동하는 것이 아니라는 것이다. 인간 중심, 사람 중심이라는 디자인씽킹의 목적은 소비자, 문제와 관련된 것도 있지만 동료, 팀원, 친구들과 협력하여 이루어간다는 것이 중요한 교육적 가치다. 바로 이러한 점을 놓치지 않기 위해 '공감' 단계에 주목하고 시간을 투자해야 한다.

그렇다면 디자인씽킹 프로젝트 수업에서 아이들이 가장 먼저 공감할 수 있어야 하는 사람은 누구일까? 바로 디자인씽킹 프로젝트 수업을 함께하는 팀원, 친구들이다. 수업을 진행하다보면 활동에 앞서 함께 하는 친구와 마음을 열고 즐겁게 참여하고 싶은 분위기를 조성하는 것이 중요하다는 것을 깨달을 수 있다. 이를 위해 '팀원 간의 공감'이라고 이름을 짓고 실제 아이들과의 디자인씽킹 프로젝트 수업을 여는 단계로 아이들이 서로 마음을 나누고 팀워크를 쌓아가는 초기 활동을 하나 더 추가하였다. 아이들과 함께하는 상호간의 공감이라는 소중한 경험을 활성화시키기 위해 '팀원 간의 공감'과 '문제에 대한 공감'으로 나누어 진행해보면 좋다.

우선, '팀원 간의 공감' 단계에서는 팀원 간의 이해와 공감을 바탕으로 협업과 소통을 위한 기반을 다진다. 그 다음 '문제에 대한 공감'

단계에서는 기존의 디자인씽킹과 동일하게 문제 해결을 위해 현장으로 나가 문제 해결을 위한 인터뷰, 설문조사, 관찰 등의 다양한 접근을 시도하며 문제와 관련된 사람들에게 깊이 있게 들어가는 것이 좋다.

● 팀원 간의 공감을 위한 활동들

아이들과 디자인씽킹 프로젝트 수업을 하면서 가장 보람될 때는 서로를 이해하고 배려하는 모습이 활동 중간 보여 질 때이다. 아마도 디자인씽킹 활동 자체가 공감과 협업을 바탕으로 문제를 해결해 나가는 과정이기 때문일 것이다. 아이들과 함께하는 활동에서는 팀원 간의 이해, 배려 그리고 진정한 공감이 보다 극대화 될 수 있도록 처음부터 팀 활동이라는 점을 강조할 필요가 있다. 그럼 본격적인 수업에 앞서 공감하기 단계에서 활용할 수 있는 '팀원 간의 공감' 활동을 몇 가지 소개해 보겠다.

(1) 표정 발견하기

표정은 느낌을 전달하는 가장 즉각적인 정보이며 가장 효과적으로 공감을 불러일으키는 도구이다. 이번에 소개하는 '표정 발견하기' 활동은 수업 초반에 같은 팀 친구의 표정을 관찰하면서 재미있게 긴장을 풀 수 있는 워밍업 활동이다. 물론, 내일 보는 가족의 표정을 관찰해보고 엄마, 아빠가 가진 전형적인 표정을 골라보는 것도 흥미 있는 활동이 될 수 있다. 친구와 가족의 표정을 세심히 살펴보고, 그 사람의 상황과 감정을 공감해보도록 한다.

활동명: 가족 표정 관찰하기

활동 방법

① 같은 크기의 동그라미 8개를 그린다.

② 친구 혹은 가족 중 한 명을 정하여 하루 동안의 얼굴 표정을 관찰한다. 이 때, 간략하게 관찰 상황을 기록하도록 한다.

③ 관찰한 결과를 바탕으로 동그라미에 8개의 표정을 그린다.

④ 8개의 표정을 닮은 동물이나 사물을 찾아본다.

⑤ 결과를 자신이 관찰한 사람과 함께 보면서 표정에 담긴 감정과 상황에 대해 이야기 나눈다.

더하기 Tip

✚ 표정을 관찰할 수 있는 충분한 시간을 제공한다.

✚ 관찰 상황은 자세한 것 보다 간단하게 기록하도록 한다.

〈 가족 표정 관찰하기 활동지 〉

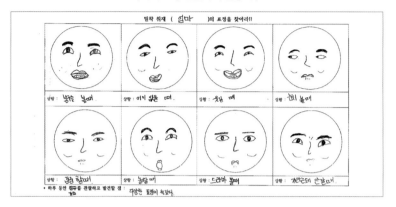

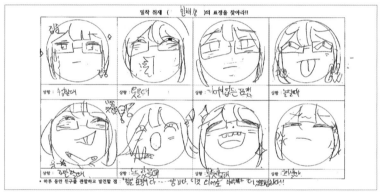

(2) 정보전달 소통 릴레이

소통 능력은 디자인씽킹 프로젝트 수업을 비롯한 모든 팀 활동에서 반드시
필요한 역량이라고 해도 과언이 아니다. 아이들이 주고받는 정보의 양과
질은 개인의 경험, 정보 전달 능력, 문제 인식 방법 등에 따라 달라지므로
정확한 정보 전달과 원활한 소통을 위한 워밍업 형태의 활동을 소개한다.

활동명: 몬스터 그리기

활동 방법

① 팀에서 한 명이 몬스터의 모습을 상상하여 그린다.

② 나머지 팀의 아이들은 한 줄로 선다.

③ 첫 번째 아이가 몬스터 그림을 5초가량 보여준다. 이때, 나머지 아이들은 헤드셋이나 이어폰을 끼고 음악을 듣거나 사진을 보도록 한다.

④ 첫 번째 아이는 두 번째 아이에게 자신이 본 그림을 10초에 걸쳐 말이나 몸짓으로 설명한다.

⑤ 아이들마다 차례로 4번의 방법을 이어서 한 뒤 마지막 아이가 전달받은 그림의 내용을 도화지에 그린다.

⑥ 몬스터 그림과 마지막 아이가 그린 그림을 대조해본다.

더하기 Tip

✚ 몬스터 그리기가 아닌 로봇, 동물 등 아이들이 표현가능 한 다른 소재를 활용해도 무방하다.

✚ 몬스터의 표정, 동작, 생김새 등을 구체적으로 표현하는 것이 유리하다.

✚ 순서를 바꾸어 돌아가며 활동을 할 수 있도록 하여, 친구의 말과 행동에 집중하고 전달할 수 있는 훈련이 자연스럽게 될 수 있도록 한다.

〈 몬스터 그리기 활동 모습 〉

(3) 잠재된 재능 찾기

디자인씽킹은 팀의 구성원 각자가 지닌 전문성이 발휘될 때 최상의 결과를 도출해낼 수 있다. 아이들에게 있어 전문성은 아이들에게 잠재된 재능이라고 할 수 있을 것이다. 팀의 친구들이 가진 장점, 특기, 흥미를 알고 그것을 디자인씽킹 프로젝트 수업에 활용할 수 있도록 공감하기 단계에서 '재능 스테이션'을 진행해보자.

활동명: 재능 스테이션

활동 방법

① 특기와 흥미별로 재능 팀을 만든다.

(예: 만화그리기, 캘리그라피, 뜨개질, 종이접기, 운동, 코딩 등)

---

② 재능 팀별로 자신이 가르쳐줄 재능을 정한다.

③ 재능 스테이션 활동에 필요한 물품을 준비하고, 스테이션 코너를 만든다.

④ 재능 스테이션 활동 시 재능 팀별로 A팀과 B팀으로 나누어 A팀이 스테이션 활동을 진행하고, B팀은 다른 스테이션에서 배울 수 있도록 한다.

⑥ A팀과 B팀의 역할을 바꾸어 활동한다.

더하기 Tip

✚ 모든 아이들이 참여할 수 있도록 한다.

✚ 재능 팀별로 다양하고 창의적인 방법으로 친구들에게 전달할 수 있도록 한다.

〈 재능 스테이션 활동 모습 〉

'재능 스테이션' 활동 후 디자인씽킹 프로젝트 수업을 위한 팀을 구성한다. 이때, 재능 팀 별로 1~2명씩 골고루 프로젝트 팀에 구성되어 팀에서 자신의 재능과 역량을 발휘할 수 있도록 한다. 실제로'재능스테이션' 활동에서 친구들에게 자신의 특기를 가르쳐주고 도움을 주면서 자신의 강점에 대한 확신과 자긍심이 높아진 아이들의 모습을 볼 수 있었다. 자신감이 높아진 아이들은 디자인씽킹 활동에서도 적극적으로 참여하는 모습을 볼 수 있을 것이다.

(4) 공동체라는 의미 부여하기

팀 이름을 짓고 팀 구호를 정하고 팀에서 역할을 나누는 것은 디자인씽킹과 같은 팀 프로젝트에서 가장 먼저 하는 활동이라고 할 수 있다. 이번에는 아이들과 함께하는 디자인씽킹 프로젝트 수업에서 '우리는 한 배를 탄 공동체'라는 의미를 부여하기 좋은 '팀의 손가락을 그려라' 활동을 제안한다. 이 활동은 디자인씽킹 프로젝트 수업 외에도 팀 활동 전에 손쉽게 활용할 수 있는 방법이라 할 수 있다. 이 활동은 교사동아리 '렛츠 D (디자인씽킹을 공부하고 교육에 접목하기 위해 노력하는 교사 동아리)'에서 제안한 '팀 빌딩' 활동이다.

우리는 팀원과 형성한 '공감'을 바탕으로 학교 수업, 친구 관계, 가정 문제를 디자인씽킹 프로젝트 수업에 적용해보며 다음과 같은 공감적 가치를 찾을 수 있다.

첫째, 디자인씽킹 프로젝트 수업을 통해 발생한 상호간의 깊이 있

활동명: 팀의 손가락을 그려라.

활동 방법

① 4절 도화지에 팀원 각자의 손바닥을 그림으로 그린다.

　이때 중요한 것은 손가락 끝은 그리지 않는다는 것이다.

② 다섯 손가락 끝에 취미, 관심사, 현재 기분, 장래 희망, 장점과 같이 자

　신을 표현할 수 있는 것을 글과 그림으로 표현한다.

③ 각자 자신의 손가락에 표현한 것을 돌아가며 소개한다.

④ 팀원들이 공통으로 가진 관심사, 장점 등을 찾아 팀 이름을 짓는다.

더하기 Tip

✚ 손가락 그림을 그릴 때 크게 표현할 있도록 한다.

✚ 어색하더라도 반드시 돌아가며 자신을 소개할 수 있도록 한다.

〈 팀의 손가락을 그려라 활동 결과 〉

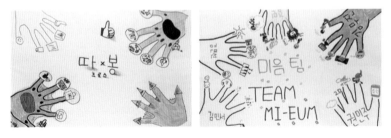

는 공감은 디자인씽킹 과정 곳곳에서 윤활유와 같은 역할을 한다. 공감 심리학자인 데이비드 호우는 그의 책『공감의 힘』에서 공감은 타인의 감정에 대한 정서적 반응이자 타인의 관점을 수용하는 인지적 행위, 타인에 인지에 기초한 이해, 동시에 그러한 이해를 서로 주고받는 언어적·비언어적 소통까지 포함한다고 말한다. 공감에 기반을 둔 소통은 상대방의 감정이나 원인에 대해서 확실하게 인식하고 폭넓은 이해를 언어로 풀어내는 것과 그 이해가 올바른 것인지를 점검하는 것 모두를 포함한다는 의미다. 이렇듯 공감하며 듣는 것은 공감적 이해로 이어지고, 이는 공감적 반응으로 자연스럽게 연결되면서 양질의 의사소통이 이루어질 수 있다.

둘째, 디자인씽킹 프로젝트 수업을 통해 발생한 상호간의 깊이 있는 공감은 팀의 긍정적인 분위기를 조성한다. 서로를 격려하고 반대로 지지(supportive)받고 있다고 느끼는 환경은 창의적 활동 수행과 결과를 이끌어 낸다. 이러한 분위기에서는 친구들과 대화할 가능성이 높아지며, 자연스럽게 팀 내 커뮤니케이션이 증가하는 것을 볼 수 있다. 결국 아이디어 교환, 공유, 새로운 아이디어 제공의 기회가 증가하게 되는 것으로 이러한 증폭된 정보 공유는 구성원들의 지식 기반을 증가시키고 자연스럽게 창의적 성취의 가능성을 높이게 되는 것이다.

심리학자이자 경영 컨설턴트인 키스 소여는 그의 책『그룹 지니어스』에서 상대방의 말을 경청하는 사람은 활기가 넘치고, 다른 사람들에게 활력을 불어 넣는 사람은 집단 내에서 탁월한 성과를 올린다고 하였다. 경청의 기술은 타인의 의도와 생각에 대해 적극적으로 사고하는 노력을 수반한다는 점에서 단순히 귀 담아 듣는 것과는 다르게 스스로 공감 받는 느낌을 갖도록 하여 팀 활동에 긍정적인 영향을 미친다.

셋째, 디자인씽킹 프로젝트 수업을 통해 아이들은 자신이 누군가에게 공감을 받는 값진 경험을 할 수 있다. 실제로, 타인을 공감하기 위해서는 먼저 자신이 공감 받는 경험을 가질 필요가 있으며, 공감의 기회를 자주 접하게 될 수록 집단 간 편견과 적대적 판단, 편향은 줄어든다. 다시 말해, 서로 공감하고 공감 받는 경험은 자연스럽게 집단의 조화롭고 창의적인 분위기로 이어질 수 있는 것이다.

● 문제에 대한 공감을 위한 활동들

디자인씽킹 프로젝트 수업의 이해하기 활동을 통해 '팀원 간의 공감' 즉, 함께 할 친구들에 대해 이해하고 소통하게 되었다면, '문제에 대한 공감'은 문제 현장의 실제 목소리를 듣고 인사이트를 찾는 과정이다. 이 과정은 자연스러운 상황에서 사람들의 행동을 관찰하거나 질문하고 조사하는 활동을 말한다. 사람들의 상황과 행동을 제대로 공감하기 위해서는 그들의 문화 속에서 함께 생활하면서 접근하는 참여 관찰(Participant observation)과 객관적인 거리를 지키며 관찰하는 관찰 조사(Observation research)를 실시한다. 이러한 활동을 대부분 전문가들로 구성된 팀으로 진행되며, 디자인씽킹 활동에 적극적으로 활용된다. 아이들이 이러한 문제에 대해 깊이 있는 공감을 할 수 있도록 하기 위해서는 성인 수준의 그것보다 체계적이고 구체적인 방법 안내와 활동 수행이 이루어질 필요가 있다. 또한, 교실 혹은 가정에서 활용하기 위해서는 보다 쉽고 간단하게 현장 조사를 할 수 있어야 할 것이다. 여기에서는 실제 디자인씽킹에서 사용하고 있는 현장 조사 기법을 아이들의 상황과 수준에 맞도록 변형하여 제시하고자 한다.

(1) 인터뷰

디자인씽킹에서 인터뷰는 사용자, 문제 상황과 관련된 사람들 혹은 문제 해결을 원하는 사람들이 진정으로 원하는 것을 듣기 위해 진행된다. 그들이 원하는 것을 알고 있어야 완성도 높은 문제해결(서비스, 제품)이 가능하기 때문이다. 아이들과 함께 하는 디자인씽킹 프로젝트 수업에서도 마찬가지이다. 아이들이 해결하고자 하는 문제 상황을

"인터뷰는 가장 겸허하고 즉각적으로
신뢰와 정보를 얻어낼 수 있는 과학이다."
John Brady(미국의 언론학자)

가장 잘 파악할 수 있는 인터뷰 대상자를 정하고 질문을 구성하여 인터뷰를 수행해야 한다. 여기에서 한 가지 잊지 말아야 할 점은 취재와 면접 형태의 인터뷰가 아니라는 것이다.

디자인씽킹에서 인터뷰의 목적은 고객 즉, 문제 해결을 원하는 사람의 이야기를 듣기 위함이다. 인터뷰 상황에서 자유롭게 자신들이 원하는 요구 사항을 털어놓을 수 있도록 이끌어야 한다. 사전에 인터뷰의 목적에 대해 충분히 이해한 후 팀원들과 함께 인터뷰 대상자, 질문, 인터뷰 약속 정하기, 준비물 등을 하나씩 챙길 수 있도록 한다.

준비물

인터뷰 대상자에 대한 기본조사(직업, 나이, 사는 곳, 문제와 관련된 경험 등), 기록 노트와 필기구, 녹음기, 카메라 등

활동 방법

① 인터뷰에 필요한 내용(목적, 대상자, 시간과 장소)를 정한다.

② 인터뷰 대상자의 현장 상황, 성격, 경험을 고려하여 3~5가지의 질문을 준비한다.

③ 미리 약속한 장소에서 인터뷰를 진행한다.

　이때, 인터뷰 대상자에게 동의를 얻어 사진을 촬영한다.

④ 인터뷰를 기록한 자료와 사진을 바로 정리한다.

⑤ 인터뷰 대상자에게 감사의 인사를 전한다.

더하기 Tip

✚ 사전 질문을 만들고 팀원끼리 가상 인터뷰를 진행해 보면서 질문의 수준과 표현을 점검한다.

✚ 전화, 이메일, SNS 등 다양한 매체를 활용하는 방법도 있다.

✚ 대화의 주인공은 인터뷰 대상자라는 점을 기억하고 너무 많은 말을 하지 않도록 한다.

✚ 인터뷰 대상자의 이야기를 들은 후 "왜 그러셨습니까?", "왜 그렇게 생각하시나요?"라는 질문을 반드시 한다. 그렇게 행동하고 생각했다는 것은 문제 해결에 활용할 수 있는 결정적인 힌트가 될 수 있기 때문이다.

업사이클링 프로젝트 인터뷰	팀이름 : 5이

0. 업사이클링에 대한 설명

담임 선생님을 위한 연필 꽂이를 업사이클링 할것이다

1. 인터뷰 대상자 정하기

담임 선생님

2. 인터뷰의 주제 및 목적?

정신없는 선생님의 연필꽂이를 업사이클링으로 정리 할것이다

3. 인터뷰 역할 나누기

역할	이름	하는 일
약속	김무진	미리 인터뷰 약속을 정합니다.
진행	박진아	준비한 질문을 토대로 인터뷰를 진행함.
기록	최수아 (기록) 유영진 (촬영)	인터뷰 내용을 <u>촬영</u> 또는 <u>기록</u> 합니다.
정리	다같이	인터뷰 자료를 정리합니다.
발표	김무진, 유영진, 박진아, 최수아	인터뷰 결과를 발표 합니다.

4. 인터뷰에 필요한 준비물

촬영, 녹음 (휴대폰), 노트, 필기도구, 간식

5. 인터뷰 진행과정

1) 열기 (자기소개 + 면담주제 소개) 안녕하세요. 저희는 5이팀입니다.

열기	바쁘신데도 이렇게 저희와의 면담을 허락해주셔서 감사합니다. 저희는 선생님의 정리가 되지 않은 연필꽂이를 업사이클링 하기위해 면담을 하고자 합니다.

2) 인터뷰 질문

질문하기	• 업사이클링 제품을 사용 하시나요. • 지금 사용하고 계시는 연필꽂이의 불편한점은 무엇이신가요. • 가장 자주 사용하시는 학용품은 무엇이신가요. • 사용하시는 학용품은 무엇무엇이 있으신가요.

3) 인터뷰 마무리 (인터뷰 승낙에 대한 감사 + 맺는 말)

마무리	바쁘신데도 저희에게 시간을 내주셔서 감사합니다.

(2) 설문조사

설문조사는 특정 문제나 주제에 대해 다수의 의견을 수집하기 위한 방법이다. 설문조사의 가장 큰 특징은 많은 사람을 대상으로 동일한 질문에 대해 타당성 있는 자료를 수집할 수 있다는 점이다. 요즘에는 온라인 설문조사를 통해 지역과 시간에 제한 없이 많은 사람들을 대상으로 할 수 있게 되었다.

디자인씽킹에서도 설문 조사를 통해 사용자들의 잠재적인 분포를 알 수 있고, 제품에 대해 사용자들이 필요로 하는 사항을 알 수 있다. 성공적인 설문조사를 위해서는 효과적인 설문 문항을 만들 수 있어야 한다. 명확한 질문을 만들기에 어려울 경우에는 앞서 살펴본 인터뷰를 통해 사용자에 대한 기본 이해 후 구체적인 질문을 구성하여 설문조사를 실시할 수도 있다. 디자인씽킹 프로젝트 수업에서도 아이들이 설문조사를 내실 있게 준비하기 위해서 선생님이 기존의 설문조사 예시 자료를 충분히 제시하고 아이들이 설문조사의 구성과 문항에 대해 구체적으로 이해할 수 있게 도움을 주어야 한다. 그리고 아이들은 반드시 설문조사를 통해 얻고 싶은 것을 먼저 생각해보도록 한다.

※ 〈오래가는 UX 디자인〉에서 발췌한 설문 조사 작성 방법을 몇 가지 제시하고자 한다.

① 설문조사를 위한 브레인스토밍을 진행하고, 그 결과를 최소한의 질문으로 줄인다.

→ 제품의 개선에 도움이 되지 않는다고 생각되는 질문은 과감히 줄이고 꼭 필요한 문항들만 남긴다. 많은 질문으로 적은 응답을 받는 것보다, 선별된 질문으로 높은 응답을 받는 것이 더 도움이 된다.

② 질문의 형태를 결정하고, 질문을 작성한다.

→ 객관형, 단답형 문항을 주로 사용하고 꼭 필요할 경우에만 서술형 문항을 이용한다. 선택형, 순위 매기기, 값 분배, 행렬형, 선호도 조사 등 여러 가지 형태의 질문 중 적절한 형태를 선정한다. 질문 형태는 조사완료 후 어떤 식으로 분석할 것인지를 고려해서 결정해야 한다.

③ 질문에 대해서 전반적으로 확인한다.

→ 질문이 명확하고 편향되지 않게 작성되었는지, 개인적으로 민감한 질문이 필요 없이 추가되지 않았는지 확인한다.

④ 답변 항목에 대해서 확인한다.

→ 중복되거나 무의미한 답변이 없는지, 수치형 답변의 구간 설정이 올바른지, 그리고 원하는 답이 없을 경우에 선택 가능한 항목을 제공했는지 확인한다.

⑤ **설문에 포함되는 안내 문구를 확인 한다.**

→ 설문의 목적과 연락처, 완료에 걸리는 시간, 익명성 보장과 보안 유지와 관련한 사항들이 빠짐없이 포함되어야 한다.

준비물

조사에 필요한 내용(조사의 목적, 조사 대상과 수, 시간과 장소) 준비

활동 방법

① 조사에 필요한 내용(조사의 목적, 조사 대상과 수, 시간과 장소)을 정한다.

② 설문 항목을 정하고 설문지를 작성한다.

③ 결정한 시간과 장소, 방법으로 설문 조사를 실시한다.

④ 수거한 설문지 자료를 정리하고 설문 결과를 통해 알게 된 점을 반드시 기록한다.

더하기 Tip

✚ 설문의 목적을 계속해서 되새기며 설문 문항을 만든다.

✚ 다양한 설문 조사의 예시를 보여주어 아이들의 이해를 돕는다.

✚ 대상 수가 많을수록 좋으나, 아이들의 경우 20명 내외의 대상자 수를 정하도록 한다.

✚ 설문조사 후 반드시 설문 조사 결과를 살펴보고 알게 된 점을 글로 정리할 수 있도록 한다.

(3) 관찰

실제 디자인씽킹에서는 사용자의 자연스러운 생활환경 안에서 문화, 사회적 배경을 파악하고 그들이 필요로 하는 사항을 찾기 위해 인터뷰와 관찰을 함께 사용하기도 한다. ABC 방송에서 소개한 세계적인 디자인 컨설팅 회사 IDEO에서 새로운 쇼핑 카트를 제안하는 프로젝트에서는 기존의 쇼핑 카드가 지닌 문제를 파악하기 위해 홀푸드 마트에서 직접 나가 고객의 불편 사항을 면밀히 관찰하였다.

"안전 문제로 애들을 데리고 나오기 무서워요."
"카트가 자주 분실됩니다."

이렇듯 카트를 사용하는 고객과 마트의 직원들의 행동을 관찰했고 불편한 점을 눈으로 확인하였다. 자신들이 해결해야 할 문제가 발생한 장소에 가서 시간을 투자하여 그와 관련된 사람들과 동일한 입장에서 문제를 바라보고 느끼는 노력이 필요한 것이다.

활동 방법

① 조사 대상자를 정하고 사전에 활동의 목적과 의도에 대해 충분히 설명한다.

② 약속한 시간 동안 조사 대상자와 동행하며 촬영, 기록 한다.

③ 촬영, 기록한 결과를 정리하며, 발견한 점을 정리한다.

✎ 쉐도잉(Shadowing)이란?

말 그대로 조사 대상자를 그림자처럼 따라 다니면서 그들의 행동, 말, 감정, 상호작용을 면밀히 관찰하는 방법이다. 조사 대상자의 동의하에 비디오 촬영, 사진 촬영, 기록 등을 남김으로써 현장감 있게 문제 상황과 참여자의 요구 사항을 파악할 수 있다. 어느 순간에는 관찰자의 존재를 참여자가 의식하지 못하는 상황을 포착함으로써 문제 해결을 위한 새로운 발견과 실마리를 찾을 수 있기도 한다.

쉐도잉의 또 다른 방법으로는 조사 대상자의 친구, 가족과 같은 지인이 관찰자가 되어 그들을 관찰하는 것이다. 예를 들어, '집안일에 지친 엄마'의 문제를 해결하기 위해 엄마를 관찰하기로 결정했다면, 엄마와 가까운 이웃 아주머니, 즉 이모가 엄마를 조사하는 것이다. 이러한 방법은 조사 대상자가 보다 편안한 마음으로 참여할 수 있으며, 자연스러운 상황에서 연출되는 상호작용, 표정, 행동 등을 얻을 수 있는 장점이 있다. 이 때 주의할 사항은 조사 활동에 대한 충분한 안내가 이루어진 후에 진행되어야 의도한 효과를 얻을 수 있다.

〈 쉐도잉 활동 모습 〉

(4) 공감의 말풍선

디자인씽킹에서는 문제 상황에 놓인 사람들이나 사용자가 느끼는 요구사항, 불편한 점 등을 상상해보고 이를 문제해결에 반영하고자 노력한다. 상황에 따라 아이들이 직접 현장의 목소리를 직접 들어볼 수 없다면 사람들이 느끼는 점을 대화 형식으로 시나리오 형태로 만들어볼 수 있다. 여기에서는 디자인씽킹 프로젝트 수업의 공감하기 단계의 활동으로 사용자 관점에서 잠재적인 요구 사항과 반응을 짐작해보는 '공감의 말풍선' 활동을 제시해 보겠다.

활동 방법

① 문제 상황과 관련된 사람 혹은 사용자의 상황, 환경, 모습 등을 직접 그리거나 적합한 사진을 모은 후 빈 말풍선을 그려둔다.

② 그들이 원하는 점, 일어날 법한 말 등을 빈 말풍선 안에 쓴다.

③ 가능하면 하나의 스토리로 연결해본다.

④ 이 활동에서 발견한 니즈를 적어 두었다가 문제 해결 시 참고한다.

'문제에 대한 공감' 단계에서 중요한 점은 활동 후 반드시 그 결과를 팀원들과 정리하고 이후 활동에 참고해야 한다는 것이다. 이어지는 디자인씽킹 프로젝트 수업 단계인 '문제 정의하기', '아이디어 생성', '프로토타입 제작', '공유하기' 활동에서도 이 부분을 지속적으로 아이들에게 상기시켜 줄 필요가 있다. 그렇지 않으면, '공감' 활동에서 얻은 사용자의 상황과 요구 사항을 전혀 반영하지 않은 디자인씽킹 프로젝트 수업이 진행될 수 있다.

아이들과 함께 디자인씽킹 프로젝트 수업을 하면서 느끼는 가장 큰 매력은 수업 속에서 아이들이 자신들의 문제, 과제에 몰입하고 있다는 것을 발견하였을 때이다. 아이들이 '공감' 단계에서 발견한 핵심적인 요소, 인사이트를 중심으로 문제 해결의 방향을 잡아가는 모습을 확인한다면, 이러한 고민들을 통해 세상을 공감하며 한 걸음 더 성장하는 아이들을 발견할 수 있을 것이다.

> 우리가 해결해야 하는 진짜 문제가 무엇인가?
> 그 해결이 누구를 위한 것인가?
> 그 사람이 진정으로 원하는 것이 무엇인가?

아닌 누군가가 필요로 하는 것을 해결하고자 하는 마음가짐과 자세. 이것이 바로 디자인씽킹의 핵심 가치이다.

Step 3. 문제 정의하기
: 진짜 문제 찾기

팀원들 간의 심리적 공감대가 형성되고 문제 상황에 대한 다양한 방식의 공감하기(Empathize)를 마치면 각자 공감하기 단계에서 만났던 여러 사람들의 설문 결과, 인터뷰 내용, 관찰하면서 했던 메모 등 수집한 다양한 자료를 바탕으로 디자인씽킹 프로젝트 수업 의 다음 단계인 문제 정의(Define) 단계로 이동 할 수 있다.

문제 정의(Define) 단계는 사람들이 직면한 문제 상황에 대해서 공감했던 내용을 서로 공유하고 공유한 내용을 바탕으로 끊임없는 의문을 품으며 문제의 진짜 원인을 찾고 이를 토대로 문제 해결을 위한 방향을 정하는 단계이다.

예를 들어 학교에서 디자인씽킹을 활용한 프로젝트 수업 중 가구회사의 디자인 팀원이 되어서 친구들을 위한 편안한 교실 의자를 리디자인 하는 프로젝트 수업을 한다고 가정해 보자. 아이들은 공감하기(Empathize) 단계에서 의자를 사용하는 아이들은 의자를 어떻게 생각하는지 직접 체험해 보기도하고, 불편한 점에 대해 직접 인터뷰하고 의자를 관찰하기도 하며 교실 의자의 불편하고 부족한 점이 무엇인지에 대한 정보를 수집한다. 그리고 팀으로 다시 돌아와서 자신이 조사했던 내용을 팀원들과 서로 공유하며 교실 의자의 불편한 점이 무엇이고 어떤 부분에 집중해서 해결해야 하는지 문제 해결의 방향을 설정한다. 바로 '어떤 부분에 포커스를 맞추어 문제를 해결할지 생각해 보는 단계'가 문제 정의 단계라고 할 수 있다.

만약 공유하기 단계에서 의자 등받이의 불편함에 대한 학생들의 의견이 많았다면 문제 정의(Define) 단계에서는 디자인팀이 문제 해결을 위해 가장 우선적으로 고려해야하는 것은 바로 의자 등받이 설계라는 것을 인식하고, '어떻게 하면 친구들이 편안하게 등을 기댈 수 있는 의자를 만들 수 있을까?'라는 문제를 공통적으로 인식하며 보다 구체적으로 풀어야 할 문제를 재정립 할 수 있다. 또, 여기에서 멈추지 않고 친구들이 등받이 부분을 불편해하는 진짜 원인에 대해 끊임없이 왜(why)?라고 질문하며 문제의 원인을 찾는 과정도 필요하다. 왜(why)?라는 질문에 대한 답으로 딱딱한 재질과 각도 조절이 되지 않는 것 때문이라는 사실을 알게 되었다면 '어떻게 하면 우리가 딱딱한 등받이와 각도 조절이 되지 않는 등받이를 편안하게 만들 수 있을까?' 등으로 보다 구체적으로 문제인식을 할 수 있다.

만약 문제 정의 단계를 거치지 않는다면 어떤 상황이 벌어질까? 어떤 의자를 제작할지에 대한 팀원끼리의 합의와 구체적인 방향 설정

없이 진짜 문제가 무엇인지 알지 못한 채 의자를 제작하면 저마다의 아이디어가 허공에 떠돌다가 사라질 수도 있다. 또한 문제해결을 위한 시간이 많이 낭비될 수도 있다. 특히 처음으로 디자인씽킹을 접하거나 생소한 아이들에게는 문제 정의 단계가 막연하게 생각될 수 있으므로 문제 정의를 위한 원칙을 세우고 보다 구체적인 방법으로 문제정의 단계 수업을 이끌어갈 필요가 있다. 어떻게 하면 아이들이 디자인씽킹 프로젝트 수업 수업에서 문제 해결을 위한 방향 설정을 보다 쉽게 할 수 있을까? 회사나 스타트업 기업에서 널리 쓰이고 있는 디자인씽킹을 교육 현장이나 가정에서 쉽게 활용할 수 있도록 문제 정의(Define) 단계에서 필요한 몇 가지의 원칙과 다양한 문제 정의 방법에 대해서 소개한다.

● 문제 정의의 원칙, 5가지

(1) 문제해결을 위한 구체적인 Target User를 정하라!

보다 빠르고 정확한 문제 해결을 위해서는 문제 상황 속의 진짜 주인공을 찾아야 한다. 문제해결을 위한 방향을 설정하기 전에 문제 상황에서 문제에 직면한 당사자에 대한 구체적인 정의가 있어야 한다. 앞서 언급했던 '의자 리디자인하기 프로젝트'에서도 공감하기 단계의 자료 조사 결과 및 사용자 환경을 반영하여 Target User를 다르게 설정해야 한다.

〈 공감하기와 사용자 환경을 반영한 Target User 설정 예시-의자 디자인 〉

문제 상황	Target User
교실의자의 불편함을 느끼는 상황	등받이를 불편해 하는 초등학교 고학년 학생
공원에 설치되는 무미건조한 벤치	재미있고 기발한 아이디어가 있는 벤치를 원하는 시민
공간을 많이 차지하는 가정용 의자	부피 조절이 가능한 의자를 원하는 우리 가족

위에서 보는 것과 같이 의자를 사용하는 환경과 사람에 따라 Target user를 다르게 설정해 주어야 하고 보다 구체적인 언어로 표현하는 것이 문제 해결 방향 설정을 위한 문제 정의에 도움이 된다.

(2) 사용자의 요구를 적극 반영하라.

문제 해결을 위한 구체적인 Target을 정하였으면 자신이 목표한 사용자가 진정으로 바라고 원하는 것이 무엇인지 파악하여야 한다. '사람' 중심의 디자인씽킹에서는 사용자의 요구를 적극 반영한 문제해결만이 사람을 위한 문제해결이 될 수 있기 때문이다.

디자인씽킹을 통해 크라우드 펀딩에 성공한 제약회사의 한 직원을 소개하고자 한다. 직업 특성상 병원을 자주 방문하게 된 남자는 어느 날 소아병동을 지나다가 어린 아이가 수액주사를 맞은 채 어두운 표정으로 병원을 지나가는 것을 보게 되었다. 또래 친구들과 장난치고 뛰어놀아도 모자랄 아직 어린 친구가 무서운 의료기기가 가득한 병원에 갇혀서 생활하는 모습이 안타까웠다. 어느 날 문득 병원생활을 힘들어하는 아이들을 위해 "병원에 입원한 아이들이 즐겁게 놀 수 있는 방법은 없을까?" 생각하던 그는 아이들에게 찾아가 몇 가지 질문을 던졌다.

Q : "병원 생활을 하면서 제일 기분이 나빴던 적은 언제였니?"
A : "간호사 선생님이 주사 놓을 때 5분이면 된다고 했는데 2시간은 놓는 것 같은 기분이 들 때 기분이 좋지 않아요. 간호사 선생님들과 의사선생님들은 거짓말을 자주해요."라고 대답한 아이는 병원의 의사나 간호사가 아이에게 무심코 하는 거짓말로 인해 거리감을 느끼고 있음을 알 수 있었다.
Q : "병원에서 제일 답답하거나 불안한 점은 어떤 것이 있니?"
A : "의사선생님이 말씀하시는 것은 너무 어렵고 모르는 말도 많은데 엄마가 쉽게 말해주면 안심이 돼요" "그리고 엄마가 항상 같이 있는 것이 아니라서 불안하기도 해요" "불을 끄면 너무 어둡고 무서워요"

그는 여러 질문들을 통해 아이들이 입원을 하게 되면 정서적 애착 관계인 가족들로부터 멀어져 불안감을 느끼게 되고 의사나 간호사들에게도 쉽게 마음을 열지 않는다는 사실을 알게 되었다. 그리고 병원에서는 하면 안 되는 놀이가 많고 병실에서의 많은 제약들로 인해 아이들이 많은 스트레스에 시달리고 있다는 것과 엄마 아빠와 즐겁게 놀면서 정서적 안정감을 찾기를 원한다는 것을 알게 되었다. 그는 아이들에게서 엄마 아빠와 하고 싶은 20가지의 간단하지만 기발한 놀이를 추천받아 20개의 미션 활동지와 놀이를 통해 자연스럽게 아이들의 심리 상태를 체크할 수 있는 놀이구급상자(Play Aid Kit)를 제작하였다. 놀이상자의 사용자 즉, 아이들의 요구 사항을 적극 반영한 이 구급상자는 122%의 크라우드 펀딩을 유치해 병원뿐만 아니라 가정에서도 쓸 수 있는 놀이 상사로 많은 사랑을 받고 있다.

이렇게 사용자의 요구를 반영하여 문제 해결 방향을 재정립하는 것은 디자인씽킹 프로젝트 수업의 전 과정 중에서 절대 빠져서는 안 되는 매우 중요한 원칙이라고 할 수 있다. 디자인씽킹 프로젝트 수업 에서도 아이들이 올바른 문제해결 방향을 찾을 수 있도록 선생님이 문제 정의 단계의 활동 중간 중간에 사용자의 필요를 반영한 문제 정의가 될 수 있도록 강조하여야 한다.

(3) 공감하기와 문제정의를 반드시 연결하라

디자인씽킹 프로젝트 수업을 진행하다보면 아이들 스스로 공감하기 단계에서 공감했던 문제에서 많이 벗어나서 엉뚱한 방향으로 해결책을 제시하고 제작하는 것을 많이 볼 수 있다. 이런 현상은 특히 디자인씽킹 프로젝트 수업을 시작한지 얼마 되지 않은 초기 단계에서 문제 정의 학습 중 아이들이 문제해결을 위한 방향 설정을 잘못 하였을 경우 많이 나타난다. 특히 많은 아이들이 디자인씽킹 활동에 익숙하

⟨ 제약회사 직원이 만든 놀이구급상자_Play Aid Kit ⟩

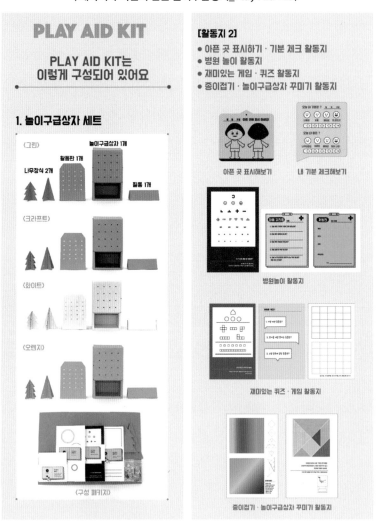

지 않기 때문에 항상 원칙을 의식하지 않으면 공감하기와 문제 정의를 분리해서 문제 정의 방향을 정하는 우를 범한다. 또, 공감하기 단계에서 사람들이 어떤 것 때문에 불편함을 느끼고 있는지 양적, 질적으로 충분한 양의 데이터를 확보하지 못하거나, 팀원 간의 공감대가 형성되지 않아 문제 정의 단계에서 협업이 잘 이루어지지 않을 수 있다. 만약 가정에서 가족이 직면한 문제를 디자인씽킹으로 해결하고자 하는 이들도 가족 구성원간의 유대감이 형성되어 있지 않을 경우 가족 모두가 공감할 수 있는 문제 정의를 이끌어 내기 힘들다.

(4) 끊임없이 질문하며 문제의 진짜 원인을 찾아라 – 5why 기법

세상이 점점 더 빠르게 변하고, 우리는 시시각각 변하는 환경 속에서 편리함을 누리며 살아가고 있지만 왜 세상이 변하는지, 왜 점점 더 편리한 물건들이 제작되고 판매되는지에 대해 왜(Why)?라는 질문을 던지는 경우는 많지 않다. 그러나 누군가는 사람들의 필요를 공감하고 필요를 충족시키기 위해 질문을 던진다. 우리는 이런 이들을 혁신적인 사람이라고 칭하고 존경하기도 한다. 그러나 이런 혁신적 사고의 시작은 그렇게 어렵지 않다.

　세상을 공감하고 리드하는 사람이 되고 싶지 않은가? 학교에서 수업 중 왜(Why)라는 질문을 자주 던지곤 한다. 처음 대부분의 아이들의 반응은 동그란 눈으로 멀뚱멀뚱 쳐다보거나 왜 알려주지 않고 계속 물어보는지 궁금하다는 표정으로 선생님을 응시한다. 그러나 점차 질문에 익숙해진 아이들은 왜 그런 현상이 생기는지, 왜 그런 공식으로 문제를 푸는지 등에 대한 질문에 답을 하려고 노력하고 스스로 질문하기도 한다. 생각하기 시작하는 것이다.

이렇듯 학교나 가정에서 디자인씽킹 프로젝트 수업을 처음 시도한다면 사고를 일으킬 수 있는 열린 질문을 통해 아이들이 질문에 익숙해 질 수 있도록 환경을 만드는 것이 중요하다.

5Why 기법은 주어진 문제 상황에서 진짜 문제의 근본 원인이 무엇인지 질문에 꼬리를 물고 궁극적인 원인을 찾을 때까지 계속 질문하는 방법이다. 디자인씽킹 프로젝트 수업에서 빠르고 효과적인 문제해결을 위해서는 문제의 진짜 원인을 찾는 것이 매우 중요하다.

또, 5Why 기법을 실제로 수업에 적용해보면 아이들이 마치 사건을 추리하는 셜롬홈즈처럼 재미있게 활동할 수 있어 질문이 익숙하지 않은 아이들과 흥미 있게 문제의 진짜 원인을 찾는데 도움을 줄 것이다. 디자인씽킹 프로젝트 수업을 통해 해결하기로 선정한 문제 상황은 보통 우리가 무심코 지나치거나 대수롭지 않게 생각해서 해결 할 수 없는 문제이거나 , '이건 해봐도 소용없어' 등으로 여러 번의 실패로 인해 무기력한 상태로 의욕을 상실한 채 해결의 어려움을 겪는 문제인 경우가 많다. 그렇지만 그런 문제들 중 일부는 몇 개의 끈질긴 질문만으로 아주 쉽고 간단하게 해결되는 경우도 적지 않다. 5why기법을 통한 문제 정의의 중요성을 단적으로 잘 알 수 있게 해주는 한 사례가 있어 소개하고자 한다.

미국의 토마스제퍼슨 기념관 사례이다. 토마스 재퍼슨 기념관은 미국의 3대 대통령인 토마스 재퍼슨을 기리기 위해서 워싱턴에 건립된 기념관이다. 그런데 이 기념관에는 한 가지 문제가 있었다. 바로 기념관 담벼락이 비둘기 배설물로 너무 더러워져서 청소를 자주해야하는 문제가 있었는데 잦은 청소로 인해서 담벼락이 점점 부식되고 있다는 것을 알게 되었다.

재퍼슨 기념관에서는 이 문제를 해결하기 위해서 매년 막대한 예산을 들여 관리를 하고 있었지만 문제가 쉽사리 해결 되지 않았고 부식은 점점 더 심해지고 있었다. 그런데 새로운 관장이 취임하면서 이 외벽 부식 문제는 전환점을 맞이하게 된다. 관장이 바뀌면서 이 문제는 아주 손쉽게 해결되었는데 새로 부임한 기념관의 관장은 5why 기법을 활용하여 꼬리에 꼬리를 무는 질문을 통해 담벼락 문제의 진짜 원인을 찾을 수 있었고, 덕분에 간단하게 문제를 해결할 수 있었다.

새 관장은 직원들에게 이런 질문을 던졌다. "벽이 부식되는 이유가 무엇입니까?" 직원들은 "벽이 더러워서 청소를 자주해서 부식이 되고 있습니다."라고 답하였다. 관장은 또 "그러면 왜 청소를 자주하나요?"라는 질문을 던졌고 비둘기 배설물 때문에 벽이 너무 더러워졌기 때문에 청소를 자주 해야 한다고 대답하였다.

　대부분의 사람들은 여기서 질문을 멈추고 청소를 조금 더 자주 하거나 부식이 덜 되는 청소용품을 찾아봐야 한다고 생각하기 마련일 것이다. 그렇다면 문제는 해결되지 않은 채 점점 미궁 속으로 빠져들게 된다.

　그런데 새로 부임한 관장은 달랐다. 관장은 또 질문을 던졌다. "왜 비둘기가 많을까요?" 답을 찾아보니 이유는 벽에 있는 거미들을 잡아먹기 위해 비둘기가 모이는 것이었다. 멈추지 않고 관장은 또 질문을 했다. "그러면 왜 거미들이 많을까요?" 집요한 관장은 또 질문을 던졌다. 그 답은 거미의 먹잇감인 나방이 기념관의 외부 조명이 켜지면서 모여들기 때문이었다.

　관장은 꼬리에 꼬리를 무는 질문을 통해 진짜 원인이 나방을 주로 활동하시는 시간에 기념관의 외부조명이 켜져 있기 때문이라는 것을 알아 낼 수 있었고 문제의 진짜 원인을 찾은 관장은 회의 끝에 아주 간단한 해결책을 제시했다. 나방이 불빛을 보고 달려드니 나방이 많이 활동하는 시간을 피해 외부조명의 점등 시간을 조정하기로 한 것이었다. 매우 성공적이었고 나방이 급격하게 줄어들어 결국에는 비둘기가 모여들지 않아 벽을 청소할 필요도 없어져 오랫동안 해결하지 못한 외벽 부식 문제를 해결할 수 있었다.

　이 사례는 문제의 근본적인 진짜 원인을 찾는 활동의 중요성을 말해

〈 아이들의 5why 활동모습 〉

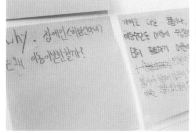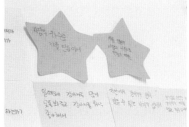

주는 한 사례일 뿐 실제로 수업에 적용해 보시면 모든 문제가 5why 기법으로 이렇게 간단하게 해결되지는 않는다. 그러나 아이들에게 이렇게 진짜 문제를 정의하는 것이 얼마나 중요한가? 에 대해 알려주기에는 좋은 예가 될 수 있어 수업 전 아이들에게 소개한다면 활동의 중요성을 다시 한 번 각인시키는데 도움이 될 것이다.

(5) HMW접근법으로 다가가라 (우리가 어떻게 하면 ~을 ~할 수 있을까?)

디자인씽킹 프로젝트 수업의 문제 정의 단계에서 두 번째로 추천하는 활동 방법은 바로 HMW접근법이다. 5why기법이 끊임없는 질문으로 문제의 근본적인 원인을 찾는다는 것에 집중하는 방법이라면 HMW접근법은 어떻게(How), 해볼까(Might), 우리가(We) 이 세 개를 넣어서 해결해야 할 문제에 대해 문장을 만들어보며 문제 해결의 방향을 구체적으로 정할 수 있는 문제 정의 방법이라고 할 수 있다. 앞에서 예를 들었던 교실의자 리디자인 프로젝트를 예를 들어 공감하기 단계에서 불편한 의자에 대해 관찰하고, 경험해보고, 인터뷰한 다양한 공감 활동 결과를 문장으로 기록하고 이 기록한 문제들을 가지고 HMW를 넣어서 해결 과제에 대한 문장을 만드는 방법이다.

어떤 아이가 딱딱한 등받이 때문에 힘들어하는 상황을 관찰하였다면 H(How), M(Might), W(We)를 넣어 문장을 만들어 보는 것이다.

"우리가(We) 어떻게(How) 딱딱한 등받이 문제를 해결 할 수(Might) 있을까?"

또는 다른 아이가 높낮이 조절이 불편한 의자의 문제점에 대해 인터뷰를 했다면 이것을 바탕으로 "우리가(We) 어떻게(How) 하면 높낮이 조절이 편한 의자를 만들 수(Might) 있을까?"라는 질문을 만들며 해결해야 할 문제를 재정립하며 문제해결의 방향을 찾아가는 방식이다.

How(어떻게)는 어딘가에 있을지 모를 해결책을 긍정적으로 암시해주고 Might(할 수 있을까?)는 형식에 구애받지 않고 어떤 아이디어든지 내 볼 수 있는 용기를 주며, We(우리)는 우리가 함께 협업하며 우리를 위해 문제를 해결해 나갈 것이라는 것을 의미한다.

HMW기법을 사용하기 위해서는 팀원들이 공감하기 단계에서 수집한 다양한 자료가 필요하다. 또 관찰결과를 메모한 것, 경험으로 느낀 점, 인터뷰나 설문 자료 등 수집한 데이터를 가공하고 시각화 하는 활동이 선행되어야 한다. 그냥 단순히 경험이나 관찰한 결과를 테이블 위에서 이야기하는 것만으로는 창의적인 문제 정의에 한계가 있기 때문이다.

그리고 "우리가(We) 어떻게(How) 하면 편한 의자를 만들 수(Might) 있을까?"처럼 문제 정의 범위를 넓게 정하는 것 보다는 "우리가(We) 어떻게(How) 하면 높낮이 조절이 편한 의자를 만들 수(Might) 있을까?" 와 같이 사용자의 요구가 반영된 구체적인 문제 정의를 한다면 아이디어 생성단계에서 보다 빠르게 문제 해결에 접근할 수 있을 것이다.

부록 | 문제 정의 단계 체크 박스!

☐ 공감하기 단계에서 설문, 인터뷰, 관찰 등으로 다양한 자료를 수집하였나요?

☐ 수집한 자료를 그래프, 그림, 글, 표, 마인드맵 등으로 시각화하였나요?

☐ 문제 상황의 주인공인 Target user의 요구사항을 반영하여 문제 정의를 하였나요?

☐ 5why 기법으로 문제의 진짜 원인을 찾았나요?

☐ H(How), M(Might), W(We)를 넣어 해결해야 할 문제를 정의하였나요?

☐ 조용히 앉아서만 활동하고 있지는 않나요? (활동적인 디자인씽킹 환경을 만들어보세요)

※ 학교 또는 가정에서 활동 시 체크해 보세요.

Step 4. 아이디어 생성
: 펼치고 모으기

디자인씽킹 프로젝트 수업을 위한 네 번째 단계는 바로 아이디어 만들기(Ideate) 단계이다. 자주 쓰는 말로 아이디에이션(Ideation)이라고도 한다. 아이디어 생성 단계는 문제 상황의 주요 원인을 찾고 진짜 문제 해결을 위해 서로의 생각을 자유롭게 공유하고 여러 가지 발산적 사고 활동을 통해서 많은 아이디어를 생성하는 단계이다. 또, 다양한 아이디어 중 문제 상황을 해결 할 수 있는 가장 흥미로운 아이디어를 선별하고 다듬어서 프로토타입 제작을 위한 사전 준비를 하는 단계라고 할 수 있다.

사실 우리가 느끼기에 아이디어 만들기 단계는 평소에도 많이 접해보았다. 대표적으로 가족회의, 직장에서의 제품 아이디어 회의, 학교에서의 학급회의 등 평소 '회의'라는 이름하에 많이 행해지는 활동이라고 생각하기 쉽다. 물론 아이디어를 만들고 결정을 내리는 행위라는 측면에서 우리가 흔히 알고 있는 '아이디어 회의'와 비슷하다고 할 수 있지만 디자인씽킹 프로젝트 수업에서 아이디어 만들기 과정은 극단적 협력을 필요로 한다는 점, 아이디어 생성 과정 및 아이디어 시각화 및 구체화 과정 등 디자인씽킹의 체계화된 일련의 과정 중 하나라는 점 등에서 우리가 일반적으로 생각하는 아이디어 생성과는 조금 다르다고 할 수 있다. 디자인씽킹 프로젝트 수업에서는 공감하기 및 문제 정의를 단계를 통해 문제 해결의 방향을 보다 명확하게 설정하고 아이디어 생성에 들어가기 때문이다.

물론 이미 많은 회사에서 미국의 IDEO사의 회의 문화나 실리콘 벨리에서 혁신을 주도하는 여러 기업의 자유로운 회의 문화가 산업 구조 자체를 흔들 수 있는 창조적 결과물을 시장에 내어놓는 것에 영감을 받아 보다 창의적이고 혁신적인 회의 문화를 위해 노력하고 있다. 그러나 유독 교육 분야만큼은 이런 변화에 적응하는 속도가 느리고 여러 가지 환경적인 요인으로 먼저 시도하기가 쉽지 않다.

디자인씽킹 프로젝트 수업에서 아이디어를 만들어 내는 과정을 살펴보면 결과 중심의 문제 해결이 아니라 과정 중심의 문제 해결이라는 측면에서 최근에 이루어지는 과정 중심의 교육 흐름에도 부합한다고 할 수 있다. 그리고 미래를 이끌어가는 글로벌 리더가 되기 위해 꼭 필요한 '창의적인 문제 해결력'을 향상시켜 줄 수 있기 때문에 미래를 책임질 학생을 가르치는 선생님이나 대한민국을 이끌 미래의 주인공으로 내 아이들을 키우고 싶은 학부모라면 귀를 기울이고 한 번쯤은 디자인씽킹 프로젝트 수업을 시도해 보는 것을 추천한다.

● 아이디어는 어떤 과정으로 만들어질까

아이디에이트 환경 만들기 ➡ 아이디어 생성하기(발산적 사고) ➡ 아이디어 선정하기(수렴적 사고) ➡ 실현가능성을 알아보고 및 아이디어 컨셉(Concept) 자료 제작하기

(1) 환경 조성하기: 아이들에게 창조적 자신감(Creative confidence)을 심어주자!

아이들을 가르치는 선생님이라면 누구나 자신이 가르치는 학생이 창의적인 학생으로 성장하기를 원하고 아이를 기르는 부모라면 누구나 내 아이가 특별하고 창조적인 아이로 키우기를 원한다. 디자인씽킹을 처음 세상에 소개한 혁신적 디자인 기업 IDEO사의 창업자 데이비드 켈리는 그가 쓴 자서전『유쾌한 크리에이티브』에서 창의성에 대해 언급한 내용이 있어 소개하고자 한다.

그는 창의성이 태어나면서부터 이미 정해진 것이 아니라 누구나 다 창의적이지만 살아가면서 점점 '나도 창의적일 수 있어'라고 외치는 자신감을 잃게 되고 자신에 대한 신뢰를 잃어버리면서 창조적 자신감을 잃어버릴 수 있다고 이야기한다. 미국의 비영리 재단에서 운영하는 TED강연에 출연한 데이비드 켈리는 어떻게 하면 창조적 자신감을 잃을 수 있는 지에 대해 자신의 어린 시절 친한 친구였던 브라이언의 예를 들어 설명하였다.

저의 초등학교 3학년 때로 돌아가서 그때의 이야기를 해보려고 합니다. 오하이오주 바버톤에 있는 오크데일 초등학교였습니다. 어느 날인가 저의 친한 친구인 브라이언이 무엇인가에 열중하고 있었습니다. 그 친구는 선생님께서 싱크대 밑에 보관하고 있던 진흙으로 말의 형상을 빚고 있었죠. 어느 순간엔가 그 친구와 같은 책상을 사용하던 여자애가 다가와서 삐딱한 자세로 "순전히 엉터리군. 전혀 말 같아 보이지 않는데.."라고 브라이언에게 말했습니다. 브라이언의 어깨는 축 쳐져있었고 그는 그 일을 그만두고는 진흙을 쓰레기통에 처박아버리고 말았죠. 그 후로는 다시는 브라이언이 그런 것을 시도하는 것을 본 적이 없어요. 이런 일이 얼마나 자주 일어나는지 생각해봅시다. 제 강의 중에 학생들에게 브라이언에 관한 이야기를 하면 수업이 끝나고 많은 학생들이 제게 다가와서 그런 비슷한 경험을 저에게 이야기하곤 합니다. 그들의 선생님들이 어떻게 자신들의 의지를 꺾었는지. 또는 어떤 친구가 특히 자신들에게 심하게 굴었는지.. 같은 이야기들이죠. 그들 중 일부는 그런 기억의 순간들로부터 자신이 절대로 창조적이지 못하다고 단정하게 됩니다.

– 데이비드 켈리의 TED 강연 중 일부 발췌

그렇다. 데이비드 켈리는 자신의 창조한 어떤 것들에 대한 비난이나 비판을 경험하면서 자신도 모르는 사이에 자기효능감이 떨어지세

되고 모두는 아니지만 그들 중 일부는 창조적 자신감을 잃을 수 있다고 말하고 있다. 사실 데이비드 켈리의 예가 아니더라도 집에서나 학교에서 아이들이 창조적 자신감을 잃어버릴 수 있는 기회는 너무 많다. 혹시 누군가의 어머니, 아버지로써, 또는 선생님이나 친구가 되어 무심코 던진 몇 마디 말로 누군가의 창조적 자신감을 잃게 만들고 있지는 않는지 스스로를 점검 해 볼 필요가 있다.

그렇다면 어떻게 하면 창조적 자신감을 향상시킬 수 있는 환경을 만들 수 있을까? 일단 아이들이 가장 많이 생활하는 교실이나 집에서 성공 여부에 관계없이 문제 상황에 부딪혔을 때 최대한 많이 시도해 보고 실험해볼 수 있는 분위기를 만들어야 한다. 우리는 아이들이 자신이 한 시도가 실패로 끝나도 전혀 문제될 것이 없고 안전하다고 느끼게 해 주는 것이 필요하다. 또, 자신은 전혀 창조적이지 않다고 믿는 아이들에게 이미 세팅된 일련의 단계를 거치면서 성공하는 경험을 여러 차례 하게 함으로써 두려움을 자신감으로 바꿀 수 있도록 도와주는 역할이 필요하다. 데이비드 켈리는 이러한 과정을 통해 앨버트 반두라가 이야기하는 자기효능감(self-efficacy) 즉, 자신이 어떤 일을 성공적으로 수행할 수 있는 능력이 있다고 믿는 기대와 신념이 아이들 마음속에 자리 잡게 되고 이것은 켈리가 이야기하는 창조적 자신감으로 이어질 수 있다고 말한다. 그렇기 때문에 창의적인 아이디어 생성을 위해서는 가급적 많은 시도와 성공의 경험을 맛볼 수 있도록 단계별로 양적, 질적으로 도달 가능 수준의 작은 목표를 제시해 주는 것도 많은 도움이 될 수 있다. 특히, 디자인씽킹 프로젝트 수업 과정에서도 아이들의 창조적 자신감 향상을 위해서 프로젝트의 완성도에 대한 교사나 부모의 기대치를 조금 낮추고 비판보다는 허용적인 분위기를 만들어야 한다. 또, 아이들이 어려운 과제를 하다가 중도에 포기하거나 실패하는 경험을 통해 창조적 자신감을 잃을 수 있기 때문에 쉬운 프로젝트 과제부터 성공하는 경험을 제공하도록 해야 한다.

(2) 아이디어 생성하기: 최대한 많은 양의 아이디어를 생성하라!

아이디어 생성하기를 위한 환경을 조성되었다면 이제는 본격적으로 아이디어를 생산해 낼 차례이다. 아이디어 생성하기에 가장 많이 쓰이는 방법은 바로 브레인스토밍이다. 또 사고의 확장을 도와줄 수 있는 일종의 강제 연상법인 스캠퍼(Scamper)기법도 아이디어 생성을 위해 추천할 만한 방법이다.

먼저 브레인스토밍은 많이 접해보았겠지만 짧고 정해진 시간 안에 최대한의 아이디어를 생성하기에 최적의 방법이다. 브레인스토밍 방법은 일종의 자유 연상법이라고도 하는데 1941년에 미국의 광고회사 부사장 알렉스 F. 오즈번이 제창하여 그의 저서『독창력을 신장하라』로 널리 소개되었다. 디자인씽킹 프로젝트 수업에서 브레인스토밍 방법을 활용할 때 꼭 지켜야 할 몇 가지 원칙과 활동 순서 및 아이디어 생성하기의 다른 방법인 스캠퍼(Scamper)기법에 대해서 알아보도록 하자.

● 브레인스토밍에서 꼭 지켜야 하는 원칙

(1) Check 하나. 다다익선! 아이디어는 많으면 많을수록 좋다.

브레인스토밍 활동의 첫 번째 원칙은 가능한 많은 양의 아이디어를 내야 한다는 것이다. 아이들의 경우 여러 명이 팀을 이루어 브레인스토밍을 실시할 때 처음부터 자신의 아이디어를 선뜻 내기 힘들어 하는 경우를 많이 볼 수 있다. 이런 아이들에게는 개인별로 먼저 각자의 브레인스토밍 시간을 가진 뒤 팀원들이 서로 공유하며 아이디어를 생성하는 방법이 팀 활동의 참여도를 높이고 자신감도 높일 수 있어 좋다. 그리고 짧은 시간 동안 많은 양의 아이디어들을 만들어 내기 위해서 시간과 개수에 목표치를 설정해주고 적절한 보상도 실시한다면 아이들의 내적, 외적 동기부여가 되어 조금 더 의욕적으로 참여할 수 있다.

〈 브레인스토밍 과제 제시 예시 〉

피트니스 센터에서 운동을 힘들어하는 사람들이 즐기면서 운동할 수 있는 방법을 10분에 30개 말하기(팀 과제로 제시하기)

(2) Check 둘. 비판 금지! 비현실적일수록 창의적이다.

브레인스토밍 시 지켜야 할 두 번째 원칙은 어떤 경우에도 제시한 의견에 비판하지 않기 원칙이다. 어른들도 이야기 중에 누가 자신의 의견에 대한 비판적 견해를 드러내면 마음의 문을 닫고 상대방과 대화하고 싶은 마음이 사라지는 경우가 많다. 또 회의 중에 아이디어를 말하고 있을 때 비판적 시각을 제시하며 끼어드는 경우 의욕을 상실하여 좋은 아이디어가 나오기 힘들다. 또래의 의견을 중요하게 생각하는 아이들은 이런 현상이 특히 더 심하기 때문에 아이디어 생성을 위한 브레인스토밍 중에 서로의 의견에 대한 비판을 하는 것은 절대로 금지해야 한다. 때로는 누군가의 가장 비현실적인 아이디어가 어느 곳에는 가장 현실적인 문제 해결의 실마리가 될 수 있다는 것을 잊지 말아야 한다.

(3) Check 셋. 확장하기, 다른 사람의 아이디어를 벤치마킹하라.

다른 팀원이 제시한 의견을 응용하거나 확장하여 자신의 아이디어를 만들어내는 것도 아이디어 생성 단계에서 매우 중요하다. 보통 아이들은 다른 친구의 의견을 참고해서 발전된 의견을 냈을 경우 기분나빠하거나 자신을 따라했다고 생각한다.

그러나 디자인씽킹 프로젝트 수업은 철저히 팀워크(극단적 협력)를 기반으로 하는 활동이다. 아이들이 자유롭게 팀원의 의견을 활용하여 전혀 다른 새로운 아이디어로 재창출 할 수 있도록 격려하고 의무적으로 벤치마킹한 의견을 내도록 하는 것도 좋다. 디자인씽킹에서 강조하는 창의적 문제해결력은 공동의 문제를 다양한 생각과 능력을 가진 서로 이질적인 집단의 구성원들이 협력적으로 의사소통하는 가운데 향상시킬 수 있다.

(4) Check 넷. 허용하기! 격려하고 허용하는 분위기를 만들자

네 번째로는 팀원 간에 어떤 아이디어를 제시하든지 허용적으로 받아들이고 격려하는 분위기를 만들어야 한다. 이를 위해서는 공감하기 단계에서의 소통과 공감이 무엇보다 중요하다고 할 수 있겠다. 팀원 간의 래포(Rapport)를 형성할 수 있는 아이스브레이킹이나 모둠세우기 활동을 많이 하도록 한다.

(5) Check 다섯. 초점 맞추기, 브레인스토밍의 목표를 크게 써라!

사실 교실에서 모둠을 구성하여 브레인스토밍을 하다보면 아이들이 만들어내는 아이디어가 주제에서 벗어나 전혀 다른 방향으로 가는 경우가 허다하다. 물론 진행자 역할을 맡는 퍼실리테이터가 적절하게 조절해 주어야 하겠지만 모든 팀의 구성원들이 잘 볼 수 있는 곳에 큰 글씨로 자신들이 정한 브레인스토밍 주제를 크게 써서 항상 아이디어의 포커스를 맞추어야 할 곳을 보면서 활동을 진행한다면 의도치 않은 방향으로 흘러가는 것을 방지할 수 있다.

(6) Check 여섯. 귀 기울이기! 한명 한명의 의견에 귀를 기울이자

단 한 사람의 아이디어라도 가치가 있으며 의견을 말할 수 있는 기회를 가져야한다. 보잘것없이 보이는 의견이라도 확장되고 발전하면 보석이 될 수 있기 때문이다. 되도록이면 한 명씩 의견을 제시하고 끝까지 경청하는 자세를 가지자.

● 브레인스토밍의 활동 순서

(1) 하나. 진행 촉진자 정하기 및 브레인스토밍 원칙 안내하기

팀에서 브레인스토밍 활동 전체를 이끌어 갈 사람을 정하고, 정해진 퍼실리테이터는 원활한 브레인스토밍을 위해서 앞에서 이야기한 브레인스토밍의 6가지 원칙을 팀원들이 사전에 숙지 할 수 있도록 안내한다.

> ✎ 진행 촉진자(facilitator)이란?
>
> 진행 촉진자(facilitator)는 회의나 교육 등의 진행이 원활하게 되도록 돕는 역할을 말한다. 촉진자, 조력자, 조정촉진자, 학습촉진자라고도 한다.
>
> 출처 : 위키백과

(2) 둘. 브레인스토밍 질문 정하기

문제정의 단계에서 5Why 나 HMW 질문 기법을 이용하여 정한 해결 과제를 브레인스토밍이 쉽도록 구체적으로 나누어 몇 개의 브레인스토밍 질문을 만드는 것이 좋다.

> 교실 의자 리디자인에서는 어떻게 하면 우리가 조금 더 활용성이 좋고 편한 의자를 만들 수 있을까? 라는 해결 과제에서 나올 수 있는 브레인스토밍 주제

① 교실 의자에 추가하면 좋은 기능은 어떤 것이 있을까?

② 어떤 모양의 등받이가 더 편할까?

③ 의자는 어떤 재질로 만들면 좋을까?

등으로 브레인스토밍을 진행할 수 있다.

(3) 셋. 팀원 전체가 모여서 활동 할 수 있는 장소로 이동하기

앞서 이야기했던 것처럼 브레인스토밍을 하기 위해서는 교실 벽, 칠판, 팀 보드판 등 포스트잇을 붙이며 자유롭게 이야기 할 수 있는 장소로 이동하여 움직이면서 활동할 수 있는 환경을 조성하는 것이 좋다. 디자인씽킹 프로젝트 수업을 위해서는 교실 환경에 변화를 주어 가만히 앉아서 정적인 분위기에서 활동하는 것을 피할 수 있도록 한다. 가만히 앉아서 아이디어 생성을 하는 것 보다는 자리에서 일어나 팀원들과 이야기를 주고받으며 활동하는 것이 아이들이 조금 더 유연하게 사고하는데 도움을 준다.

실제로 스텐포드대학교의 디자인스쿨에서는 학생들이 자유롭게 움직이며 활동할 수 있는 하드웨어적인 교육환경 조성에 많은 노력을 기울이고 있다. 보드판, 파티션 등을 설치하여 언제나 아이디어를 생각하고 표출할 수 있는 환경을 제공하고 있는 것이다. 학교나 가정에서도 주어진 환경에서 최대한 공간을 활용하여 이러한 교육여건을 만들어 준다면 아이들이 더 자주, 익숙하게 아이디어 생성활동에 참여할 수 있을 것이다.

〈 자유로운 아이디어 생성 활동이 가능한 교실 환경 구성 〉

〈 스텐포드 D-school 의 개방적 사고가 가능한 환경 〉

출처 : 손재권 기자의 점선잇기 Connecting the Dots

(4) 넷. 브레인스토밍 질문 순서 정하기(문제 해결은 쉬운 것부터)

본격직인 브레인스토밍에 앞서 브레인스토밍 질문 순서를 정한다. 질문은 해결하기 쉬운 과제부터 어려운 과제 순으로 활동하는 것이 앞에서 이야기했던 것처럼 단계적으로 성공하는 경험을 함으로써 창조적 자신감을 높일 수 있다. 만약 시간이 넉넉하다면 두뇌를 워밍업 시켜줄 수 있는 재미있는 브레인스토밍 과제를 진행자가 제시하는 것도 좋은 방법이 될 수 있다.

(5) 다섯. 해결해야 할 과제를 판에 붙이고 한 개의 주제씩 이동하며 브레인스토밍하기

해결해야 할 주제를 큰 글씨로 벽이나 보드판에 붙여 모든 구성원들이 볼 수 있도록 하고 한명씩 나와서 자신의 아이디어를 설명한다. 아이디어를 말할 때에는 자신 있게 큰 소리로 자신의 아이디어를 말할 수 있도록 한다. 듣는 사람들은 비판은 하지 않고 아이디어 선정과정에서 이야기 하도록 한다.

> 만약 브레인스토밍 활동 중 아이디어가 잘 나오지 않거나 분위기 전환이 필요할 때는 진행자가 순서에 상관없이 주제를 넘나들며 브레인스토밍을 할 수 있도록 안내하도록 한다.

● 브레인스토밍을 도와 줄 구원 투수-스캠퍼(Scamper)

브레인스토밍 기법을 창안했던 오스본(Alex F. Osborne)은 1950년에 다시 체크리스트(checklist) 기법을 제안했다. 그는 어떤 것을 다른 용도로 활용하기, 다른 것과 결합하기, 기능을 대체하기, 확대하거나 강화하기, 늘리거나 축소하기, 압축하거나 분할하기, 순서나 레이아웃 바꾸기 같은 질문이 아이디어 발상을 촉진한다고 했다. 1971년에 밥 에벌 (Bob Eberle)은 오스본의 체크리스트 기법을 보완하고 발전시켜 스캠퍼 (Scamper) 발상법을 제시했다.

출처 : 네이버 지식백과, 에벌의 스캠퍼 발상법

스캠퍼(Scamper) 기법은 오스본이 창안한 브레인스토밍에서 파생된 아이디어 발상법이라고 할 수 있다. 대체하기, 결합하기, 조절하기, 변경·확대·축소하기, 용도 바꾸기, 제거하기, 역발상·재정리하기 등 7가지 방법으로 아이디어를 촉진시킬 수 있어 품질 개선이나, 기능 개선, 광고 등 다양한 분야에서 아이디어 발상법으로 많이 활용되고 있다. 일종의 강제 발상법이다. 스캠퍼 기법은 7가지 주제로 분류되어 있어 한 가지씩 주제에 맞게 아이디어를 내다보면 자신도 모르는 사이에 많은 양의 아이디어를 만들어 낼 수 있어 창조적 자신감이 부족한 아이들에게 도움이 된다. 또 다양한 방면으로 아이디어를 생각하기 때문에 팀원들이 혹시 놓칠 수 도 있는 부분을 체크 할 수 있어 문제해결을 위해 양질의 해결책을 이끌어낼 수 있다. 그럼 교실의자 리디자인 디자인씽킹 프로젝트 수업에서 스캠퍼(Scamper) 기법의 7가지 발상법이 어떻게 활용될 수 있는지 예를 들어 살펴보도록 하자.

① **대체하기**(Substitute): 의자 등받이의 나무를 스펀지 재질의 등받이로 바꿔보면 어떨까?

② **결합하기**(Combine): 의자에 바퀴를 결합하면 어떨까?

③ **조절하기**(Adjust): 침대에 쓰는 라텍스를 의자 등받이에 사용하면 어떨까?

④ **변경·확대·축소하기**(Modify, Magnify, Minify): 등받이를 더 크게 할 수는 없을까?

⑤ **용도 바꾸기**(Put to Other Use): 의자에 사물함을 넣어 수납 기능을 만들 수는 없을까?

⑥ **제거하기**(Eliminate): 등받이를 탈부착으로 만들어 이동이 편리하게 할 수는 없을까?

⑦ **역발상·재정리하기**(Reverse, Rearrange): 등받이 부분을 뒤집을 수 있을까?

사실 스캠퍼(Scamper) 기법을 수업에 활용하다 보면 7가지 방법의 경계가 모호하여 완전히 구분 지을 수 없는 경우도 많이 있다. 그러나 숫자에 너무 얽매일 필요는 없다. 우리의 목표는 비현실적이면서 최대한 기발하고 창의적인 아이디어를 다량으로 만들어 내는 것이기 때문이다. 그리고 스캠퍼(Scamper) 기법은 아이디어 생성(발상)에도 쓰이지만 아이디어를 선별하고 결정할 때도 의견의 결합이나 변형 등에 활용할 수 있어 모든 단계의 디자인씽킹 프로젝트 수업에 활용이 가능하다.

● 아이디어를 선정하는 방법

(1) 다이아몬드가 될 수 있는 아이디어를 선정하라!

브레인스토밍이나 스캠퍼 등 발산적 사고 활동을 하고 난 후에는 여러 가지 아이디어 중 문제 해결을 위한 최고의 아이디어를 선정해야 한다. 아이들은 브레인스토밍 활동을 한 직후에 사고가 가장 유연해져 있고 적극적이며 흥미를 이끌어 낼 수 있기 때문에 이때를 놓치지 말고 아이디어 발산 후 바로 아이디어 선정 활동을 하는 것이 가장 좋다. 아이디어 만들기(발산적 사고 활동)와 아이디어 선정하기(수렴적 사고 활동)는 활동의 성격이 서로 다르지만 실제 디자인씽킹 프로젝트 수업에서는 이 두 가지 활동이 이어지도록 진행해도 무방하다.

(2) 적절한 기준을 만들어서 다양한 아이디어를 분류하라!

최고의 아이디어를 선정하기 위해서는 가장 먼저 아이디어 만들기 활동을 통해 만들어진 여러 아이디어를 보면서 비슷하다고 생각되는 아이디어끼리 모으거나 분류 기준을 정하여 키워드를 보드판이나 활동판에 붙여놓고 협업을 통해 여러 아이디어를 분류하는 단계를 거쳐야 한다. 아이디어를 분류하면 아이들이 가장 많이 의견을 낸 부분을 한눈에 쉽게 파악 할 수 있고 또 여러 의견을 조합하여 새로운 의견을 만들어내기도 용이하다.

(3) 아이디어를 다듬고 시각화하라!

이렇게 분류 되어 활동판에 붙여져 있는 아이디어들은 다이아몬드가 되고 싶어 하는 다양한 원석들인데 이것을 부수고, 닦고, 다듬는 활동을 해야 한다. 만약 같은 카테고리에 분류된 의견이 5-10개 정도로 많이 있다면 조금 더 분류 기준을 세분화 하여 나누어보는 것이 좋다. 또, 같은 카테고리의 의견을 종합 할 수 있는 대표 의견으로 정리하여 다른 색의 포스트잇이나 종이로 옮겨서 써주는 과정을 거친다. 다양한 의견을 투표로 의사결정을 한 경우 과연 이 의견이 진짜 대다수가 좋다고 생각하는 의견인지 대표성에 의문을 품을 수 있기 때문에 이미 선택된 의견이라고 하더라도 아이디어 다듬기 과정은 꼭 필요하다.

　선정된 아이디어 시각화하기-그림은 아이들의 창의력을 자극한다.

〈 아이디어 시각화하기 활동 〉

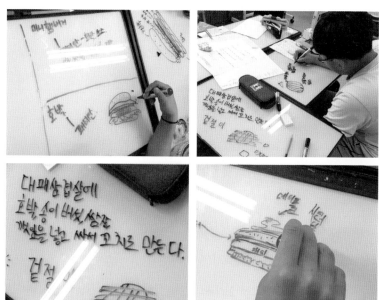

아이디어 선정을 마치면 선정된 아이디어가 어떻게 실제 문제 상황에 구현될지 시각화 하여 표현해야 한다. 일종의 아이디어 스케치 활동인데 아이디어 별로 자신이 가장 흥미 있는 의견을 선정하여 2-3명이 모여서 간단한 글이나 그림으로 아이디어를 시각화 하는 활동을 한다. 물론 포스트잇을 활용하여 글로 써서 붙이는 것도 가장 기본적인 시각화 도구로 활용 될 수 있지만 디자인씽킹 프로젝트 수업 활동 시간이 충분한 경우 아이디어 내용을 간단히 스케치 하거나 인포그래픽이나, 비주얼씽킹 등을 통해 표현한다면 아이디어를 너 구체적으로 시각화 할 수 있다. 비주얼씽킹(Visual thinking) 이나 인포그래픽 (Infographics)의 구체적인 방법은 뒤에 이어지는 콘셉트(Concept) 자료 제작활동에서 더 자세히 다루도록 하겠다.

(4) 가장 날카롭게, 사용자의 입장에서 비판하고 선택하라!

사실 앞선 브레인스토밍과 투표 과정에서는 아이디어에 대한 평가를 최대한 자제하였다. 비판으로 인해 창조적 자신감이 떨어지거나 특정 사람의 의견에 영향을 많이 받는 학생들이 있기 때문이다. 그러나 이 제는 최종적으로 아이디어 결정하기 전 마지막 단계이므로 선정된 아이디어에 대해 한 개 씩 돌아가면서 과연 실현 가능한 대안인지, 사람들의 문제 상황을 사람 중심으로 잘 해결해 줄 수 있는 대안인지, 문제 정의에서 정한 방향에 부합하는 지 등에 대해 퍼실리테이터가 각각의 기준을 말해주고 질문과 응답을 하는 시간을 가지도록 한다. 그리고 아이디어를 구현하는데 제약이 되는 사항이 어떤 것들이 있는지에 대해서도 서로 포스트잇을 붙여가면서 이야기를 나눈다.

이 과정에서는 비판적 사고를 바탕으로 아이디어에 대한 날카로운 질문이나 궁금한 점 등에 대해 자유롭게 이야기 할 필요가 있으며, 서로의 비판적 시각은 문제를 더 좋은 방향으로 해결할 수 있는 바탕이 됨으로 기분이 상하거나 아이디어 제공자를 의식하는 행동은 하지 않도록 주의해야 한다. 그리고 팀원들에게 아이디어 보드판에 붙여진 각각의 아이디어 콘셉트를 충분히 이해할 수 있는 시간을 준 뒤 최종 투표를 진행하여 최종 아이디어를 선정한다.

(5) 최종 선정된 아이디어를 다시 한 번 다듬고 시행착오를 줄이자!

선정된 아이디어가 문제에 대한 완벽한 해답이 될 수 없으므로 현재 선정된 아이디어 이전에 탈락된 아이디어에서 가져올 부분이나 또는 새롭게 보완 될 수 있는 점 등에 대해서 이야기해보고 부족한 아이디어를 다듬어 준다.

> ✏️ **최종 아이디어를 선정할 때 아이들이 고려해야 할 사항**
> ① 아이디어가 사람들에게 어떤 가치가 있는가?
> ② 아이디어가 사용자의 요구사항을 잘 반영하고 있는가?
> ③ 아이디어를 실제로 구현하기에 어떤 제약이 따르는가?
> ④ 충분히 창의적이고 문제해결에 도움을 주는가?

(6) 아이디어를 설명할 수 있는 콘셉트(concept) 자료를 제작하라!

최종 아이디어를 선정하고 다듬었다면 이제 팀에서 선정한 아이디어를 다른 친구들에게 설명할 콘셉트 자료를 제작해야한다. 콘셉트 자료는 처음 공감하기 단계에서 관찰, 인터뷰, 체험을 통해 파악한 문제 상황과 사용자의 요구 사항을 반영한다. 문제정의 활동, 최종 선정한 아이디어의 제목과 이떤 가치를 실현시킬 수 있는 아이니어인지 요

〈 콘셉트 자료 제작 장면 〉

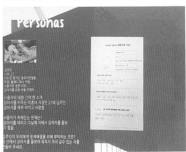

약하고, 어떻게 문제 상황에 적용되는지에 대해 디자인씽킹 프로젝트 수업의 아이디어 선정 과정을 한 눈에 파악할 수 있는 종합 포트폴리오 자료이다.

특히 아이디어가 어떤 절차로 사용되고 문제를 해결 할 수 있는지에 대한 설명은 글과 함께 비주얼씽킹(Visual thinking)이나 인포그래픽(Infographics)을 활용하여 설명하면 아이디어에 대한 이해를 도울 수 있다. 인포그래픽을 사용하면 단순한 설명 위주의 문자 전달 보다 시각 자료를 많이 사용하기 때문에 사용자의 흥미를 유발 할 수 있고 빠

✎ 비주얼 씽킹이란?

비주얼 씽킹(visual thinking)은 자신의 생각을 글과 이미지 등을 통해 체계화하고 기억력과 이해력을 키우는 시각적 사고 방법이다. 조금 더 간단하게 설명을 하면 생각을 글과 그림으로 표현하고 나누는 것을 말한다.

출처 : 위키백과, 교실 속 비주얼씽킹(2015) 中 일부 인용

✎ 인포그래픽이란?

인포메이션 그래픽(Information graphics) 또는 인포그래픽(Info-graphics), 뉴스 그래픽(News graphics)은 정보, 자료 또는 지식의 시각적 표현이다. 정보를 구체적, 표면적, 실용적으로 전달한다는 점에서 일반적인 그림이나 사진 등과는 구별된다. 복잡한 정보를 빠르고 명확하게 설명해야 하는 기호, 지도, 기술 문서 등에서 사용된다. 차트, 사실박스, 지도, 다이어그램, 흐름도, 로고, 달력, 일러스트레이션, 텔레비전 프로그램 편성표 등이 인포그래픽에 포함된다.

출처 : 위키백과, 사진 출처 : 네이버 지식백과 IT용어사전

른 시간 내에 전달하고자 하는 정보를 효율적으로 전달 할 수 있다.

아이들을 대상으로 비주얼씽킹이나 인포그래픽 수업을 할 때 가장 문제가 되는 것이 바로 그림 실력이다. 그러나 앞서 소개한 시각화 방법을 사용할 때 가장 주의해야 하는 것이 그림 그리는 것에 많은 시간을 낭비해서는 안 된다는 것이다. 피토그램이나 도형 등 간단한 시가

화 도구를 사용하여 문자를 조금 더 효율적으로 전달하는데 목적이 있기 때문이다.

이 두 가지 방법을 사용하면 빠르고 쉽게 또 아이디어가 적용되는 상황을 설명할 수 있기 때문에 콘셉트 자료 제작이나 아이디어 생성 단계에서 활용성이 높다. 이렇게 콘셉트 자료까지 제작하였다면 프로토타입을 만들기 위한 준비는 모두 끝나게 된다.

〈 아이들이 직접 제작한 비주얼씽킹 자료 〉

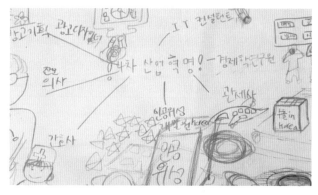

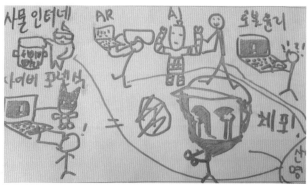

부록 | 아이디어 생성단계 체크 박스!

☐ 아이들이 창조적 자신감을 가질 마음의 준비가 되셨나요?

☐ 브레인스토밍 원칙을 생각하면서 최대한 많은 아이디어를 만들었나요?

☐ 아이디어를 볼 수 있게 보드판, 벽 등 디자인씽킹 환경을 조성하였나요?

☐ 사용자의 요구, 문제정의를 반영해서 아이디어를 선택하셨나요?

☐ 시각화 자료를 활용하여 아이디어 컨셉자료를 제작하였나요?

※ 학교 또는 가정에서 활동 시 체크해 보세요.

Step 5. 프로토타입
: 해결 방안 보여주기

프로토타입이란 무엇일까? 문제를 해결하러 왔는데 그것까지 알아야하나고 생각하는 사람이 있을 수도 있다. 그러나 디자인씽킹에서 프로토타입을 빼는 것은 마치 타이어가 없는 자동차처럼 어이가 없는 일이다. 프로토타입은 디자인씽킹 프로젝트 수업을 더 '디자인씽킹답게' 만들어 주는 가장 핵심적인 단계라고 할 수 있다. 그럼 함께 차근차근 살펴보자.

● 프로토타입의 어원

프로토타입이라는 말은 원래 그리스어 '프로토타이폰'에서 나왔다. 프로토타이폰이란 '원초적 형태'라는 뜻을 가지고 있다. 원초적 형태라는 말을 들으면 무엇이 생각나는가? 원초적이란 말은 가공되지도 꾸미지도 않은 날것 그대로의 모습이란 뜻이다.

예를 들어 이유식 만들 때 가장 중요한 것은 재료 본연의 맛을 아기에게 느끼게 해주는 것이다. 아기가 먹는 이유식은 어른들이 먹기에는 무언가 간이 밍밍하고 맛이 없다. 그렇지만 한 번도 재료의 맛과 느낌을 경험하지 않은 아기에게는 맛있는 음식으로 느껴진다.

프로토타입도 마찬가지다. 프로토타입이란 최종 결과물 전에 일종의 '보형'이나 '시제품'을 다른 사람들이 이해하기 쉽도록 있는 그대로의 모습을 가감 없이 보여주는 것이다. 때문에 어설프게 만들어도 된다. 차라리 '어설픈 것이 프로토타입 답다'라는 말이 더 적합할지도 모른다. 왜 그럴까?

우리는 보통 '아이디어 내기' 단계에서 많은 아이디어를 쏟아낸다. '이렇게 해볼까? 아니면 저렇게 해보는 건 어때?' 나름대로 머리를 굴려가며 생각을 짜낸다. 그러나 대부분의 경우는 아이디어 내기 단계에서 더 나아가지 못하고 그나마 만들어낸 아이디어조차도 기억의 저편이나 역사의 뒤안길로 사라져 버린다. 아이디어를 내기 위해 엄청나게 많은 공을 들였는데 얼마나 안타까운 일인가? 물론 아무런 이유 없이 그냥 아이디어를 버리지는 않는다. 아이디어를 실행하지 못하는 가장 큰 이유 중 하나는 아이디어를 실행하기에는 시간과 노력이 너무나 많이 들기 때문이다. 그래서 대부분 아이디어를 포기하고 만다. 그럼 디자인씽킹을 한다면 아이디어를 포기하지 않고 실제로 실행이 가능한가? 완전히 가능하다고는 할 수 없겠지만 적어도 디자인씽킹은 아이디어를 실행 가능하도록 만들어 주거나 실행하고 싶도록 만들어준다. 그럼 어떤 과정으로 그렇게 만드는 것인가?

디자인씽킹 프로젝트 수업에서는 사람들이 구상한 아이디어를 실행할 수 있도록 한 단계가 더 들어가 있다. 그 단계가 바로 '프로토타입 만들기' 단계이다. 프로토타입은 최종적으로 만들어지는 무엇인가의 청사진과 같다. 물론 진짜 제품처럼 완벽하거나 정교하지 않다. 그 대신 프로토타입은 최종 결과물을 충분히 짐작할 수 있도록 해준다. 사람에게는 누구에게나 놀라운 상상력과 창조력이 있다. 인간에게 상상력과 창조력이 있음을 믿고 만들어가는 것이 바로 프로토타입이다.

● **프로토타입의 특징**

그럼 프로토타입의 특징과 장점은 무엇일까? 프로토타입 사례 중에서 세계적으로 가장 유명한 사례를 살펴보자.

수술용 의료장비 디자이너와 외과의사가 새롭게 만들 의료장비에 대한 대화를 하고 있다. 외과의사가 자신에게 필요한 의료장비에 대한 설명을 한창 했다.

"권총처럼 손으로 움켜쥘 수 있고 앞으로 뾰족하게 튀어나온 의료장비가 필요해요."

설명을 들은 디자이너는 아무리 들어도 새로 만들어야 할 의료장비의 모양을 가늠할 수 없었다. 디자이너는 슬슬 짜증이 나기 시작했다. '도대체 어떤 모양을 말하는 거야?' 디자이너는 외과의사에게 들은 것을 바탕으로 의사의 책상 위에 놓여 있던 형광펜과 빨래집게, 그리고 보드마카를 테이프로 둘둘 감아서 대충 모양을 만들었다. 디자이너는 의사에게 물었다.

"이렇게 생긴 걸 말씀하시는 건가요?"

그러자 의사는

"네, 맞아요. 그렇게 생긴 거요."

하고 대답했다. 주위에서 찾아볼 수 있는 평범한 재료로 대충 모양을 만들어서 보여준 것이다. 아무 보잘 것 없는 모양이었지만 외과의사는 디자이너의 아이디어를 직관적으로 이해할 수 있었던 것이다. 바로 이것이 프로토타입이다. 프로토타입은 말로 설명하기 어려운 아이디어를 한 눈에 파악할 수 있게 해준다.

이렇듯 프로토타입을 제작하면 실제 상품을 제작하기 위한 시간과 노력을 엄청나게 절약할 수 있다. 의사가 말로 전달했지만 디자이너가 제대로 이해하지 못한 채 돈과 시간, 노력을 들여 의료장비를 제작했다면 어땠을까? 돈은 돈대로 시간은 시간대로 노력은 노력대로 들고 결과물은 만족스럽지 못했을 것이다.

프로토타입과 관련한 개인적으로 가슴 아픈 일화를 하나 더 소개해 보겠다. 필자는 약 8년 전 공군장교로 복무 중이었다. 보직은 공군 전투비행단에서 대대의 일을 총괄하는 운영통제실장 업무를 맡았다. 그당시 부대 안의 낡은 사무실 페인트를 새로 칠하고 입간판을 모두 교체하는 작업을 수행했다. 부대 안 행정의 중간 관리자였기 때문에 총책임자였던 대대장님께 입간판 디자인에 대해 일일이 물어볼 수밖에 없었다.

"실장아, 너 군 생활 해봤으니까 잘 알거 아니냐? 그냥 깔끔하면 돼. 공군이니까 공군마크 들어가고 다른 건 아무렇게나 해도 돼. 이런 건 나같이 나이든 사람 말고 너 같이 젊은 놈들이 잘하잖아. 걱정하지 말고 진행해. 네 마음대로 하면 되니까 중간에 보고하지 말고 만들어서 바로 설치해!"

정말 대대장님의 말씀처럼 하면 될 것이라 생각했다. 군대라는 특성상 외부 간판제작 업체와 일을 하기 위해서는 여러 보안 절차를 거쳐야 했다. 절차가 까다롭고 번거로워 제작 완료까지 최대한 부대 출입을 줄이는 것이 효율적이었다. 그래서 매일 퇴근 후 업체에 다시 출근해서 디자인 작업을 함께했다. 거의 보름동안 간판 업체에서 제품을 만든 후에 부대로 가져왔다. 마음에 드는 디자인을 완성했기에 뿌듯한 마음이 들었다. 기존에 있던 간판을 철거하고 설치하고 있는데 등 뒤로 대대장님의 짜증 섞인 소리가 들려왔다.

"아! 이게 뭐냐?!! 디자인이 이상하잖아. 글씨도 작고, 무슨 글씨체가 저러냐? 깔끔하게 하라고 했더니 왜 저렇게 빈 공간이 많아! 공군

마크도 크게 딱 넣고 해야지! 대대장실로 당장 들어와!"

그렇게 대대장실에서 신나게 혼이 났다. 처음부터 대대장님이 원하는 디자인을 자세하게 말씀 해 주셨으면 이런 일이 일어나지 않았을 것이라는 원망이 절로 나왔다. 이렇게 프로토타입 과정이 없이 일을 진행하면 할 때마다 힘은 힘대로 들고 성과는 만족스럽지 못한 것이다.

그럼 다시 본론으로 돌아가서 디자인씽킹 프로젝트 수업에서 프로토타입이 어떤 특징이 있는지 함께 살펴보자. 프로토타입의 중요한 키워드는 빨리, 저렴하게, 손쉽게 만드는 것이다.

프로토타입을 건물 짓는 것으로 비유하자면 아주 짧은 공사기간동안 대충대충 빨리빨리 엄청 싸게 건물을 짓는 것이라고 할 수 있다. 오히려 싸고 손쉽게 빨리 만드는 것이 관건이다. 그럼 왜 그렇게 해야 할까? 그 이유는 만들고 고치고 만들고 버리고 만들고 구길 수 있어야 하기 때문이다. 너무 직관적으로 설명했지만 실제로 그렇다. 프로토타입은 마음에 안 드는 부분이 있으면 바로 고치면 된다. 그마저도 마음에 안 들면 구기고 찢고 쓰레기통에 던져버리면 그만이다. 마치 컴퓨터로 작업하다 블루 스크린이 뜨면 리셋 버튼을 누르는 것처럼 작업하는 것이다.

그럼 왜 그렇게 해야 할까? 프로토타입은 실제 결과물의 '그림자'일 뿐이기 때문이다. 학생들과 함께 프로토타입 단계를 진행할 때가 있다. 학생들은 처음에는 싸고, 빠르고, 쉽게 만들기 위해 노력하지만 차

츰 시간이 지날수록 자신도 모르게 더 예쁘게 꾸미고 잘하려고 노력한다. 마침내 프로토타입을 평가하는 피드백 시간이 찾아오면, 자신들이 만든 프로토타입에 대해 쏟아지는 가차 없는 비판으로 인해 얼굴이 붉게 상기되고 자신의 프로토타입을 변호하고 방어하며 지켜내고 있는 학생들의 모습을 발견할 수 있다.

이렇게 해서는 제대로 된 프로토타입이라고 할 수 없다. 프로토타입은 언제든 버리거나 수정하거나 부셔버릴 수 있어야 한다. 그래야 새로운 다음 프로토타입을 만들 수 있기 때문이다. 물론 실제로 구기는 행위를 꼭 해야 하는 것이 아니다. 이전 프로토타입에서 발전하고 수정된 모습의 새롭게 제작된 프로토타입을 비교하는 것도 의미가 있기 때문이다.

● 프로토타입의 형태

일반적으로 프로토타입에서는 글, 그림, 동영상, 종이, 컴퓨터 그래픽, 클레이, 블록장난감, 생활용품, 문구용품 등 우리가 생각하거나 주변에서 찾을 수 있는 모든 재료를 활용할 수 있다.

프로토타입의 종류를 이야기할 때 보통 사람들이 오해하는 것이 있다. 프로토타입은 보통 '반드시 눈에 보이는 물체나 물건을 표현한 것'이라고 생각한다. 기업이나 학교에서 어떤 제품을 만들 때 보통 프로토타입을 눈에 보이게 제작하기 때문이다. 그렇지만 실제로는 꼭 그렇다고만 할 수는 없다. 예를 들어 어떤 가수가 신곡을 녹음한다고 가정해보자. 작곡가는 가수가 녹음실에서 신곡을 녹음하기 전에 반드시 진행하는 작업이 있다. 바로 '가이드 보컬'이다. '가이드 보컬'이란 멜로디만 있는 곡을 작곡가가 자신의 감정을 담아 미리 녹음해 둔 것이다. 아무리 뛰어난 가수라고 할지라도 악보에 음표만 보고 작곡가가 원하는 감정과 표현을 하긴 불가능하다. 사람의 감정과 느낌이라는 것은 글자나 음표로 모두 표현할 수는 없기 때문이다. 그러므로 가수들은 미리 작곡가가 녹음해 놓은 가이드 보컬을 듣고 그 감정과 느낌을 알게 된다. 가수와 작곡가는 이후에 곡 수정작업을 다시 하고 재녹음하는 것을 반복해서 마침내 한곡의 노래가 완성되는 것이다.

가수와 작곡가에게는 바로 '가이드 보컬'이 프로토타입이다. 이와 같이 프로토타입은 눈에 보이는 형태뿐만 아니라 '가이드 보컬'처럼 눈에 보이지 않지만 어떤 결과물을 생각하게 하는 모든 것을 포함한다. 그렇다면 프로토타입에서 사용되는 예를 한 가지씩 살펴보자.

(1) 글쓰기

프로토타입의 어원이 '원초적 형태'라는 뜻을 지닌 그리스어 '프로토타이폰'에서 나왔다고 앞서 언급했다. 프로토타입의 종류 중 가장 원초적인 형태가 바로 글이라고 할 수 있다. 그럼 이 글쓰기는 어떤 경우에 활용할 수 있는가?

먼저 시나리오 형태로 작성할 수 있다. 물건이나 서비스와 같은 결과물을 만들 경우 그것을 사용하거나 경험하는 특정한 사람의 입장에서 생각해 본다. 예를 들면, 학교를 다니는 학생을 위한 새로운 안심알리미 앱을 개발했다고 하자. 보통의 경우 앱의 디자인이나 앱의 특장점을 설명한다.

그러나 시나리오 프로토타입에서는 그 앱을 사용하는 상황을 가정한다. 이때는 특정한 누군가 한 명을 지칭하는 것이 좋다. 이것을 '퍼소나 또는 페르소나(persona)'라고 한다. 이렇게 하는 이유는 일반적인 사람들의 모든 요구를 적당히 해결하기보다 특정한 사람의 특정한 필요를 깊게 파악하는 것이 훨씬 효과적이기 때문이다. 이렇게 함으로써 사용자 입장에서 쉽게 공감하고 이해 할 수 있게 된다. 다음 글은 '안심알랴줌'이라는 앱을 사용하는 상황을 가상으로 작성한 프로토타입이다.

지훈(가명)이는 안심알랴줌(안심 알리미의 명칭)앱을 설치한 뒤 집 문을 나섰다. 집에서 학교까지 걸리는 시간은 보통 도보로 20분 정도다. 지훈이는 학교 앞에 일찍 연 떡볶이 가게에 들러 엄마 몰래 떡볶이를 1인분 시켜 군것질을 했다. 평소 걸리는 평균시간이 넘게 학교에 도착하지 않자 엄마의 스마트폰으로 아직 지훈이가 학교에 도착하지 않았다는 알람이 울린다. 그리고 지훈이의 현재 위치가 GPS 지도 좌표와 함께 엄마에게 전송된다. 지훈이 엄마는 지훈이에게 전화한다.

"지훈아! 너 지금 어디야? 왜 학교 안가고 떡볶이 집에 있어?"

'이런 젠장, 엄마가 어떻게 알았지? 덜 먹었는데 얼른 버리고 가야겠다.'

엄마의 질책을 들은 지훈이는 황급히 떡볶이 하나를 집어물고 학교로 향한다. 학교 정문을 통과하자 학교에 무사히 도착했다는 알람이 엄마 폰으로 전송되었다. 학교가 끝난 후 학교를 나서자 다시 엄마 폰으로 학교를 빠져나갔다는 알람 신호가 울린다. 학교 밖에 나간 후에는 지훈이의 현재 위치(GPS좌표)가 1분에 한 번씩 엄마의 스마트 폰 연동 앱으로 전송되어 실시간 위치를 확인할 수 있게 한다. 무사히 학교에 도착하거나 학원에 도착했을 경우 엄마의 폰으로 도착했다는 알람이 전송되게 된다. 평소에 지훈이가 자주 지나간 곳의 동선은 지도상에 굵은 실선으로 표시되고 빈도가 적어질수록 선이 얇게 표시 된다. 지훈이가 평소에 한 번도 가지 않았거나 아주 적게 갔던 곳으로 가게 되면 엄마 폰으로 특정한 알람이 추가적으로 전송되도록 설계가 되어있다. 지훈이가 평소에 갔던 동선을 파악해서 표시하는 이유는 만약의 사태를 대비하기 위함이다.

지훈이가 평소에 가지 않은 곳에 가거나 오래 머무를 경우 혹시 유괴를 당하거나 나쁜 일을 당할 경우일 수 있다. 엄마가 연락을 했는데도 연락이 되지 않을 때는 엄마의 휴대폰으로 전송된 위험 알람을 클릭하면 아이의 현재 위치가 즉각 가장 가까운 파출소나 경찰서로 연계가 되어 출동하도록 되어있다. 지훈이가 직접 알릴 경우 '안심알랴줌'의 비상버

튼을 누르게 되면 마찬가지로 엄마와 경찰, 학교 지킴이 선생님에게 현재 위치가 전송되고 바로 출동할 수 있게 해 준다.

위와 같이 시나리오 형태로 작성할 때는 특정한 인물이 경험한 것을 차례대로 풀어낸다. 다시 말하면 소설을 쓰듯이 특정한 인물이 되어 경험한 이야기를 쓰는 것이다. 글을 작성할 때는 항상 문제가 해결되는 상황으로 어떻게 이끌어 나갈 것인지 생각해야 한다. 그러기 위해서 문제가 해결되는 특징이 잘 드러나도록 특별한 상황이나 맥락을 설정하도록 한다. 시나리오의 이해를 돕기 위해 관찰하기 단계에서 촬영했던 사진이나 인터뷰 자료, 상황을 나타내는 그림 자료를 함께 제공하면 더욱 효과적이다.

(2) 그림

글쓰기 형태의 프로토타입에서 한 단계 발전한 모습이 그림이라고 할 수 있다. 그림으로 나타내는 프로토타입 안에서도 여러 종류가 있을 수 있는데 그 중에 대표적인 것이 스토리보드 만들기다.

스토리보드의 특징은 문제 상황에서부터 문제를 해결하는 모든 과정을 이미지로 표현했다는 점이다. 시나리오에서는 글 쓰는 것이 중심이었다면 스토리보드는 그림 위주의 프로토타입이라고 할 수 있다.

아이들과 스토리보드를 만들 때 몇 가지 주의할 점이 있다. 첫 번

〈 프로토타입의 종류, 그림(스토리보드) 〉

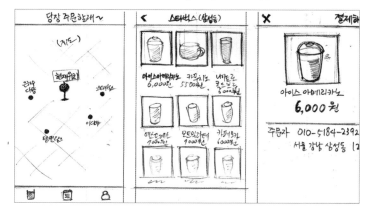

째는 처음 일기 쓰는 법을 배운 사람처럼 작성하면 안 된다는 것이다. 초등학교에 갓 들어온 아이들에게 일기쓰기를 지도하면 재미있는 특징을 발견할 수 있다. 상당수 아이들이 자신의 하루의 시간을 아주 소중히 여긴다는 것이다. 그래서 자신의 하루를 모두 기록하고 싶어 한다. 아이들의 일기는 보통 '잠을 깨서' '잠이 들 때'까지 하루 동안 일어난 일 전부를 기록한다. 예를 들면 "7시 36분에 일어났다. 화장실에 가서 오줌을 쌌다. 그 다음 7시 51분까지 머리를 감고 씻었다. 8시 1분에 엄마가 나오라고 해서 나왔다. 8시 5분에 식탁에 앉아서 밥을 먹었다. 8시 40분에 학교에 갔다 그리고 수업이 끝나고 학원 갔다. 집에 왔다. 잠을 자려고 누웠지만 잠이 안 왔다. 그러다 잠이 왔다. 잤다."로 마무리 된다. 그러나 스토리보드는 이처럼 일일이 모든 시간과 사건을 나열할 필요가 없다. 많은 내용을 표현하고 싶은 마음은 알겠지만 그렇게 하지 않아도 된다. 오히려 더 비효율적이다.

두 번째는 제한된 공간을 제공하는 것이다. 아이들과 스토리보드를 제작할 때는 매우 쉽게 만들어야 한다. 빈 4칸의 그림 그리는 공간과 그림 오른쪽이나 아래쪽에 간단한 설명을 넣을 수 있는 공간을 주고 작성하게 만들면 된다. 바로 4컷 만화에 설명을 곁들였다고 생각하면 되는 것이다. 앞서 말한 시나리오 프로토타입과 마찬가지로 특정 문제 상황이나 맥락을 부각시켜서 제시하도록 한다. 4컷이라는 제한된 공간을 주게 되면 아이들은 나름대로 최대한 중요한 핵심 내용을 끄집어낼 것이다. 인간은 상상하는 능력을 가지고 있다. 제한된 공간에서도 마음만 먹으면 얼마든지 표현할 수 있다. 다음의 글을 읽어 보자.

"헤밍웨이, 당신이 엄청난 소설가라지만 단 여섯 단어로 사람들을 울게 만드는 글을 쓸 수는 없을 거야!"

그 말을 들은 헤밍웨이는 단 여섯 단어로 글을 썼고 그 글을 읽은 많은 사람이 눈물을 흘렸다.

"For sale Baby shoes. Never worn."

"아기 신발 팝니다. 사용하지 못함."

이 글은 헤밍웨이가 쓴 세상에서 가장 짧은 소설이다. 단 여섯 단어를 가지고 사람의 마음을 울리는 글을 쓸 수 있다. 아이들에게 제한된 공간을 주고 표현하게 하는 또 다른 이유가 있다. 바로 프로토타입 만드는데 부담이 없어야 하기 때문이다. 빠르고 간편하며 저렴하게 만드는 프로토타입의 정신을 잊지 말자. 욕심을 한껏 부려 100컷짜리 스토리보드를 제작한다고 생각해보라. 실컷 공을 들여 작성했더라도 타인에게 신랄하면서 날카로운 피드백을 받으면 처음부터 다시 수정해야 한다. 그리고 100컷이나 되는 내용을 집중해서 읽을 정도로 다른 사람들의 집중력이 강하지 않다. 그러니 최대한 짧고 간단하게 3~4컷 정도 만드는 훈련을 시키도록 한다. 다시 말하면 프로토타입은 연속적인 피드백과 수정이 이루어져야 하므로 너무 많은 시간과 노력을 들이는 것은 자제하는 것이 중요하다.

(3) 간단하게 만들기

간단하게 만들기는 디자인씽킹을 하는 사람들이 가장 많이 활용하는 방법이다. 프로토타입은 거창하게 만들 필요도 없고 정교하게 꾸밀 필요도 없다.

혹시 당신은 어렸을 때 어떤 장난감을 가지고 놀았는가. 필자는 성룡이 출연한 '폴리스 스토리'를 보고 경찰처럼 권총을 가지고 싶었다. 집에 부모님이 사주지 않으니 나무젓가락 몇 개를 가져다가 테이프와 노란색 고무줄을 칭칭 감아서 권총 모양을 만들어 놀았다. 어린이 영화였던 '구니스'를 보고 보물선을 찾아다닌다면서 페트병을 잘라서 나무젓가락과 종이를 붙여서 냇가에 띄우며 놀기도 했다. 다른 사람

〈 프로토타입 간단하게 만들기 〉

이 보기에는 어떨지 몰라도 나에겐 근사한 장난감이었다. 나무젓가락
은 멋진 권총이었고 페트병 배는 대양을 가로지르는 범선이었던 것이다.

프로토타입도 마찬가지다. 특별히 프로토타입을 만들기 위해서 준
비할 필요 없이 가정이나 학교에 흔히 있는 재료들로 만들어 보는 것
이다. 수수깡, 스카치 테이프, 고무찰흙, 보드마카, 색종이, 풀, 가위, 종
이컵 등등 주변에 있는 어떤 재료든지 가능하다. 이렇게 만드는 강점
은 언제 어디서든 자신의 아이디어를 눈에 보이고 만질 수 있도록 제
작한다는 데에 있다. 앞서 말한 의료용 장비를 만들 때에도 마찬가지
다. 디자이너는 의료용 장비에 대해서 장황하게 설명을 듣는 것에서
만족하지 않았다. 그래서 의사의 눈앞에서 의사의 책상에 있는 물건
이었던 보드마카, 다 쓴 필름 통, 빨래집게, 테이프로 바로 프로토타입
을 제작했던 것이다. 만약 디자이너가 만든 프로토타입이 의사가 설
명한 물건이 아니었으면 어떻게 했을까? 전혀 상관없다. 바로 그 자리
에서 새로 만들면 그만이기 때문이다.

(4) 소프트웨어 활용하기

4차 산업혁명의 영향으로 3D프린팅 기술이 각광을 받고 있다. 이와 마찬가지로 예전에는 전문가들만 접근 가능했던 3D설계 소프트웨어가 많이 대중화 되었다. 3D프린터기의 보급과 동시에 지금은 초등학생들도 쉽게 배울 수 있는 3D프린트 디자인 소프트웨어가 많이 나오고 있다. 이러한 소프트웨어를 활용하여 프로토타입을 만들면 몇 가지 장점이 있다.

첫째, 돈이 들지 않는다. 소프트웨어를 구매해야한다는 착각을 할 수 있겠지만 몇몇 교육용 3D프린터 소프트웨어는 온라인상에서 '무료'로 제공한다. 생각보다 상당한 퀄리티를 자랑한다.

둘째, 누구나 쉽게 프로토타입을 만들 수 있다. 소프트웨어를 활용하면 지레 겁부터 먹는 사람들이 있다. 전혀 그럴 필요가 없다. 이 소프트웨어를 활용하려면 어느 정도의 지식이 필요할까? 네이버나 다

〈 3D 모델 소프트웨어 틴커캐드 〉

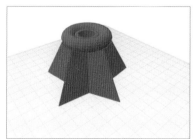 

음과 같은 포털 사이트 검색 창에 검색할 수 있고 아이디와 비밀번호를 넣을 수 있으면 된다. 다른 지식은 필요 없을까? 몇 가지 더 필요하긴 하다. 스마트 폰을 사용한다면 손가락으로 사진을 키웠다 줄였다 하는 정도의 능력일 것이다. 요즘 개발된 교육용 3D소프트웨어는 아주 어린아이들도 쉽게 배우도록 디자인되어 있다. 간단히 가입해서 아이디와 비밀번호를 입력하면 작업하는 평면으로 들어간다. 보통 오른쪽에 기본적인 도형들이 나와 있다. 그런 도형들을 작업 평면으로 끌어오고 키우고 지우고 하면 된다. 얼마나 대단한 기능이 필요하겠는가? 그런 걱정은 접어두어도 된다.

셋째, 언제 어디서든 인터넷만 되면 작업할 수 있다. 디자이너들의 이야기를 들어보면 새로운 아이디어들은 책상 위에서나 작업장에서 만들어지는 것이 아니다. 길을 갈 때나 샤워할 때 밥을 먹을 때와 같이 때와 장소를 가리지 않고 만들어진다. 그 이유는 영감이 언제 찾아올지 모르기 때문이다. 소프트웨어 저작도구는 이런 면에서 강점이 있다.

넷째, 협업이 가능하다. 소프트웨어인데 어떻게 협업이 가능한가? 누구나 아이디와 비밀번호만 알면 함께 작업할 수 있다. 구글이나 네이버 같은 포털 사이트에는 문서를 작업할 수 있는 시스템이 되어있다. 쉽게 말해서 온라인 상에서 워드작업이나 엑셀작업, 프리젠테이션 작업까지 할 수 있다. 함께 팀을 이룬다면 누구나 정보를 수정하거나 첨삭할 수 있는 것이다. 3D프린터용 소프트웨어도 마찬가지다. 누구나 함께 하는 사람들이 협업할 수 있는 도구인 것이다. 시간과 공간의 제약을 받지 않고 심지어는 지구 반대편에 있는 사람과도 협업할 수 있다면 더 이상 설명이 필요한가?

● 아이들에게 어떤 것을 가르쳐줄 수 있을까?

우리는 지금까지 프로토타입에 대해서도 그 특징에 대해서도 함께 살펴보았다. 그렇다면 이 프로토타입 단계는 아이들에게 어떤 것을 가르쳐줄 수 있을까? 프로토타입 단계는 아이들에게 '실패하는 힘'을 길러줄 수 있다. 실패하는 것이면 실패하는 것이지 군이 실패하는 힘까지 길러줄 필요가 있을까? 아니다 길러주어야 한다. 반드시 길러주어야 한다.

우리나라 사람, 그 중에서도 학생들은 실패하는 힘을 가지지 못했다. '누구나 실패하지 않나?'라고 반문하는 사람이 있을 것이다. 그러나 그것은 실패만 했을 뿐 실패하는 힘을 가지지는 못했다. 그럼 실패하는 힘은 무엇일까? 좀 더 명확하게 이야기하면 '실패를 하더라도 굴하지 않고 다시 시작했는데 또 실패하고 그럼에도 불구하고 다시 일어나서 할 수 있는 힘'이다.

4전 5기의 신화 홍수환은 1977년 11월 26일 파나마의 카라스키야와 WBA 주니어페더급 초대 타이틀 매치를 했다. 1라운드 탐색전이 끝나고 2라운드가 시작되자 카라스키야의 엄청난 공세에 밀려 무려 4

번이나 다운되었다. 2라운드 끝을 알리는 공이 울리고 짧은 숨을 돌린 뒤에 3라운드에서 홍수환의 역전이 시작되었다. 결국 네 번이나 쓰러졌던 홍수환은 끝까지 전의를 잃지 않았고 3라운드 막판에 피니쉬 블로우를 카라스키야에게 작렬시키며 KO승을 거뒀다. 축구선수 박지성은 고등학교 졸업 후 자신을 받아주는 대학이 없었고 대학졸업 후에는 국내리그에서 받아주지 않아 일본J리그 2부 리그팀에서 선수생활을 했으며 선수로서 명성을 한창 떨칠 때에도 선수생명에 지장을 초래할 무릎 수술을 수차례나 이겨내고 맨체스터 유나이티드의 레전드 선수로 남았다. 이렇게 우리 주변에는 실패를 극복한 사례를 어렵지 않게 찾아볼 수 있다.

그러나 우리나라는 유독 한 번의 실패도 용납하지 않는 사회적 구조를 가지고 있다. 특히 학생들의 경우 수학능력시험 한 번으로 인생이 결정된다고 말할 정도다. 그런 학생들을 가르치는 교사들조차 임용고시를 통과하여 합격한 사람이지 않은가?

학생들은 자신이 아무리 좋다고 생각하는 일이더라도 쉽게 시작하지 못할 때가 많다. '성공'하지 못하고 실패했을 때에는 비난과 책임을 감수하는 것을 두려워하기 때문이다. 그래서 반드시 '성공'할 만 한 일들만 추구하게 되는 것이다.

구글, 나이키, HP 등 수많은 거대 기업을 배출해낸 스탠퍼드 대학의 경우 디자인씽킹을 가르치는 'd-school'을 운영한다. 이곳은 수많은 학생들에게 배움의 기회와 창업을 할 수 있는 예산을 지원한다. 학교는 학생들에게 '마음껏 도전하고 실패해도 좋다'라고 말한다. 이런 분위기 속에서 상당수의 학생들이 창업을 하고 실패를 맛보기도 한다. 그럼에도 불구하고 이러한 풍토가 자리 잡게 되면서 수많은 실패 사례를 딛고 엄청난 성공의 열매를 맛보게 되는 것이다. 프로토타입을 한다는 것은 결과가 중요하지 않다는 의미는 결코 아니다. 다만 결과보다는 도전하는 것을 배우고 실패했지만 다시 한 번 툭툭 털고 일어나서 다시 도전할 수 있는 힘과 가능성을 배울 수 있게 해야 한다. 사회와 학교 전체를 변화시킬 수 없다면, 바로 지금, 여기, 자신이 있는 곳에서부터 시작해야한다. 나 하나 변한다고 무엇이 달라지겠는가? 의심하지 마라. 다음 '공유하기' 단계에서 작은 실천을 통해서 세상을 변화시켰던 사람들의 이야기가 펼쳐질 것이다.

단지 이것만 기억하면 된다. 실패들은 성공을 향해 가는 가장 빠른 길을 안내해줄 것이고 '진짜 실패'라는 거친 물을 안전하게 건너게 도와줄 징검다리가 될 것이다. 디자인씽킹은 단순한 창작 도구나 툴 따위가 아니다. 사람들이 가지고 있는 생각의 패러다임을 변화시키는 획기적인 마음가짐이다. 프로토타입은 가장 완벽한 결과물을 향해 가는 믿음에서 출발한다.

세상에 완벽한 사람과 완벽한 결과는 없다. 우리는 완벽한 문제 해결을 위해 꾸준히 조금씩 나아지는 과정을 배우는 것이다. 이것이 프로토타입을 꼭 해야만 하는 의무이자 사명이라고 할 수 있다. 만약 단순히 창의력 향상 도구나 만들기, 그리기쯤으로 생각했다면 다시 한

번 마음을 고쳐먹기 바란다. '프로토타입을 할 수 있다는 것'은 우리 삶에서 일어날 '수많은 실패와 어려움들을 극복할 수 있는 엄청난 가능성을 가지고 있다는 것'의 다른 말이기 때문이다.

Step 6. 공유하기
: 더 나아가기

디자인씽킹의 백미는 바로 '공유하기' 단계이다. 앞서 언급한 단계에서도 계속 중요하다고 해놓고선 갑자기 공유하기 단계가 '백미'라니 무슨 말일까? 디자인씽킹이 다른 문제해결 방법이나 프로세스와 다른 점이 바로 공유하기 단계가 있기 때문이다. 이 공유하기 단계는 세부적으로 피드백, 되돌아가기, 공유하기 등으로 생각할 수 있다.

이 중에 가장 먼저 해야 할 것은 바로 앞선 단계에서 만든 프로토타입을 평가하고 피드백 해주는 일이다.

● 피드백의 의미

피드백은 우리나라에서 '환류(還流)'라고도 하는데 말 그대로 '물이 들어왔다 다시 돌이 흘러나간다' 라는 뜻을 가지고 있다. 즉 원인의 결과가 다시 원인에 새롭게 영향을 끼치고 다시 그것이 새로운 결과가 되는 것을 반복한다는 의미다. 디자인씽킹에서도 '이해하기-공감하기-문제 정의하기-아이디어 내기-프로토타입 만들기'까지의 단계가 진행되었다.

남은 단계는 '공유하기' 단계이다. 진짜 문제를 발견한 뒤에 여러 아이디어를 내고 해결 방법을 정해 프로토타입을 만들었다면, 그 프로토타입을 평가하는 활동만 남은 것이다. 피드백을 통해 프로토타입에 개선할 점을 찾고 다시 앞 단계로 돌아가는 작업을 반복한다. 그럼 이러한 피드백은 왜 해야 할까?

피드백을 하는 이유는 디자인씽킹 프로젝트 수업 과정 중에 만들어진 프로토타입을 테스트하기 위함이다. 그런 다음 평가된 내용을 바탕으로 수정, 보완해야 할 단계로 돌아간다. '이해하기-공감하기-문제 정의하기-아이디어 내기-프로토타입 만들기-공유하기'의 총 6개의 단계를 살펴보자. 공유하기 단계, 즉 피드백을 통해 다시 돌아가야 할 단계로 돌아간다.

예를 들어 아이디어는 좋은데 프로토타입을 수정해야 한다면 '프로토타입 만들기' 단계로 되돌아가면 된다. 어떤 경우는 문제를 제대로 파악하지 못했을 수도 있다. 이때는 과감히 '문제 정의하기' 단계로 돌아가도록 한다. 다시 말하면 디자인씽킹의 단계를 진행하면 반드시 피드백 과정을 만나게 된다. 마지막 단계에서 최선의 해결책인 최종 결과물로 결정되기 전에는 언제든 앞의 단계로 이동할 수 있는 것이다. 이러한 과정을 얼마나 해야 할까? 만족스러운 결과가 나올 때까지, 문제가 해결될 때까지 무한 반복하는 것이 가장 좋다.

혹시 평가와 피드백을 받아야 한다니 두려운 사람도 있을 것이다. 이제는 그런 마음을 버려야한다. 프로토타입의 중요한 가치는 바로 빨리 실패하기 위함이었기 때문이다. 그럼 '실패!'라고 판단을 내려주는 건 언제일까. 그것은 바로 평가와 피드백에서 일어난다. 프로토타입은 언제든 부서버리거나 구기거나 버릴 수 있어야 한다고 했다. 다시 말하면 언제든 프로토타입의 실패를 받아들이고 수정하거나 바꿀 수 있어야 한다는 뜻이다.

평가하고 피드백을 받을 때 정말 중요한 팁이 하나 있는데 그것은 '마음 상하지 말고 초연해 지는 것'이다. 마치 내가 만든 물건이 아닌 듯한 마음으로 결과를 겸허히 흔쾌히 받아들여야 한다. 그렇게 하지 않게 되면 문제가 생긴다. 일단 마음이 상하게 되며, '네가 뭘 안다고 감히 내 프로토타입을 지적해!'라는 기분이 든다면 디자인씽킹은 물 건너가는 것이다.

IDEO의 창업자 데이비드 켈리는 '디자인씽킹은 창조적인 마음가짐'이라고 말을 했는데 그 이유가 바로 이것이다. 누구나 완벽하지 않다. 완벽할 수도 없고 최종 결과물도 흠결이 하나도 없는 것이 이 세상에는 전혀 없다. 그러나 '누구나 창조적으로 생각할 수 있고, 개선될 여지가 있다!'는 것이 다른 것이다. 결과적으로 실패하고 끝난 것이 아니라 실패를 딛고 한층 더 발전될 수 있다는 것. 이것이 바로 디자인씽킹이기 때문이다.

그렇다면 상대방의 프로토타입에 대해서 평가와 피드백을 해 줄 때는 어떻게 해야 할까? 신랄하고 날카로우며 아플 만큼 정곡을 찔러 쪼개야 한다. 이 대목이 우리나라 학생들과 사람들이 가장 못하는 것이다. 남녀노소 사는 곳과 종교가 달라도 우리나라 모든 사람들은 유교적 배경에서 자라났기 때문에 '체면'과 '예의'를 너무 중요하게 생각한다. 그래서 평가를 할 때에도 되도록 '긍정적인 답변'을 하기 마련이다.

학교 안에 있는 교사들도 마찬가지다. 학교에서 학기말 수행평가나 행동 발달 상황을 평가할 때 되도록 긍정적으로 쓴다. 학부모도 교사도 학생도 그렇게 하는 것이 좋겠다고 생각하기 때문이다. 그러나 디자인씽킹 프로젝트 수업에서 평가와 피드백 단계에서는 그러면 안 된다. 마치 펜싱 선수가 상대편 선수의 심장을 깊게 찌르듯, 투우사가 성난 소의 급소를 찌르듯, 외과 의사가 환부를 예리한 메스로 날카롭게 도려내듯 해야 한다. 그런 비판을 받아들이는 데까지 시간이 걸리고 많이 아프겠지만 그렇게 해야 한다. 한 번, 두 번, 열 번, 백 번 하다보면 비판이 상처로 남지 않고 오히려 꼭 필요한 성장 통이 되는 것이다.

사춘기에 있는 아이들이 2차 성징 시기가 되면 뼈가 급속도로 자라는 데 그때 엄청난 고통이 수반된다. 갑각류나 파충류, 벌레들이 전혀 다른 모습으로 바뀔 때 자신의 허물을 벗고 나올 때도 엄청난 고통이 따른다. 그만한 고통을 이겨내면 다음엔 조금 더 쉬워지고 더 나은 모습 더 진보된 모습을 바뀌는 것이다.

● 피드백의 기법들

그렇다면 피드백의 기법 들은 어떤 것들이 있을까? 직접 물어보기, 설문조사 활용하기 같은 기법을 활용할 수 있다.

(1) 직접 물어보기

'직접 물어보기' 방법은 가장 직접적이고 즉각적인 피드백을 얻을 수 있다. 모든 사람을 물어보고 반응을 체크하면 가장 좋겠지만 현실적으로 어려운 일이다. 그럼 어떤 사람에게 물어봐야 할까? 다양한 환경이나 연령, 성별을 고려해서 선정하는 것이 좋다. 그마저도 여의치 않으면 어떻게 할까? 공감하기 단계에서 했던 내용을 돌아보도록 하자. 우리가 공감하기 단계에서 사용한 기법 중 인터뷰하기가 있었다. 어

(전민혁 /23) 필통의 장점은 많은 필기도구를 담을 수 있고

떤 사용자를 선정해서 인터뷰했을까?

예를 들어 새로운 앱을 하나 개발했다고 하자. 새로운 디자인에 새로운 기능을 탑재한 앱을 사람들에게 사용하게 한다면 어떤 사람에게 물어보는 것이 적합할까? 답을 말하자면 가장 극단적인 사람들에게 물어보는 것이 좋은 답을 얻기에 적합하다. 쉽게 이야기하면 그런 비슷한 앱을 누구보다 빨리 찾아내어 사용하는 그룹과 그 누구보다 관심도 없고 전혀 사용하지 않는 그룹의 사람이다. 그럼 가운데 있는 사람은 왜 적합하지 않을까? 우리가 뻔히 알고 있는, 다시 말하면 누구나 알고 있는 내용을 피드백 할 가능성이 크기 때문이다. 혹시 설문조사를 해 보았는가? 어떤 대답이 크게 의미가 없었나? 아마도 가장 의미 없는 대답은 '보통'이라는 대답이었을 것이다. 주관식 답에서는 '의견 없음'이라고 할 수 있다.

요즘에는 사람들에게 많이 알려져 약간은 식상할지도 모르는 질문을 하나 하겠다. 혹시 '사랑'의 반대말이 무엇인지 아는가? 바로 '무관심'이다. 보통 사랑의 반대는 미움이라고 생각하는 경우가 있다. 하지만 그것은 절대로 아니다. 사랑과 미움은 마치 동전의 양면과 같다. 사랑하는 만큼 어느새 미워할 수 있는 것이다. 오죽하면 우리나라 말에 '애증(愛憎)'이라는 말이 있지 않은가?

한 가지 예를 더 들어보자. 연예인들이 생활하면서 힘든 때가 언제일까. 무슨 잘못을 저질렀을 때 엄청난 욕을 먹고 악성 댓글이 달렸을 때다. 많은 연예인들이 악성 댓글에 시달려서 자살까지 이어지기도 한다. 그럼 그것이 진짜 힘들 때인가? 아니다. 연예인들이 가장 많이 우울증에 시달릴 때는 엄청나게 뜨거웠던 인기가 식어버려 아무도 관심을 가져주지 않을 때이다. 한 인기 개그맨은 방송에서 "악플도 감사할 줄 알아야 돼요. '무플'보다 '악플'이 나아요. 제일 힘든 건 '무플'이에요."라고 말했다.

피드백도 마찬가지다. 차라리 '무플(댓글이 없음)'을 말하거나 그저 그런 대답을 해주는 사람보다는 차라리 독설을 내뱉는 사람을 만나야 한다. 그래야만 미처 발견하지 못한 결함이나 잘못된 점을 찾아내는 것이 수월하기 때문이다. 이러한 피드백을 적극적으로 반영하는 부동산 앱이 있다. 'ㅇ방'이라는 스마트폰 앱인데, 유명 걸그룹 맴버가 광고를 해서 많이 알려졌다.

'ㅇ방'에서는 주로 혼자 거주하는 직장이나 대학생들을 대상으로

〈 '다방' 홈페이지 〉

원룸이나 오피스텔 물건을 많이 중개했다. 많은 수의 물건을 중개하다보니 자연스럽게 데이터베이스가 쌓였다. 방에 대해 소개하는 좋은 정보는 차고 넘친다. 광고 내용만 봐서는 모든 방이 좋을 것만 같지만 실상은 그렇지 않을 때가 많았다. 집주인 들이나 부동산업자들이 많은 거래를 유도하기 위해 허위로 올린 것이 많았기 때문이었다. 그런 현실을 파악한 '다방'은 색다른 전략을 썼다. '방'에 대한 '나쁜 정보'를 정리해서 방을 구하는 고객들에게 제공한 것이다. 신뢰할 수 없는 칭찬 일색의 긍정적인 정보를 쏟아내는 것 보다 솔직한 '나쁜 정보'를 제시하여 고객의 신뢰를 얻는 전략을 사용한 것인데, 그렇다면 왜 고객들은 '나쁜 정보'를 더 신뢰했을까?

사람들은 누구나 자신의 단점을 감추고 꾸미려고 한다. 만약 누군가 자신의 단점을 이야기 한다면 그것은 거의 대부분 진실이다. 왜냐하면 자신의 모습을 꾸미지 않았기 때문이다. 마찬가지로 프로토타입에 대해 피드백을 해주는 사람 중에 부정적이거나 비판적인 입장을 가진 사람들은 나름대로 '솔직한'감정과 '정확한'눈으로 평가해 준다고 해도 과언이 아니다. 그렇기 때문에 부정적인 피드백을 더욱 소중한 정보로 활용해야 하는 것이다.

그런데 만약 평가해주는 사람들이 그저 그런 '긍정적'인 답변이나 보통 사람들이 생각하는 뻔한 답을 한다면 어떻게 할까? 그때는 질문의 방법을 더욱 정교하게 만들어 줘야 한다.

예를 들어 오랜 시간동안 공부해도 허리가 아프지 않는 의자의 모양을 프로토타입으로 만들었다고 하자. 사람들에게 '이 의자 어때요?' 라고 물어봤을 때 대부분은 '참 좋아 보이고 편해 보이네요.'라고 답할 것이다. 그 말만 철석같이 믿고 최종 결과물을 만든다면 열에 아홉은 의자를 제대로 팔아보지 못한 채 망하고 말 것이다. 앞서 말한 바와 같이 우리나라 사람들은 자신이 보기에 그저 그래도 '좋은 것 같다.'라고 대답해 주기 때문이다. 당신은 누군가가 만든 물건을 면전에서 비판할 수 있겠는가? 대부분 그렇게 하지 못한다. 디자인씽킹 프로젝트 수업 에서는 '그냥 좋아 보인다.' 대답하는 사람들에게도 피드백을 얻을 수 있다. 그때는 한 층 더 깊게 물어보는 질문을 하면 된다.

"좋다면 혹시 어떤 점이 좋은지 구체적으로 설명해 주세요."

프로토타입 평가를 해달라길래 그냥 아무생각 없이 좋다고 이야기 했다가는 갑자기 당황하게 될 것이다. 마치 나른한 오후 졸음이 솔솔 오는데 누군가 창문을 확 열어 젖혔더니 찬바람이 들어와 갑자기 졸음이 달아난 느낌과 같다. 그런 질문을 되받은 사람은 다시 한 번 정신을 차리고 프로토타입을 자세히 들여다보게 된다. 그렇게 되면 그 전과는 전혀 다른 정말 도움이 되는 피드백을 해 줄 것이다. 중요한 키 포인트는 한 걸음 더 다가가는 것이다.

(2) 설문조사

피드백을 받을 때 가장 보편적으로 활용하는 것이 '설문조사'다. 설문조사란 구조화 된 문항이 수록된 설문지나 문항을 물어보는 인터뷰를 통해 데이터를 수집하는 연구 방법을 말한다. 다양한 분야에 폭넓게 사용되고 많은 사람에게 익숙하다.

그렇지만 설문조사를 해도 크게 도움이 되지 못할 때가 많다. 이 경우 대부분은 설문조사의 문항이 적절치 않기 때문이다. 단편적인 질문, 예를 들면 '이 물건이 좋아보이나요?'와 같은 질문을 제시했다면 보통은 '좋음'이나 '매우 좋음'에 체크할 가능성이 있다. 상당수는 그마저도 귀찮아서 대충 '매우 좋음'에 주르륵 몇 초 만에 체크한다. 그러면 데이터가 왜곡되거나 의미 있는 데이터를 확보하기 어렵다. 그리고 너무나 많은 양의 문항을 제시할 경우 집중력이 떨어져서 신뢰할 수 없는 설문 결과가 나오기 쉽다. 설문조사의 문항을 만들 때는 최대한 간결하게 만들어야 한다. '직접 물어보기' 방법에서 활용했듯이 '매우 좋음'이면 왜 그런지 어떤 면에서 그렇게 생각하는 지 물어보는 '한 걸음 더 다가가는' 질문을 추가해야 한다.

설문 형식은 매우 좋음부터 매우 나쁨까지 단계를 나눈 리커트 척도를 활용한 정량적인 평가 방법을 보통 실시한다. 때에 따라서는 구체적인 의견을 묻는 정성적인 평가 방법을 활용해도 좋다. 하나 더 활용한다면 설문조사 판을 활용하는 것이다. 설문조사 판의 경우 몇 가지 예시된 선택 안을 제시하고 사람들이 간단히 스티커를 붙이도록 하면 된다. 설문조사 판을 활용하는 경우 '한 걸음 더 다가가기' 전략을 활용하기 어렵다. 그러나 다음의 이야기를 통해 대답을 찾길 바란다.

과거 필자는 집안 사정 때문에 강남에 있는 대학병원에 매일 출근

〈 설문조사 판〉

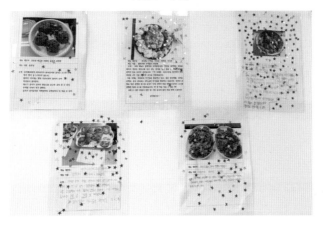

하듯 다녀야 했다. 병원 로비 입구에는 항상 국제 의료관련 NGO단 체 소속 사람들이 서서 설문조사 판을 설치하고 의견을 청취했다. 어 느 날 시간이 조금 남아서 설문조사에 응하게 되었는데, "어떤 분야의 지원이 필요하다고 생각하세요?"라는 질문이 있었다. 설문조사 판에 는 '필수 의약품 지원', '의료인 파견', '의료 시설(병원) 확충', '현지 의 료교육 시스템 구축' 중에서 하나를 선택하게 했다. 별다른 고민 없이 현지 의료교육 시스템 구축에 스티커를 붙이고 돌아서는데 담당자가 붙잡았다.

"의료교육 시스템 구축에 스티커를 붙이셨는데 왜 그게 필요하다고 생각하셨어요?"

그때부터 비로소 뇌세포에 혈액순환이 되는 듯 했다.

171

'가만있어보자, 내가 왜 저기에 붙였지?'

다시 한 번 생각해보니 거기 붙인 이유가 생각났다.

"다른 분야는 지속 가능하지 않으니까요. 현지 의료교육 시스템을 만든다면 추가적인 지원이 없어져도 의료 서비스가 계속될 거라 생각했어요."

담당자는 감사하다고 말했다. 이렇게 설문조사는 1차적인 의견 수렴으로 그치지 말고 한 걸음 더 다가가서 왜 그런 선택을 했는지 알아봐야 한다. 사람이 모두 자신이 똑똑해 보여도 많은 사람을 이길 수는 없는 것이다.

디자인씽킹은 혼자만 할 수 있는 것이 아니다. 오히려 '나보다 더 나은 우리'를 배우는 과정이라고 할 수 있다. 사람을 중심으로 생각하고 다른 사람의 의견을 소중히 경청해야 한다. 더 나아가서 '비판적'이거나 '부정적'인 의견을 더욱 소중히 여겨야 한다. 아주 가끔은 말도 되지 않는 이유로 반대를 위한 반대를 하는 '모태 안티팬'이라면 의견을 무시해도 좋다. 그러나 대부분의 경우는 그 안에 중요한 내용이 담겨있다는 생각을 가져야 한다. 원래 진짜 '보물'은 포장지가 별로일 때가 많기 때문이다.

(3) 관찰하기

물건과 같은 프로토타입의 경우 아무런 질문이나 정보를 제공하지 않은 채 사용하는 모습을 지켜볼 수 있다. '부시맨'이란 영화의 예를 살펴보자. 어느 날 부시맨 앞에 하늘에서 물건 하나가 떨어진다. 바로 빈 콜라병이었다. 우리에게는 너무나 흔하지만 부시맨에게는 평생 살면서 한 번도 보지도 듣지도 못했던 것이다. 부시맨은 콜라병을 활용해서 곡식을 빻기도 하고 악기처럼 후후 불어 소리를 내기도 했다. 콜라병이 보통의 현대 문명을 경험하는 사람들에게는 익숙할 수 있지만 그것을 처음 보는 아프리카 오지의 부족민들에게는 너무나 생소한 물건이었던 것이다.

이처럼 자신이 만든 프로토타입도 마찬가지다. 만드는 의도와 목적을 알고 있고 쓰는 방법도 알고 있기 때문에 너무 익숙하게 느껴질 수 있다. 그것은 크나큰 착각이다. 프로토타입을 경험하지도 보지도 듣지도 못했던 다른 사람들에게는 너무나 낯선 것일 수도 있다. 이때는 오히려 장황한 설명을 하기 보다는 부시맨에게 콜라병이 떨어진 것처럼 프로토타입을 던져 놓는 것이다. 대신 과정을 관찰함으로서 새로운 깨달음이나 아이디어를 발견하도록 한다. 부시맨이 콜라병의 본래 용도인 '콜라를 담는 용기'로 사용한 것이 아니라 곡식을 빻는 도구, 소리를 내는 악기처럼 새로운 용도를 발견하게 하는 것이다. 너무 비약이 심하다고 생각하는가? 또 다른 예를 들겠다.

미네소타 광업제조의 연구팀에 입사한 스펜서 실버는 아주 작은 공모양의 접착제를 개발했다. 이 접착제는 눈에 보이지 않는 작은 아크릴 공들이 접착제 역할을 하는 것이다. 이 미세한 아크릴 공으로 된 접착제는 농도에 따라서 접착력을 조절할 수 있었다. 특징은 여러 번 사용해도 미세한 아크릴 공이 잘 망가지지 않아 재사용이 가능했다. 그 회사의 아트 프라이는 신상품 개발 팀이었는데 새로운 상품을 개발하는 능력이 탁월했다. 그는 스펜서 실버가 개발한 새로운 접착제에 관심을 가졌다. 하지만 그 후 5년 동안 이 접착제는 상품화 되지 못한 채 그냥 회사에서 개발한 여러 종류의 아이디어로만 남았다.

그러던 1973년, 아트프라이는 주일 성가대 노래연습을 위해 찬송가 사이에 끼워 놓았던 책갈피가 떨어져서 난감했다. 책에 탁 달라붙어 떨어지지 않는 책갈피가 있으면 좋겠다고 생각했다. 그 순간 회사에 있는 미세한 공으로 된 접착제가 생각났다. 농도를 아주 옅게 해서 종이 두 장 정도 붙일 수 있으면 좋겠다고 생각했다. 그렇지만 회사에서는 '책갈피 시장'이 너무나 작기 때문에 잘 팔린다고 하더라도 회사에 큰 도움이 되지 않을 것이라 판단했다. 상품화가 되지 못한 채 방치되고 있었다. 하지만 아트 프라이는 포기하지 않았다. 자기가 만든 특별한 책갈피의 시제품(프로토타입)을 만들어 회사 이곳 저곳에 뿌리고 다녔다. 아트프라이의 생각대로 몇몇 사람들은 그 제품을 새로운 책갈피로 사용했다.

하지만 그 제품을 다른 용도로 사용한 사람들이 생겨나기 시작했다. 몇몇 직원들이 동료들과 특별한 접착제로 만든 책갈피를 메모지로 사용하기 시작했던 것이다. 얼마 지나지 않아 회사직원들이 너나 할 것 없이 사용해서 프로토타입으로 만든 제품이 부족할 지경이었다. 새로운 상품성을 찾아낸 아트 프라이는 책갈피가 아닌 간편히 접착할 수 있는 메모지로 개선한 제품을 들고 실험을 하러 나갔다. 아이다 주 보이시 지역에서 도시 전체에 이 특별한 메모지를 무료로 뿌려댔다. 결과는 대박이었다. 이 제품을 사용한 사람들의 거의 대부분이 특별한 메모지를 구입하겠다고 한 것이다.

– 프랭크 파트노이 〈속도의 배신〉_추수밭 발췌 정리

디자인씽킹 프로젝트 수업에서도 이렇게 관찰을 통해서 편견 없이 자연스러운 환경에서 피드백을 받는 것이 중요하다고 할 수 있다. 관찰을 하게 되면 원래 프로토타입의 사용 방법이나 의도와 전혀 다른 피드백을 얻을 수 있게 된다. 오히려 이렇게 얻은 피드백을 통해 프로토타입을 개선한다면 훨씬 좋은 결과를 낼 수도 있기 때문이다.

(3) 되돌아가기

피드백을 마치면 이제 선택의 기로에 놓인다. 혹시 '부루마불'이라는 게임을 아는가? 부루마불의 원리를 돌이켜보면 모두가 각자의 말이 있고 출발 칸에서 시작해서 주사위를 던져 이동하다보면 다시 출발 칸으로 오게 되는 순환구조로 이루어져있다. 매번 쳇바퀴를 도는 구조 속에서 가장 흥미가 넘치는 칸은 바로 '우주 여행'칸이다. 이 '우주 여행' 기회를 얻게 되면 우주 여행을 마치는 즉시 가장 '원하는' 칸으로 이동할 수 있기 때문이다. 상대방의 땅이 가득한 칸들 사이에 자신만의 '영토'를 획득할 수 있고, 돈이 없는 사람에게는 출발 칸으로 돌아가 새로운 종자돈을 얻을 수 있다. 부루마불에서 '우주 여행'칸은 게임의 판세를 뒤집는 기회를 제공해주는 것이다.

디자인씽킹 프로젝트 수업에서도 '우주 여행'칸이 있다. 바로 피드백을 마친 후 '되돌아가는 것'이다. 부루마불에서는 주사위를 던져 운이 좋아야 '우주 여행'을 할 수 있지만 디자인씽킹 프로젝트 수업에서는 그렇지 않다.

항상 '우주여행'을 할 수 있는 기회가 펼쳐져있다. 피드백을 마쳤는가? 이제 어디로 갈 것인지 정해야 한다. 어디로 갈 것인지 정하는 일은 철저히 디자인씽킹을 수행하는 사람들의 권한이다. '이해하기-공감하기-문제 정의하기-아이디어 내기-프로토타입 만들기-공유하기'의 디자인씽킹 부루마불에서 어느 단계로 가야할지 정하면 된다. 프로토타입만을 개선한다면 바로 앞 단계인 프로토타입 단계로 이동한다.

프로토타입을 만드는 아이디어가 이상하거나 적합하지 않았다고 생각하면 아이디어 내기로 이동한다. 문제 상황이 무엇인지 제대로 파악하지 못했다면 문제 정의하기 단계로 돌아간다. 문제 상황이 무엇이다! 라는 판단을 제대로 할 수 없다면 더 앞 단계인 공감하기로 가면 된다. 관련 지식부터 제대로 공부가 안되었다면 이해하기 단계로 넘어가면 된다. 디자인씽킹은 한 번의 과정으로 끝나는 것이 아니다. 언제든 새롭게 '우주 여행'으로 이동할 수 있는 것이다.

그렇다면 '되돌아가기'는 꼭 피드백을 받은 이후에 돌아가야 할까? 절대 아니다. 그것은 엄청난 착각이다. 그럼 언제 돌아가야 할까? 각 단계에서 무엇인가 잘못되었거나 앞 단계로 가야겠다고 생각되는 순간이 바로 '우주 여행' 칸으로 가야하는 시간이다. 디자인씽킹 단계는 사람들의 이해를 돕기 위해 각 단계별로 구분을 했지만 실제로는 마치 한 몸처럼 돌아가는 유기적인 존재이다.

혹시 프리즘으로 햇빛의 스펙트럼을 관찰한 적이 있는가? 프리즘으로 본 빛의 색은 무지개처럼 보이는데 사실 7가지의 색만 있는 것은 아니다. 왜냐하면 각각의 색깔에서 다음 색까지 넘어갈 때 경계가 모호하기 때문이다. 디자인씽킹 프로젝트 수업도 마찬가지다. 디자인씽킹에 익숙해지면 '디자인씽킹'의 단계를 넘나드는 모습을 발견할 수 있다. 그렇기 때문에 '공유하기' 단계에서만 앞 단계로 돌아가야 하는 것은 아니다. 대신 '공유하기' 단계를 통해 앞 단계로 돌아가는 '우주여행' 기회를 공식적으로 마련해 놓은 것에 불과하다. 그러니 '되돌아가기'라는 우주여행의 기회를 모든 단계에서 적극적으로 활용해라. 만족스러운 결과에 한층 더 다가갈 것이다.

(4) 결과물 공유하기

디자인씽킹을 하는 사람들은 다른 사람들이 가지지 못한 것이 있다. 바로 꿈이다. 이루지 못할 꿈이 아니라 이루어 낼 수 있는 꿈이다. 우리가 디자인씽킹을 하는 이유는 사람을 생각하고 사람을 중심으로 사람들의 문제를 해결하기 위해 만들어진 것이라고 했다. 그럼 문제를 해결한다는 것은 무슨 의미가 있는가? 문제를 해결한다는 것은 사람들에게 선한 영향력을 미치는 것이다.

여러분은 학교에서 급식을 먹어본 일이 있는가? 학교에는 매 점심 식사 후 잔반을 버리기 위해 긴 줄을 늘어서는 모습을 어렵지 않게 볼 수 있다. 잔반이 커다란 드럼통 두 개를 가득 채우고서야 점심시간을 마칠 수 있다. 이런 모습을 주목했던 학생들이 있다. 삼성 투모로우 솔루션에 참가한 '목동 잔반 프로젝트'팀이다.

삼성에서 진행하는 '삼성 투모로우 솔루션'은 더 나은 내일을 위한 창의적인 아이디어와 솔루션을 개발하는 공모대회를 열고 있다. '목동 잔반 프로젝트'팀은 양정중학교 학생들을 주축으로 이루어진 팀이다. 학교 점심시간에 버려지는 잔반의 양이 너무 많다는 문제를 발견했다. 왜 그렇게 잔반이 많이 버려질까? 학교 급식이 맛이 없어서 일까? 그냥 겉으로 보여 지는 문제가 아닌 진짜 문제를 발견해야 했다. 학교 급식을 너무 좋아하는 친구 한 명을 선정해 일정기간 관찰했다. 급식 먹는 것을 너무 좋아하는 그 학생도 잔반을 종종 남기는 것을 확인할 수 있었다. 먹는 것을 좋아하는데 왜 급식을 자주 남길까? 그 이유를 찾기 위해 지속적으로 관찰하고 인터뷰를 했다. 그 결과 잔반을 많이 버리는 이유는 그냥 먹기 싫어서가 아님을 알았다. 그럼 어떤 이유 때문이었을까?

급식을 남기는 진짜 이유는 자신이 먹는 양보다 더 많은 배식을 받았기 때문이었다. 왜 배식을 많이 받았을까? 식탐이 많아서일까? 아니다. 배식하는 양을 가늠할 수 없었기 때문이었다. 게다가 배식하는 사람에 따라 '조금'이나 '많이'의 기준이 달라 정확히 측정할 수 없었다. 학생들은 여러 차례 아이디어를 내고 식판을 가지고 프로토타입을 만들어 피드백을 받은 끝에 새로운 식판을 만들었다. 바로 '무지개 식판'이다.

'무지개 식판'은 언뜻 보기에 특별해 보이지 않다. 그러나 자세히 보면 특별한 것을 발견할 수 있다. 식판의 밥과 반찬 국을 받는 부분에 무지개 모양으로 눈금을 그려 넣어 배식 양을 알 수 있게 한 것이다. 마치 계량컵에 눈금이 그려져 있듯이 식판에 무지개 모양의 눈금을 그려 넣었다. 효과가 있었을까? 무려 평소 버려지는 잔반 량이 무려 70%가 감소하는 효과가 있었다. 그 공로를 인정받아 '삼성 투모로우 솔루션' 공모전에서 최우수상을 수상했다.

국내외 수많은 언론에서 무지개 식판을 만든 학생과 지도교사를 취재했다. 이들이 만든 무지개 식판은 거기서 머물지 않고 관공서, 대학교, 공군까지 수천여 곳에 확산되어 버려지는 잔반을 줄이는 데 기여했다. 이러한 문제를 해결한 '삼성 투모로우 솔루션' 사용하는 문제 해결 프로세스가 바로 디자인씽킹이다. 이렇게 자신의 아이디어를 실현시키고 공유하는 것은 중요한 일이다. 세상에 선한 영향력을 미칠수 있다. 그냥 보기에 하찮은 아이디어들도 조금만 시각을 바꾸면 엄청난 임팩트를 줄 수 있다. 그리고 특별한 사람들만 하는 것이 아니라누구나 디자인씽킹을 통해서 할 수 있다.

위의 사례는 특별한 능력이 있는 사람들이 만들어낸 결과물이 아니다. 평범한 사람들이 다른 사람들의 어려움과 필요를 공감했기 때문에 이루어 진 것이다. 세상은 어떤 위대한 사람도 뛰어난 사람도 혼자서는 살아갈 수 없다. 함께 살아가야 하는 것이다. 이 디자인씽킹은 혼자하는 것이 아닌 함께하는 법을 배우는 프로세스이다. '함께'하기에즐겁고 재미있으며 '함께'하기에 더 많은 사람들과 할 수 있는 또 다른 힘이 생기는 것이다. 바로 이것이 디자인씽킹을 배워야 하고 가르쳐야 하는 궁극적인 목적이라고 할 수 있다.

〈 제품 소개서 〉

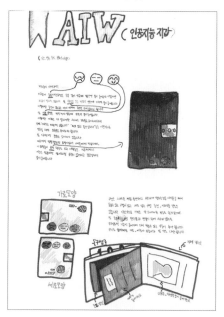

〈 크라우드 펀딩 싸이트_해피빈 〉

'생각하는 방법을 가르쳐야 하는 것이지,
생각한 것을 가르쳐서는 안 된다.'

Cornelius Gurlitt

디자인씽킹과 프로젝트 수업

교과, 학교생활 편

프로젝트 수업 1
: 볼록렌즈로 보는 세상

▲▲

- **활동명**: 볼록렌즈로 보는 세상
- **적정 학년**: 초등 5, 6학년
- **연계 교과**: 과학, 국어, 미술
- **활동 유형**: 팀별 활동
- **소요 시간**: 5~6시간
- **준비물**: 지구본, 볼록렌즈, 각종 프로토타입 도구

디자인씽킹 프로젝트는 주제와 수업 상황에 따라 적용 방법이 다르다. 프로젝트 활동 상황에 따라 앞장에서 소개한 각 단계별 활동 중 적합한 것을 선택하여 수업에 활용할 수 있으며, 어떤 단계 활동을 생략하거나 반대로 활동을 확대하여 활용할 수도 있다.

디자인씽킹 프로젝트 수업의 첫 번째 활동은 '볼록렌즈로 보는 세상'이다. 디자인씽킹은 인간 중심적인 창의적 문제해결 방법이다. 프로젝트 수업에서는 아이들이 인간 중심적 사고와 창의적 문제해결을 경험할 수 있도록 교과 수업에서 배운 이론을 실제 생활과 연계하여 문제 해결, 제품 제작으로 발전시켜 나갈 수 있도록 하였다.

첫 번째 프로젝트 수업인 '볼록렌즈로 보는 세상'은 6학년 과학 수업에서 배운 볼록 렌즈의 성질을 이용하여 누군가에게 도움이 될 수 있는 볼록렌즈 고정 장치를 디자인해 보는 활동이다.

목표

**어떻게 하면 볼록렌즈의 성질을 이용하여
누군가에게 도움이 되는 장치를 만들 수 있을까?**

이 활동에서는 두 팀의 사례를 중점적으로 소개하면서 '볼록렌즈로 보는 세상' 디자인씽킹 프로젝트가 어떠한 흐름으로 진행되었는지를 제시하고자 한다.

●●●●●●●

1단계-이해하기 [교과 지식과 관련된 생활 속 문제 발견]

이 프로젝트는 아이들이 볼록렌즈의 성질을 명확히 아는 것에서부터 출발한다. 아이들은 성인만큼의 지식과 경험이 부족하다. 다시 말해, 아이들이 어떠한 문제에 대한 창의적 문제해결을 하기 위해서는 문제해결에 필요한 지식과 정보를 채우는 과정이 반드시 필요하다는 것이다. 우선, 아이들은 볼록렌즈가 초점거리에 따라 상이 확대되고 뒤집혀 보인다는 것을 실험을 통해 알게 되었다.

> "볼록렌즈로 가까이 있는 물체를 보면 눈과 볼록렌즈 사이의 거리에 따라 물체의 크기가 다르게 보이고, 똑바로 보인다."
> "볼록렌즈로 멀리 있는 물체를 보면 눈과 볼록렌즈 사이의 거리에 따라 물체가 크고 똑바로 보이거나 거꾸로 보이기도 한다."

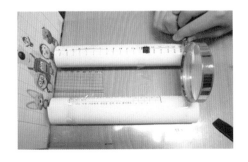

〈 볼록렌즈 거리에 따라 물체의
확대되는 정도를 확인하는 모습 〉

그리고 볼록렌즈를 이용해서 물체가 가장 잘 보이는 거리를 직접 재보는 활동을 진행해보았다.

아이들과 실험을 통해 알게 된 볼록렌즈의 성질 외에도 다양한 종류의 렌즈 성질과 일상 생활에서 렌즈의 활용 사례 등에 대해 자유롭게 이야기 해볼 수 있도록 하였다. 이러한 과정은 팀원들과 자신이 알고 있는 지식과 정보를 나누고 배우면서 프로젝트 활동에 필요한 내용을 채워나가는 시간이 된다. 필요한 경우 함께 검색을 하거나 관련 도서를 찾아보아도 좋다.

'볼록렌즈로 보는 세상'이라는 디자인씽킹 프로젝트 수업 주제는 "우리가 배운 렌즈의 성질을 저시력 장애인, 노인, 일반인들에게 도움을 줄 수 있도록 어떻게 활용할 수 있을까?"라는 물음에서 시작하여 한 아이가 제시한 의견이었다.

"할머니 할아버지가 쓰시는 돋보기도 좋지만 우리도 글씨를 크게 봐야하는 경우가 많아요. 이번에는 우리에게 도움이 되는 볼록렌즈 고정 장치를 만들면 어떨까요?"

이 프로젝트를 계획할 때는 '저시력 장애 학생'과 '노인'들을 위한 렌즈 활용을 염두에 두었다. 그러나 수업의 흐름에 따라 프로젝트 주제는 얼마든지 달라질 수 있다. 중요한 것은 아이들이 흥미 있게 꾸준히 프로젝트를 진행해 나갈 수 있는 주제를 선정하는 것이다. 자신들의 문제를 제시하고, 이를 들은 학생들도 저마다 지구본, 사회과 부도 등을 활용하면서 작은 글씨로 인해 불편했던 경험을 나누면서 자연스럽게 문제에 대한 공감이 이루어졌다.

프로젝트 수업에서 주제는 프로젝트의 시작에서 마무리까지 학생들이 흥미와 관심을 지속할 수 있어야 한다. 더욱이 사용자 중심이라는 가치를 가진 디자인씽킹 수업에서 학생들 스스로의 문제 상황을 제시하고 이를 학생 중심의 프로젝트로 이어가기 위해서는 선생님이 제시하는 주제와 의도보다는 아이들 스스로 일상의 문제점을 찾고 프로젝트의 주제로 연결 지을 수 있도록 하는 것이 중요하다. 이렇게 아이들과 함께 '지구본의 작은 글씨를 확대해서 볼 수 있는 고정 장치 제작'을 주제로 정하고 세계를 담은 지구본의 의미를 담아 '볼록렌즈로 보는 세상'으로 이름을 지었다.

다음으로는 세컨더리 리서치(2차)를 통해 렌즈를 활용하고 있는 제품들을 조사하였다. 주로 인터넷 검색을 통해 이루어졌는데 박물관에서 작은 글씨를 확대해주는 확대경, 높이 조절이 가능한 대형 확대경 등을 찾을 수 있었다. 이 과정에서 우리의 프로젝트가 렌즈 고정 장치 발명이 아니며 협업을 통해 문제를 해결해가는 과정이므로 기존에 나와 있는 제품을 그대로 베끼는 정도가 아니라면 기존 제품을 변형하는 것도 허용하였다.

그림을 그리며 디자인을 설명하는 팀이 있는가 하면 서로의 의견을 주거니 받거니 하며 방향을 잡는 팀, 끊임없이 질문을 던지는 팀 등 적극적으로 참여하며, 프로젝트 주제에 따른 가닥을 조금씩 잡아가는 모습을 볼 수 있었다.

2단계-공감하기 (경청하고 공감하라)

프로젝트 방향을 잡은 아이들은 인터뷰를 통해 볼록렌즈 고정 장치를 활용할 사람들의 요구사항을 파악하였다. 인터뷰는 이해하기 단계에서 실시한 사전 조사 내용을 바탕으로 지구본을 실제 과학 수업에서 활용하고 있는 6학년을 대상으로 하였다.

먼저, 인터뷰 진행에 앞서 인터뷰 방법에 대해 관련 책자를 찾아보고, 질문을 구성하였다. 인터뷰 시 역할 나누기와 준비물을 챙기기도 하였다. 이러한 과정에서 아이들이 부딪히는 문제 상황이나 의문 사항 예를 들면, 녹음 분량, 인터뷰 대상 수, 인터뷰 예절 등에 대한 의견을 주는 조력자의 역할이 반드시 필요하다.

인터뷰 활동을 마친 후에는 꼭 사용자들의 다양한 요구 사항과 아이디어를 정리할 수 있도록 한다. 수집된 내용을 각 팀의 문제 해결에 필요한 정보로 바꿀 수 있도록 인터뷰 내용의 분석 과정이 필요하다. 이러한 요구 사항은 한 문장으로 형태로 정리할 수 있도록 하였다. 아래 내용은 6학년 아이들을 위한 지구본 볼록렌즈 고정 장치에 대한 니즈를 정리한 것이다.

- 지구본에서 나라나 도시를 찾을 때 글씨가 잘 안 보인다.
- 고정 장치이지만 볼록렌즈가 위아래로 움직일 수 있어야 한다.

189

- 필요한 사람이 손쉽게 사용할 수 있으면 좋겠다.

- 여러 반이 함께 사용하므로 떨어지지 않게 단단하게 고정하면 좋겠다.

3단계-문제 정의하기 (우리가 무엇을 할 것인가?)

아이들은 '관련 지식 이해' 단계에서 과학 시간에 배운 볼록렌즈의 성질과 실험 및 토의로 나온 과학적 내용들을 공유했다. 그 중에서도 지구본을 활용하면서 작은 글씨로 인해 불편했던 경험을 공감하여, 자신들을 위한 볼록렌즈 고정 장치를 제작하고자 하였다.

'공감' 단계에서는 6학년 아이들을 대상으로 인터뷰를 실시하였으며, 이를 바탕으로 '문제 정의하기' 단계에서는 팀에서 해결할 문제

〈 인터뷰한 내용을 분석하여 사용자의 요구사항을 파악하는 모습 〉

를 명확히 정할 수 있었다. 또한 '문제 정의하기' 단계에서는 질문을 통해 팀에서 해결해야 할 진짜 문제가 무엇인지 결정하고, 이 과정을 HMW(How Might We)의 형태로 정리해 나갈 수 있다.

- '어떻게 하면 볼록렌즈가 위아래로 움직일 수 있을까?'
- '어떻게 하면 모두가 쉽게 사용할 수 있을까?'
- '어떻게 하면 단단한 고정 장치를 만들 수 있을까?'

자신들이 해결해야 할 문제를 정의한 후 문제 해결을 위한 아이디어를 생성하는 과정은 자연스럽게 이어져 나갔다.

4단계-아이디어 생성하기 (부담 없이 아이디어 펼치기)

어떠한 형태의 볼록렌즈 고정 장치가 아이들에게 유용하게 쓰일 수 있을지, 문제 정의 단계에서 발견한 문제의 핵심 요소를 기반으로 브레인라이팅을 통해 아이디어를 제시할 수 있도록 하였다. '브레인라이팅'은 브레인스토밍보다 글로 자신의 아이디어를 발산하는 방식이므로 의견 표현에 소극적인 아이들이 아이디어를 제안하가에 좋은 방안이다.

① 팀원들이 한 장씩 종이를 가진 후 상단에 아이디어가 필요한 주제를 적는다.

② 처음 3가지 아이디어를 5분 동안 작성한다. 포스트잇을 사용해도 무방하다.

③ 3개의 아이디어를 작성한 종이를 시계 방향으로 넘기고 받은 종이에 5분 동안 4가지 아이디어를 적는다. 모든 종이가 작성될 때 까지 반복한다.

브레인라이팅으로 도출된 다양한 아이디어는 '현실적으로 실현 가능한가?', '인터뷰한 고객의 요구사항을 반영하였는가?' 등의 질문을 통해 한 단계 더 발전시켜 나갈 수 있다. 그리고 이러한 아이디어가 '실제로 사람들이 원하고 필요한 가치를 줄 수 있는가?'에 대해서도 한번쯤 고민해보는 과정으로 연결시켰다. 도출한 많은 아이디어 중에서 최종으로 제작할 아이디어를 선정하는 과정에서는 자연스럽게 그림을 그리면서 자신들이 아이디어를 보다 구체적으로 보여주는 모습을 살펴볼 수 있었다.

그림을 통해 최종 아이디어에 의견을 모은 학생들은 실제 지구본을 놓고 자신들의 아이디어를 실행해 옮기기 위해 분주하게 움직였다.

〈 아이디어 수렴 결과 탄생한 지구본 볼록렌즈 고정 장치 〉

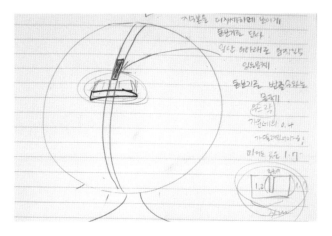

5단계-프로토타입 (모형을 보여주기)

'볼록렌즈로 보는 세상' 프로젝트 수업의 1차 프로토타입은 앞서 아이
디어 생성 과정에서 선정한 최종 아이디어 그림이다. 다양한 형태의 프
로토타입 중에서 그림은 디자인씽킹 프로젝트 활동에서 학생들이 가장
선호하는 방법이다. 프로토타입 본연의 의미 그대로 자신의 아이디어
를 효율적으로 전달하기 위해 학생들은 그림을 가장 많이 사용한다.

　1차 프로토타입 즉, 그림을 두고 팀원들 간의 피드백을 주고받았다.
여기서 가장 중요한 점은 인터뷰한 '사용자가 원했던 것들을 잘 반영
하고 있는가?'로 팀원들과 이점에 대해 다시 한 번 논의한 후 2차 프

〈 실제 지구본을 보면서 프로토타입을 발전시켜 나가는 모습 〉

로토타입을 제작을 위해 지구본과 렌즈를 들었다.

이렇듯 볼록렌즈 고정 장치의 초기 형태가 어느 정도 정해진 후 볼록 렌즈를 부착하여 아이디어를 덧붙여 나갔다. 팀별로 집게 클립, 샤프의 집게 부분, 종이, 수학 교구 중 하나인 4D프레임을 사용하여 볼록렌즈 고정 장치 2차 프로토타입을 제작하였다. 이렇게 주변에서 볼수 있는 간단한 재료를 이용하여 자신들의 아이디어를 빠르게 보여주고 이것에 대해 의견을 주고받으면서 아이디어는 한 차원 더 발전할수 있다.

최종 프로토타입은 생각보다 간단한 모습이었다. 골판지와 돋보기를 이용하여 위 아래로 움직이는 지구본 볼록렌즈 고정 장치를 완성시켰다. 그러나 2차 프로토타입을 통해 종이로 지구본 대 홈의 너비를 정확하게 측정한 것, 돋보기의 무게를 감안하여 이를 지탱해줄 수 있는 골판지를 이용한 점, 샤프의 몸통에서 가져온 집게를 이용해 골판지 위에 놓인 돋보기를 위 아래로 자유롭게 움직이게 한 점은 학생들의 아이디어가 하나씩 추가되고 발전하였다는 것을 여실히 보여주었다.

또 하나 재미있었던 점은 렌즈의 무게를 이기면서 위 아래로 움직일 수 있는 볼록렌즈 고정 장치를 제작하는 것은 쉽지 않다는 것을 판단하고 지구본 볼록렌즈 고정 장치라는 주제를 버리고, 볼록렌즈 고정 장치에 초점을 두어 프로토타입을 완성하였다는 것이다.

스탠드와 4D프레임을 빌딩 형태로 쌓아서 볼록렌즈를 높이별로 꽂을 수 있도록 제작한 것이다. 이름하야 높이 조절 볼록렌즈 고정 장치. 이런 경우는 문제를 해결하거나 개선하지 않고 다른 문제를 우선적으로 해결했다고 볼 수 있다.

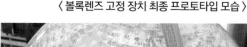

〈 볼록렌즈 고정 장치 최종 프로토타입 모습 〉

< 볼록렌즈의 무게를 감안하여 제작한 높이 조절 볼록렌즈 고정 장치 >

그러나 이 팀의 활동 또한 분명 의미가 있다고 여겨진다. 왜냐하면, 디자인씽킹에서 추구하는 누군가에게 도움이 되는 가치 있는 문제해결이라는 측면과 디자인씽킹은 결과가 아닌 과정이라는 점을 충족시켰기 때문이다.

6단계-공유하기 [편안하게 설명하고 조언을 남겨라]

'볼록렌즈로 보는 세상' 프로젝트는 과학시간에 배운 볼록렌즈의 성질을 이용하여 자신들이 평소에 겪은 불편함(지구본의 작은 글씨)을 개선하고자 직접 뛰어든 사례이다.

완성된 최종 프로토타입을 아이들은 각자 활동한 자리에서 자연스럽게 설명하고 피드백을 주고받았다. 아이들에게 있어 발표는 여러 사람들 앞에 서서 자신의 작품을 들고 설명하는 다소 떨리는 자리이다. 디자인씽킹 프로젝트 수업에서는 활동의 주 공감이었던 자리에서 프로로타입을 제작했던 흔적을 그대로 두고 자신들의 프로토타입을 설명할 수 있노록 유도하였다. 그리고 발표자를 한 명이 아닌 팀의 구성원 모두가 설명에 참여하도록 하였다. 다른 팀 아이들은 포스트잇을 한 장씩을 나눠주고 프로토타입 발표를 들으면서 궁금한 점, 좋은 점, 개선할 점 등 다양한 의견을 메모하여 그 팀의 책상에 붙여주었다. 피드백을 참고할 수 있도록 한 것이었는데 여러 친구들에게 포스트잇 피드백을 받은 아이가 기뻐하면 자신들의 프로토타입에 자부심을 느끼는 모습이 제법 인상적이었다.

아이들은 '볼록렌즈로 보는 세상' 프로젝트에서 사용자를 만나고 그들의 요구사항을 듣고 그것을 해결하고자 하는 모습을 프로젝트의 전 과정에서 보여주었다. 프로젝트에 참여한 아이들은 진정으로 사람들이 원하는 것을 발견하고 그들의 관점에서 해결해나가는 과정에서 즐거움과 보람을 느끼고 있었다.

프로젝트 수업 2
: 세계여행 패키지 상품 개발 프로젝트

- **활동명**: 세계여행 패키지 상품 개발 프로젝트
- **적정 학년**: 6학년
- **연계 교과**: 사회, 국어, 창체
- **활동 유형**: 팀별 활동
- **소요 시간**: 9시간
- **준비물**: 컴퓨터(핸드폰), 네임펜, 포스트잇, 4절 도화지, 연필
- **기타 주의사항**: 사회 교과 수업 속에 융합시켜서 프로젝트를 진행 하는 것이 운영 시간 면에서 효율적이다.

디자인씽킹은 산업 분야에서 많이 활용되고 있는 새로운 사고의 방법이라는 것은 앞서 이론 분야에서 다루었다. 트렌드를 선도하는 기업은 디자인적 사고로 사용자의 니즈를 분석하고 문제해결을 위한 다

양한 아이디어의 제시 및 협업을 이룬다. 그리고 새로운 제품을 개발하는 과정을 통해 창조적 자신감과 인간중심의 혁신으로 기존 시장을 새롭게 개척할 수 있다. 바로 이러한 기업가처럼 되어보기를 이번 디자인씽킹 프로젝트 수업을 통해 경험해 보고자 한다. 바로 여행업체 직원이 되어 디자인적 사고를 적용하여 새로운 상품을 만들어내는 일명 '세계 여행 패키지 개발' 사례이다.

6학년 2학기 사회 수업에는 세계 여러 나라의 자연환경과 문화에 대해 알아보는 단원이 있다. 교과서에 제시된 여러 나라의 자연환경과 인문환경을 교과서와 선생님의 설명을 통해 아이들 머릿속으로 입력시키면 많은 아이들이 멍한 표정으로 듣기만 하는 경우가 많다. 바로 자신들의 생활에 와 닿지도 않고 가만히 앉아만 관련 지식을 쑤셔 넣어야하는 수동적인 수업이기 때문이다.

두 번째 프로젝트 수업인 '세계 여행 패키지 상품 개발 프로젝트'는 아이들이 스스로 수업의 주체가 되어 디자인씽킹의 문제해결 방법으로 교과 내용을 학습하고 미래의 직업인으로서의 경험도 할 수 있도록 프로젝트를 구성하였다. 사회 교과와 국어 교과 및 창체와도 연계하여 새롭게 수업안을 계획하였다.

1단계-이해하기 [세계여행, 어디까지 가봤니?]

'세계여행 패키지 상품 개발 프로젝트'를 시작하기 전 여행 관련 TV 프로그램을 아이들에게 보여주었다. 대부분의 아이들의 반응은 '나도 가고 싶어요', '가족들과 가본 곳이에요', '재미있을 것 같아요'였다. 그 중에 색다른 반응은 '작년 여름에 가족들과 함께 패키지 여행을 갔는데, 너무 일찍 일어나고 버스를 타고 다녀야해서 힘들었어요', '계속 걷기만 하는 장소로 가서 힘들었어요' 등이었다.

선생님은 '만약 너희들이 여행을 가게 된다면 어떤 여행을 하고 싶니?' 라는 질문을 던진다.
"맛있는 것만 찾아다니는 먹방 여행이요!"
"신나게 놀 수 있는 곳으로 가고 싶어요!"
"친구들과 함께 할 수 있는 여행이요."

선생님은 여행사에서 고객의 생각을 반영하여 여행상품을 기획하고 개발한다는 것을 알려주며 우리도 바로 여행상품 개발자가 되어보는 '세계여행 패키지 상품 개발 프로젝트' 수업의 동기를 유발시킬 수 있다.
새로운 상품을 개발하기 위해서는 여행지에 대한 정보를 잘 알고 있어야함을 이해하고 사회 교과 2학기 3단원 세계 여러 지역의 자연

200

과 문화 단원에 들어간다. 먼저 5대륙 6대양의 기본적인 내용을 학습한 후 각 대륙별로 떠나고 싶은 여행지를 선정할 수 있다. 그런 다음 여행지별로 자유롭게 팀을 구성하면 좋다.

이미 여러 번의 디자인씽킹 프로젝트를 수행한 아이들은 자연스럽게 팀을 구성할 것이다. 디자인씽킹 프로젝트 수업에 있어서의 협업은 핵심요소이다. 한 명의 뛰어난 인재가 프로젝트를 완수하는 것이 아니라 팀원 각각의 시각과 색깔로 주어신 과제를 다각도로 살펴보고 함께 문제를 해결하는 과정이 바로 디자인씽킹 프로젝트 수업의 핵심임을 명심해야 한다.

팀이 구성된 직후 선생님은 '세계 여행 패키지 프로젝트'에서의 목표를 어떻게 설정할지에 대해 질문을 던진다.
"테마가 있는 여행이요"
"한 나라만 집중 공략하는 여행 상품이요"
"대상 맞춤형 여행상품이요"

다양한 논의 끝에 우리 반의 세계 여행 패키지 개발 프로젝트의 목표는 다음과 같이 결정될 수 있다.

목표

고객 만족 여행상품 개발

프로젝트의 출발점 목표에 따라 여행 패키지에 필수적으로 들어가야 할 최소한의 기본 사항(여행지에 대한 기본 정보, 자연 환경, 문화 등)과 패키지 개발 프로젝트 발표 시한, 팀원들의 역할 등 기본적인 방침을 안내해주어야 한다.

팀의 리더 역할을 맡은 친구를 중심으로 팀 프로젝트 수행에 있어서의 기본적인 규칙을 서로 논의한다. 그리고 팀 내에서의 각자의 역할을 조율할 수 있도록 안내한다. 이 과정이 순탄하게 흘러가는 팀도 있고 서로 멀뚱하게 리더만 바라보는 팀도 있을 것이다. 선생님은 상

〈 학생들이 작성한 프로젝트 수행 개요 〉

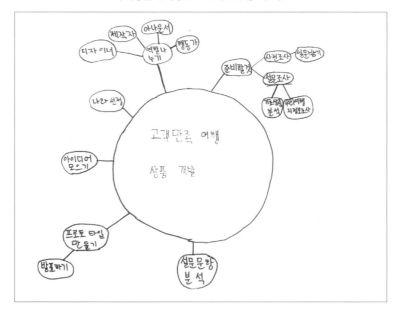

황에 따라 적절하게 개입할 수 있으나 팀원들 간의 역동 역시 중요한 협업의 과정이므로 스스로 해결하도록 두는 것도 바람직하다.

프로젝트 수행에 있어서의 준비할 것과 궁금한 부분 등 프로젝트 수행 전반에 걸친 여러 생각들을 아래와 같이 마인드맵으로 정리한다.

그리고 세컨더리 리서치를 통해 시중에 나와 있는 기존 패키지여행 상품들을 조사한다. 리서치는 주로 컴퓨터실에서 인터넷 검색을 통해 이루어질 수 있나. 대부분의 여행 패키지는 나라별 유명 유적지를 중심으로 여러 옵션과 특전으로 이루어지거나 최종 금액이 표시되어 있다. 여러 여행사의 여행상품을 찾아보는 간접 체험을 통해서 패키지 상품에 대한 이해도를 높일 수 있다. 또한 여행사별로 패키지 상품들이 비슷한 걸 발견하고, 우리 팀만의 여행패키지를 만들고자 하는 의욕이 생기는 모습도 볼 수 있다.

2단계-공감하기 (조사하고, 경험하고, 분석하라)

프로젝트의 1차 목표를 설정한 팀원들은 여행상품의 고객(taget user) 선정에 대한 협의를 시작하였다. 자신들과 같은 6학년 학생을 대상으로 하는 팀, 가족을 대상으로 선정한 팀, 엄마를 대상으로 하는 팀, 아빠를 대상으로 하는 팀 등 다양한 고개층(taget user)을 선정하였다.

〈 설문지 문항 작성 토의 중 〉

고객층을 선정한 후 고객의 요구사항을 파악하기 위한 계획을 세운다. 바로 디자인씽킹 프로젝트 수업의 2번째 단계 공감하기 단계이다. 그리고 고객의 요구사항을 파악하기 위해 '설문조사'와 '인터뷰조사'를 병행하였다. '설문조사'는 각 팀에서 선정한 고객층에 따라 문항 내용이 조금씩 달라질 수 있다.

설문조사가 끝난 후 설문 내용만으로 충분한 정보를 얻지 못한 팀들은 자세한 정보를 얻기 위한 인터뷰를 실시한다. 인터뷰 전에 고려할 사항을 몇 가지 정리해보자.

- 열린 질문의 형태로 질문한다.
- 공감의 표현을 사용한다.
- 인터뷰 예절을 지킨다.
- 인터뷰 대상 수를 사전에 결정한다.

가능하면 '내가 만약 엄마라면, 아빠라면 어떤 여행을 원할지'에 대해 가상 경험을 해 보게도 할 수 있다. 부모님과 함께한 여행을 떠올려 당시의 상황을 시나리오로 작성한 후 팀원과 함께 역할극을 수행하며 엄마, 아빠가 되는 경험을 통해 필요한 정보를 얻는 것도 좋다. 이 활동은 엄마나 아빠가 고객층인 팀이 인터뷰 활동을 하기 전에 미리 경험해보면 보다 양질의 인터뷰 문항을 작성하는 데 도움이 될 것이다.

인터뷰 활동까지 끝난 후 반드시 팀원들은 세컨더리 리서치와 설문조사, 역할극을 통한 경험하기, 인터뷰 내용을 통해 알게 된 고객층의 다양한 요구사항을 분석하고 해석 및 정리 공유해야 한다. 같은 설문대상 및 인터뷰 대상이라도 해석하는 과정에서 각자의 시각에서 바라보기 때문에 새로운 발견점이 나올 수 있다. 색깔이 다른 포스트잇을 활용하여 분류하여 보자.

아래 예시 내용은 6학년 학생을 위한 여행패키지의 고객 니즈를 정리한 것이다.

- 맛있는 것을 많이 먹고 싶다.
- 여행 비용이 너무 비싸지 않아야 한다.
- 친구들과 함께 여행하고 싶다.
- 부모님을 위한 멋진 기념품을 사고 싶다.
- 맨유의 경기를 관람하고 싶다.
- 유명한 문화 유적지를 보고 싶다.

3단계-문제 정의하기 (우리 팀만의 고객을 설정하라)

이해하기 단계와 공감하기 단계에서 얻은 기본적인 고객의 정보를 바탕으로 팀원들은 가상의 고객(페르소나)을 설정한다. 인터뷰 조사와 설문조사 내용을 정리를 통해 고객의 특성을 도출하여 집중적으로 패키지 고객의 니즈를 발견할 수 있다.

잘 만들어진 페르소나는 앞으로의 프로젝트 진행과정이 원활하게 이루어지는 촉진제가 된다. 팀원들은 다시 한 번 수집한 자료의 해석 및 분석, 페르소나의 공유를 통해 해결해야 할 문제를 재정의 하였다. 이 과정은 HMW 접근법을 사용한다.

〈 고객의 니즈를 발견하기 위한 페르소나 활동 〉

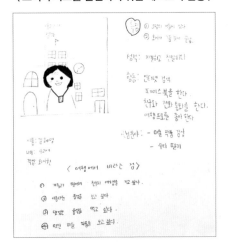

HMW질문이 완성되면 우선순위를 매겨 어떤 부분에 집중할 것인지를 서론 논의해 보는 것도 좋다. 해결해야 할 진짜 문제를 파악했다면 이를 활용하여 해결책을 찾기 위한 아이디어 도출 단계로 넘어간다.

> ✎ 6학년 학생을 위한 맞춤형 여행 프로젝트 팀
>
> ① 우리가 어떻게 하면 최소의 비용으로 여행만족도를 높일 수 있을까?
> ② 우리가 어떻게 하면 효율적인 일정을 만들 수 있을까?
> ③ 우리가 어떻게 하면 재미도 있고 배움도 있는 여행이 될 수 있을까?

4단계-아이디어 생성하기 [생각의 디딤돌 전략을 사용하라]

이 단계에서 프로젝트팀이 해결해야 할 문제에 대한 아이디에이션 활동을 통해 가능한 한 많은 아이디어를 찾고 아이디어를 선별하여 다듬는 과정을 진행하였다.

자유롭게 의견의 교환이 이루어질 수 있는 분위기를 조성하고 아이디어를 비판하지 않는다는 원칙을 함께 만들었으나 여전히 다른 사람 앞에서 말하기를 부끄러워하는 아이들, 발언권을 독점적으로 행사하는 아이들, 아직도 자신의 의견이 비난 받을 것을 두려워해 발언하기를 부담스러워하는 아이들이 있다. 따라서 이번 프로젝트 팀에서는 아이디어를 생성하기 위해 가장 많이 사용하는 브레인스토밍 대신 브레인 라이팅 방법으로 아이디어를 도출하여 보았다.

브레인 라이팅 기법은 조용히 해결해야 할 문제에 집중하여 아이디어를 도출하는 과정에서 각자 깊이 생각하고 고민하는 시간을 가질 수 있도록 하는데 중점을 둔다. 그러나 역시 아이들에게 침묵을 요구하는 것은 어려운 일이다. 또 다른 아이디어 생성 방법으로 생각의 디딤돌(간단한 랜덤워드)을 활용할 수 있다.

> ✎ 브레인 라이팅 기법(6.3.5)
> -
> ① 4-6명의 참여자가 워크시트를 각각 1장씩 받은 후 아이디어가 필요한 문제를 적는다.
> ② 문제와 관련하여 생각나는 아이디어를 각자 3개씩 5분 동안 적는다.
> ③ 작성한 워크시트를 옆 사람에게 넘기고 자신이 전달받은 워크시트의 아이디어를 발전시켜 쓰거나 다른 아이디어를 추가로 작성한다.
> ④ 같은 방법으로 3개 이상의 아이디어를 5분 동안 적고 돌리는 과정을 4-6회 반복한다.

(1) 디딤돌 전략

임의로 하나의 단어를 작성한 후 연상되는 단어와 해결해야할 주제를 강제로 연관시켜 아이디어를 내는 전략

✎ 생각의 디딤돌 전략

① 생각의 피자판 한 가운데에 중심 단어를 선택하여 부착한다.

② 중심 단어로부터 연상되는 단어를 8개 작성한다.

③ 한 가운데에 있는 중심 단어를 제거한 후 해결해야할 주제를 붙인 다음 8개의 디딤돌 단어와 강제 결합시켜 본래의 질문에 대한 아이디어를 작성한다.

④ 아이디어를 도출하는데 도움을 준 디딤돌 단어를 제거한다.

⑤ 도출된 아이디어를 분류하여 정리한다.

브레인 라이팅과 생각의 디딤돌 전략을 통해 충분히 아이디어를 도출하고 비슷한 아이디어는 그룹핑을 통해 분류한다. 분류한 아이디어의 우선순위를 정한 후 다듬는 과정을 거치고 아이디어를 2-3개 선정한다. 선정된 아이디어를 비주얼씽킹이나 인포그래픽 등을 활용하여 시각화 할 수 있다.

최종 아이디어 선정을 위해 몇 가지 고려사항을 팀원끼리 논의하였다. '팀의 여행 패키지가 실현 가능성이 있는지', '팀의 여행 패키지에 고객의 니즈가 충분히 반영되었는지'를 점검하여 최종 아이디어를 선정한다. 최종 아이디어는 콘셉트 자료로 제작되었다.

(※아이디어 콘셉트 자료 제작에 대한 내용은 2장 디자인씽킹 이론편 참고)

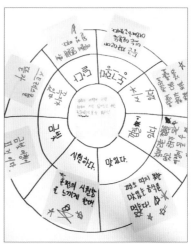

〈 브레인 라이팅 워크시트 〉	〈 생각의 디딤돌 전략 〉

〈 6학년 낱말학습을 위한 말하기 놀이 〉

아이디어 1	아이디어 2
PC 방가기	영국 빅벤 보러가
빅벤앞에서 셀카 찍기	기념품 사기

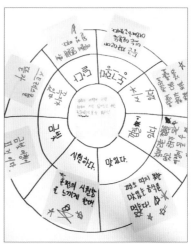

● ● ● ● ● ◆ ●

5단계-프로토타입 만들기 [제작하고 다시 제작하고]

프로토타입에서는 아이디어 생성 과정에서 선정된 최종 아이디어를 역할극 형태로 표현하게 하였다. 팀별 프로젝트에 몰두해 있는 팀원들은 자신들의 아이디어에 몰입되어 있어 아이디어의 문제점이나 다른 관점을 놓칠 수 있다. 이 과정을 통해 프로토타입의 수정 및 보완이 이루어져 보다 발전된 프로토타입을 만들 수 있다.

1차 프로토타입은 아이디어 기획 과정에서 만든 비주얼씽킹의 스토리보드를 팀의 아나운서가 여행사의 상품 개발자 역할로 다른 팀으

〈 6학년 학생을 위한 1석2조 꿀잼 영국 여행패키지 〉

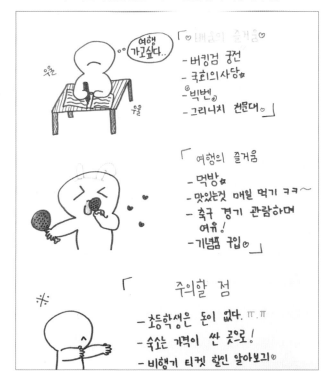

로 이동 후 발표하고, 다른 팀의 피드백을 받아서 보완하는 과정으로 진행된다. 상품 발표 후 각자의 팀으로 되돌아가 다른 팀에서 받은 피드백을 정리하는 과정을 거치고, 다시 한 번 문제 정의하기 단계에서 작성한 해결해야 할 문제를 살펴본다. 팀에서 해결해야 할 과제를 놓치지 않았는지도 고려대상이다.

이렇게 1차 프로토타입의 평가가 끝난 후 팀원들은 각자 필요한 보완 자료 수집을 위한 일정을 계획하고 2차 프로토타입을 제작할 수 있다. 2차 프로토타입은 PPT로 제작하여 반 전체를 대상으로 평가를 받을 수 있도록 하는 것도 좋다.

〈 1차 프로토타입: 스토리 보드 〉

6단계-공유하기 (우리만의 여행 상품을 공유하자)

프로토타입을 여행사 상품 개발자라는 역할로 설정하여 PT를 진행하는 과정은 흥미진진하였다. 실제 자신이 상품 개발자가 된 듯 자신들의 여행 패키지를 상품을 설명하고 홍보하는데 열중하였고, PT를 보는 아이들 역시 상품을 구매하고자 하는 고객 혹은 여행사 직원이 된 듯이 진지한 모습을 보였다. 날카롭게 상품의 문제점을 지적하거나 때로는 정말 가보고 싶은 여행이라는 반응을 내놓기도 했다.

"여행 경비가 3,000만원이 넘어가는데 너무 비싼 건 아닌가요?"

"하루만에 도쿄에서 ○○○을 먹고, 오키나와에서 ○○○을 먹고, 하우스텐보스에서 ○○○을 먹는 것이 가능한가요?

"여행에서 재미도 있고, 배움도 있어야 하는데, 너무 먹는데 만 집중한 건 아닌가요?"

"여행 일정이 잘 짜여 있는데, 비용이 너무 비싸요. 좀 더 가격을 싸게 만들 수는 없나요?

이 과정에서 한 팀은 발표할 프로토타입을 준비하지 못해 한참을 가만히 있기만 하였다. 각자가 서로에게 미루다 결국 만들지 못한 것이다. 다른 팀의 프로토타입을 피드백하면서 교사는 아무런 꾸중이나

〈 프로토타입 발표하는 모습 〉

힐난을 하지 않았다. 아이들 스스로 얼굴이 붉어지면서 다음 시간에 프로토타입을 만들어서 꼭 발표하겠다는 다짐을 하였다. 이 약속은 아주 훌륭한 프로토타입으로 보여주었다. 이 과정 역시 협업의 중요성과 소통의 과정을 배울 수 있는 교육의 장으로 활용될 수 있다. 배움은 이렇게 자발적으로 일어나는 것이다.

발표자가 여행 상품을 소개하는 동안 다른 팀원들은 친구들의 피드백을 정리한다. 각 팀의 프로토타입의 발표가 끝난 후 팀에서는 정리한 피드백을 가지고 3차 프로토타입을 계획하고, 제작하는 시간을 가진다. 이 과정을 거친 최종 여행 상품 프로토타입을 여행 박람회 개최를 통해 다른 학급 친구들과 공유하였다.

추가 활동으로 여행패키지 선택 스티커 보드판을 만들어 여행 박람회 방문 후 친구들이 가장 떠나고 싶은 여행지를 스티커를 통해 선택할 수 있는 이벤트도 개최할 수 있다.

또한 '세계 여행 패키지 프로젝트'의 최종 활동을 여행 박람회로 구성하여 아이들이 자신이 만든 여행패키지를 고객에게 소개하는 시간을 가지고 고객의 선택을 받는 경험을 하게 하는 것도 좋다. 모두들 최선을 다해 자신들의 여행 상품을 소개하고 고객의 선택을 받기 위해 열심히 하는 모습을 보며 한 뼘 더 성장한 아이들의 모습을 볼 수 있을 것이다.

이번 디자인씽킹 프로젝트 수업을 수행하는 과정을 통해 사회 교과의 세계 여러 지역에 대한 정보를 습득하였고, 습득한 정보를 고객의 니즈와 연계하여 새로운 여행 상품으로 구상해보는 창의적인 문제 해결력과 실행 능력을 키울 수 있었다. 또한 사용자에 대한 공감을 통해 문제를 발견하는 능력과 함께하는 협업의 과정을 통해서 함께하는 즐거움을 느낄 수 있었다. 덤으로 여행 상품 개발자라는 직업을 미리 체험해 볼 수 있는 진로 교육도 할 수 있다는 것도 이번 프로젝트의 힘이다.

프로젝트 수업 3
: 학교 놀이터 바꾸기

▲▲

- **활동명**: 학교 놀이터 바꾸기
- **적정 학년**: 4-6학년
- **연계 교과**: 실과, 체육, 창체
- **활동 유형**: 팀 활동
- **소요 시간**: 10시간 (단계별 2시간)
- **준비물**: 설문지, 보드, 프로토타입 제작용 준비물
- **기타 주의사항**: 공감하기 활동에 포인트를 두고 만약 실제로 제작할 수 없다면 종이 프로토타입으로 제작해 보거나 콘셉트 자료를 프로토타입으로 대신할 수도 있다.

대부분의 사람들이 학창 시절 자신이 다니던 학교 놀이터에서 즐겁게 놀았던 추억이 있을 것이다. 그런데 다시 한 번 생각해보자. 우리의 학

교 놀이터 기억은 어디에서 멈춰져 있을까. 6년간의 학교 생활 동안 우리는 얼마나 운동장에 있는 놀이터를 사용했을까? 혹시 대부분의 기억이 초등학교 저학년인 2-3학년에 멈춰져 있지는 않은가?

많은 사람들이 학교 운동장을 떠올리면 아주 어릴 때 학교 놀이터에서 놀았던 기억이 전부인 것 같다. 분명 학교는 6년 동안 다녔는데 말이다. 물론 아이들의 연령에 따라서 또래별로 좋아하는 놀이가 조금씩 다르다고는 하지만 학교 놀이터라는 공간이 아이들의 놀이문화를 제한하고 있지는 않은지 생각해 볼 필요가 있다.

현재 학교를 다니고 있는 우리 아이들의 놀이터도 별반 다르지 않은 것 같다. 쉬는 시간이나 점심시간에 학교 놀이터를 살펴보면 놀이터를 차지하고 있는 아이들은 1-2학년 학생들이 대부분이고 고학년 아이들은 축구를 하거나 건물 내에서 시간을 보내는 학생들을 많이 볼 수 있다. 분명 놀이터는 학교에 다니는 모든 학생들을 위한 시설인데 말이다. 이러한 문제를 해결하기 위해 아래와 같은 주제로 아이들과 함께 다함께 즐길 수 있는 놀이터를 만들어 볼 수 있다.

> **목표**
>
> **어떻게 하면 고학년 친구들이 즐겁게
> 시간을 보낼 수 있는 놀이터를 만들 수 있을까?**

1단계-이해하기 (진짜 학교 놀이터 제작자가 되어보자)

어떻게 하면 친구들이 즐겁게 시간을 보낼 수 있는 놀이터를 만들 수 있을까?

　디자인씽킹 프로젝트 수업 주제에 따라 먼저 첫 단계인 이해하기 단계에서는 놀이터와 관련된 전반적인 배경지식을 쌓고 아이들이 학교에서 어떤 놀이를 하면서 시간을 보내는지, 학교의 놀이터에는 어떤 형태의 놀이기구가 있고 그 놀이 기구를 사용하는 어떤 학년의 학생이 사용하는지에 대해서도 알아볼 필요가 있다.

　이해하기 단계에서는 아이들에게 직접적인 가르침을 주기 보다는 아이들 스스로 기사나 뉴스와 같은 영상 자료 조사 등을 통해 스스로 알아가도록 안내하는 것이 좋다. 예를 들면 학교 놀이터에 대해서 조사를 시작 할 때 아이들에게 어떤 부분을 조사해야하는지 미리 알려주는 것이 아니라, 아이들에게 학교의 놀이터를 모든 아이들이 활용할 수 있도록 하려면 어떤 부분에 배경지식을 쌓아야 하는지 스스로 깨우치게 하는 것이다. 디자인씽킹 활동은 수동적 사고보다는 능동적 사고를 필요로 한다.

　"만약 우리가 학교에 놀이터를 만드는 일을 하는 사람이라면 어떤 부분에 대해 알고 있어야 할까?" 본격적인 학교 놀이터 바꾸기 디자인씽킹 활동에 앞서 선생님이 아이들에게 던질 수 있는 첫 번째 질문이다.

① 만약 우리가 학교에 놀이터를 만드는 일을 하는 사람이라면 어떤 부분에 대해 알고 있어야 할까?
② 안전한 놀이터를 만들기 위해서는 어떤 것을 조사해야 할까?
③ 또 어떤 방법으로 정보를 찾을 수 있을까?
④ 놀이터에 있는 놀이기구를 조사하려면 어떤 방법이 있을까?

"아무래도 아이들이 뛰어노는 곳이다 보니 어떻게 하면 안전한 놀이기구를 만들 수 있을지 많이 알아보고 생각해야 할 것 같아요."

"또, 지금 학교에 어떤 놀이기구가 있는지, 다른 학교나 동네에는 어떤 놀이기구가 있는지 알고 있어야 할 것 같아요."

"그리고 놀이터에 사용하는 재질이 어떤 것인지도 알고 있어야 할 것 같아요."

선생님의 질문 한 마디에 아이들의 다양한 아이디어가 쏟아져 나왔다. 만약 선생님이 "놀이터를 만들기 위해서는 안전, 아이들의 흥미도, 예쁜 디자인을 생각하면서 만들어야 합니다. 그렇다면 아이들이 어떤 것을 좋아하는지, 어떻게 하면 디자인을 예쁘게 할 수 있을지 조사해 보도록 합시다."라고 과제를 던져 주었다면 아이들은 디자인적 사고가 아닌 명령으로 받아들일 수 있고 디자인씽킹 활동에 대해 흥미를 잃을 수 있다.

이해하기 단계는 디자인씽킹 활동의 첫 단계이고 단순히 아이들에게 배경지식을 넣어주는 것이 아니라 아이들 스스로가 내가 놀이터를 만드는 사람이 되어 직접 그 상황 속에 들어가서 주제와 관련되는 내용을 이해하는 단계이다. 물론 정보를 획득하는 여러 방법(관련 사이트, 기사, 영상)까지도 선생님의 일방적인 제시가 아니라 아이들 스스로 탐색하도록 하는 것이 좋다.

●●●●●●●

2단계-공감하기 (놀이터에 대해 관찰하고, 묻고, 경험해보기)

두 번째 활동은 문제 상황에 처해있는 '사람'과의 공감하기 활동이다. 내가 평소 생활하는 친구들이 즐겁게 놀 수 있는 공간을 만들기 위해

✎ 인터뷰 및 설문 팀에서 정한 질문 항목들

① 하루에 평균 몇 번, 몇 분 정도 학교 놀이터를 이용하나요?

② 이용하지 않는다면 그 이유는 무엇인가요?

③ 주로 이용하는 놀이기구는 무엇이고 이용하는 목적은 무엇인가요?

④ 학교 놀이터가 안전하다고 생각하시나요? 그렇지 않다면 그 이유는 무엇인가요?

친구들이 어떤 상황에 처해있고 어떤 것을 원하는지를 공감해야 한다.

공감하기 활동은 관찰하기, 인터뷰 하기, 설문조사 하기, 직접 경험하기로 진행된다. 팀원이 6명이라면 그 중 2명은 관찰하기, 2명은 인터뷰 및 설문조사, 2명은 직접 경험하기로 각 팀별로 역할을 나누어 공감하기 활동을 할 수 있다. 먼저 관찰하기는 며칠 동안 쉬는 시간 및 점심시간에 학교 놀이터를 이용하는 아이들을 관찰하고 또 놀이터를 이용하지 않는 아이들은 어떻게 시간을 보내는지 관찰한다.

인터뷰 및 설문조사 팀은 고학년 학생들에게 인터뷰할 질문을 선정하고 고학년 학생 전체를 상대로 조사할 설문지를 작성하고 설문 조사를 진행한다. 4-6학년의 많은 아이들을 상대로 설문을 진행해야함으로 포털사이트의 온라인 설문 프로그램을 이용하여 온라인 설문지를 작성하고, 이를 QR코드로 변환하여 학생들이 언제든지 스마트폰으로 설문에 응할 수 있도록 게시하도록 한다. 온라인 실문은 실문에 응하는 즉시 설문 결과 및 응답내용을 그래프로 변환해 주기 때문에 많은 사람을 대상으로 설문할 때 유용하게 사용할 수 있다.

세 번째 직접 체험하기 팀에서는 쉬는시간 및 점심시간을 이용해 학교 놀이터에 있는 모든 놀이기구를 직접 해보고 사용 후 느낌에 대해 기록한다. 또 쉐도잉 기법으로 친구들을 하루 종일 따라다니면서 친구들이 어떤 놀이를 하고 불편한 점은 없는지에 대해서도 기록한다.

각자의 역할을 모두 끝낸 팀원들은 고학년 친구들이 어느 정도 놀이터를 사용하고, 왜 놀이터를 사용하지 않는지, 어떤 점을 불편해 하는지 등에 대해 관찰, 인터뷰, 체험을 바탕으로 사용자의 요구 사항들을 정리한다. 이렇게 하면 학교 놀이터 바꾸기 디자인씽킹 활동의 공감하기 단계는 모두 끝이 난다.

공감하기 활동 결과, 파악한 아이들의 사용자 놀이터 사용 현황 및 요구사항

- 놀이터를 이용하는 아이들은 주로 1-3학년 아이들이며 특히 1-2학년 아이들이 많다.
- 고학년은 놀이터를 거의 이용하지 않는다. 사용하지 않는 이유는 너무 작은 사이즈와 재미가 없다는 의견이 많았다.
- 주로 이용하는 놀이기구는 철봉과 정글짐이고 체력 단련과 친구들과 경쟁 등을 사용 이유로 꼽았다.
- 친구들은 고학년들도 사용할 수 있는 큰 사이즈의 놀이기구 및 재미있고 독특한 놀이기구를 원했다.

✎ 5why 기법 활용하기
----

① 왜 고학년 아이들은 놀이터를 이용하지 않을까?

→ 놀이터 놀이기구는 고학년 아이들에게 재미가 없기 때문에

② 왜 고학년 아이들은 놀이터를 재미없어 할까?

→ 고학년 아이들이 놀기에 사이즈도 너무 작고 난이도가 쉽기 때문에

③ 왜 놀이터의 놀이기구는 사이즈가 작고 난이도가 쉬울까?

→ 아이들은 성장하는데 그에 맞게 사이즈 조정이 안 되기 때문에

이렇게 아이들은 공감하기 활동을 통해 함께 생활하는 친구들이 놀이할 때 겪는 문제점과 요구사항을 파악하게 되고 문제 정의를 위해 기본 바탕이 되는 소중한 공감 자료를 얻을 수 있었다.

3단계-문제 정의하기 (질문하고 또 질문하라)

공감하기 단계에서 활동한 내용을 바탕으로 문제의 진짜 문제를 찾기 위해 5why 기법을 활용하여 문제 정의를 하였다. 고학년들이 놀이터를 활용하지 않는 문제의 진짜 원인을 찾기 위해 아이들은 끊임없는 질문을 던지고 스스로 답하였다.

----

① 학교 놀이터가 고학년 아이들이 하기에 난이도가 너무 쉽다.

　→ 우리가 어떻게 하면 고학년 친구들도 도전 하고 싶은 놀이기구를 만

들 수 있을까?

② 고학년 아이들은 또래끼리 경쟁하며 노는 것을 즐긴다.

　→ 우리가 어떻게 하면 여러 명이 같이 경쟁하며 즐길 수 있는 놀이기구

를 만들 수 있을까?

③ 이미 어릴 때 다 해보았던 놀이기구기 때문에 흥미가 떨어진다.

　→ 우리가 어떻게 하면 색다르고 재미있는 놀이기구를 만들 수 있을까?

　여기서 꼭 5라는 질문 숫자에 연연해하지 않아도 된다. 우리의 목표는 문제의 진짜 원인을 찾는 것이기 때문이다.

　또, 공감하기 단계에서 수집한 자료를 바탕으로 HMW기법으로 사용자의 요구를 반영하여 한 문장으로 해결해야 할 과제에 대해 정의해 볼 수 있다. 각각의 정리된 문장은 포스트잇을 활용하여 모둠 활동판에 붙여둔다.

　한 문장으로 정의한 해결 과제 중 정말로 친구들에게 가치 있는 일인지, 내가 해결하고 싶고 흥미 있는 문제인지, 사용자의 요구 사항을 적극적으로 반영하였는지, 문제 해결에 실현 가능성이 있는지 등 문제 정의 시 고려 사항을 생각하며 팀에서 가장 해결하고 싶은 과제 1개를 선정한다.

물론 여러 개의 내용을 조합하여 새로운 문제 방향을 설정해도 된다. 그러나 너무 많은 문제 해결 과제를 선정하는 것은 아이들에게 문제해결 방향의 초점을 흐리게 할 수도 있으니 한 두 개 정도의 과제를 선정하여 최종적으로 해결해야 할 문제를 정의하도록 한다.

4단계-아이디어 생성하기 (생각을 꺼내고 연결하라!)

디자인씽킹 프로젝스 수업을 해 보면 아이들이 팀별로 각기 다른 문제 정의를 내릴 수 있다. 만약 그 중 한 팀이 "우리가 어떻게 하면 고학년 친구들이 도전 하고 싶은 놀이기구를 만들 수 있을까?"라는 문제를 선택했다고 가정해 보자. 이 문제에 대한 해결책을 찾기 위해 아이들은 4번째 단계인 아이디어 생성하기 활동을 시작한다.

아이들이 주로 쉽게 선택하는 아이디어 생성 방법은 브레인스토밍이고 아이들은 브레인스토밍의 몇 가지 원칙을 생각하며 최대한 많은 아이디어를 생성하기 위해 노력한다. 만들어낸 아이디어는 간단한 그림과 함께 포스트잇에 붙여 모두가 볼 수 있게 게시한다. 기본적으로 1인당 5개 이상의 아이디어를 내도록 스스로 규칙을 정하고 만약 포스트잇의 공간이 충분하지 않다면 다른 종이나 노트를 이용하여 그리고 실명할 때 활용하도록 해도 좋나.

실제로 수업에 적용해 보면 제품을 개발하는 디자인씽킹 활동의 경우 아이디어 단계에서 위와 같이 그림을 그려 자신이 만든 아이디어를 설명하는 것이 효과적이다.

모든 팀들의 브레인스토밍이 끝나면 아이들이 서로 돌아가면서 자신의 아이디어를 설명하고 ①이것이 어떤 가치가 있고 ②사용자의 요구가 어떻게 반영되었는지 ③어떤 점이 흥미롭고 어떻게 실현시킬 것인지에 대해 설명한다. 설명이 끝나면 서로 날카로운 질문을 통해 의문점이나 좋은 점, 흥미로운 점, 수정해야 할 점 등에 대해 자유롭게 이야기를 나눈 뒤 가장 좋은 아이디어를 투표를 통해 선정한다.

이렇게 선정된 아이디어는 완벽할 수 없기 때문에 아이들이 공감하기에서 조사 및 분석했던 사용자의 요구를 바탕으로 다각도로 분석하고 수정하는 아이디어 다듬기 과정을 거친다.

더불어 구체적으로 아이디어를 시각화하고 사용자의 요구사항을 반영하여 놀이터 제작을 위한 콘셉트 자료를 만든다. 콘셉트 자료는 팀에서 정한 아이디어가 어떻게 구현되고 공감하기 및 문제정의 내용이 어떻게 반영되는지 잘 보여주도록 제작하여야 한다. 그리고 프로토타입을 제작하기 위한 마지막 단계이므로 완성된 놀이터의 구체적인 모습을 상세히 그림으로 표현하는 것이 중요하다.

〈 학생들이 직접 제작한 학교 놀이터 시설(높낮이 조절 철봉) 프로토타입 〉

5단계-프로토타입 만들기 (값싸고, 빨리, 쉽게 만들어라)

아이들은 선정한 아이디어를 프로토타입으로 구현하기 위해서 가장 싸고, 빠르게, 또 쉽게 만들 수 있는 재료를 찾는 아이디어 회의를 한다.

만약 한 팀이 높낮이 조절이 가능한 철봉을 프로토타입으로 제작하기로 했다면 가장 구하기 쉬운 색종이, 빨대, 고무찰흙, 나사 등으로 재료로 프로토타입을 제작 할 수 있다.

어떤 재료를 선정해야 하는지 쉽게 정하지 못하여 시간을 낭비하는 팀들도 있을 수 있다. 이런 팀에게는 프로토타입이 말 그대로 시제품이고 완성품이 아니기 때문에 만들고 나서도 충분히 수정하고 보완해야 하는 과정을 거칠 수 있다고 이야기 하고 아이들이 빠른 시간 내에 협의하고 결정하여 행동에 옮길 수 있도록 독려해야 한다. 제한 시간을 주는 것도 좋은 방법이 될 수 있다.

사실 아이들과의 디자인씽킹 활동에서 처음부터 무언가 거창하고 위대한 제품이 나올 것이라고 생각하는 것은 절대 금물이다. 디자인 씽킹의 전 과정을 거치면서 능동적으로 생각하고 행동해나가는 자신을 보면서 '창조적 자신감'을 얻는 것이 디자인씽킹 활동의 가장 중요한 목적이기 때문이다.

아이들은 프로토타입을 제작하는 과정에서 스스로 오류를 깨닫고 끊임없이 수정해 나간다. 또, 서로 협업하고 공동의 목표를 밟아 가는 과정에서 창조적 자신감을 형성할 수 있다. 프로토타입은 각 팀에서 생각한 아이디어가 구현되는 단계이기 때문에 아이들은 더 많은 성취감과 좌절을 동시에 느낄 수 있다. 칭찬과 격려를 통해 아이디어를 개선하고 발전시킬 수 있다는 자신감을 형성하도록 도와주어야 한다.

●●●●●●●

6단계-공유하기 [제작한 놀이터를 친구들과 공유해보자]

프로토타입 만들기 단계는 아이들의 아이디어를 실제로 구현하는 단계이고, 대부분의 만들기 활동이 보통 제작 그 자체로 끝나는 경우가 많다. 그러나 디자인씽킹 활동은 다르다. 아이들이 놀이터 프로토타입을 제작하였으면 제작한 놀이터가 실제 고학년 학생들의 흥미를 끌 수 있는지에 대해 확인해 보아야 한다. 문제를 해결 할 수 있는지, 사람들에게 가치가 있는지, 사용자의 요구가 잘 반영되었는지 피드백 받는 과정이 필요기 때문이다. 학교 놀이터 바꾸기 디자인씽킹 활동에서는 이러한 공유 활동을 위해서 아이들이 각자 자기가 만든 놀이 기구 프로토타입 제품을 가지고 학급 내에서 제품 발표회를 가질 수 있다.

또 놀이터의 여러 기능과 가치에 대해 질의 응답하는 시간을 통해 서로에게 피드백을 주고받는 시간을 가지는 것도 공유하기의 좋은 방법 중 하나이다. 자기 팀의 제품의 콘셉트 자료를 바탕으로 간단한 프리젠테이션 자료를 제작하여 실제 사용자를 대상으로 서로의 제품에 대한 저마다의 가치를 공유할 수 있다.

여기에 그치지 않고 보다 많은 사용자(고학년 학생)을 대상으로 제품 설문 조사를 진행할 수도 있다. 각 팀들은 새로 만든 프로토타입을 전시하고 설문 문항을 제작해서 만약 이 제품이 학교 운동장에 설치된다면 이용할 것인지, 어떤 놀이기구가 가장 흥미롭고 하고 싶은지, 고칠 점은 무엇인지 등 다양한 질문 문항을 작성하여 사용자들은 어떻게 받아들이고 있는지 조사해볼 수 있다.

물론 이 설문조사의 목적은 피드백을 통한 수정이다. 또 처음에 문제 정의를 제대로 하였는지, 공감하기 활동을 통한 사용자의 요구가 제대로 반영 되었는지에 대해서도 재점검할 수 있는 기회가 된다. 만약 친구들의 반응이 좋고 사용할 민한 가치가 있는 기구가 있다먼 학교에 건의하여 제작을 의뢰하거나 더 나아가 크라우드 펀딩을 통해 투자를 받아서 실물로 제작하여 학교에 설치해보는 활동까지 해 볼 수 있다.

✎아이들이 실제 설문 조사에 사용한 질문들

① 만약 이 놀이기구가 운동장에 설치된다면 사용할 생각이 있나요?

② 이 놀이기구의 최대 장점은 무엇이라고 생각하시나요?

③ 특별히 고칠 점이나 추가로 넣으면 좋을 것 같은 기능이 있다면 포스트 잇에 적어주세요.

프로젝트 수업 4.
: 난 왼손잡이야!

- **활동명**: 난 왼손잡이야!
- **적정 학년**: 초등 5, 6학년
- **연계 교과**: 실과, 도덕, 미술
- **활동 유형**: 팀별 활동
- **소요 시간**: 6시간
- **준비물**: 프로토타입 도구(클레이, 수수깡, 블록, 접착제 등)

이번 디자인씽킹 프로젝트 수업 활동명은 '난 왼손잡이야'다. 사실 '난 왼손잡이야'는 처음부터 활동명을 정하고 시작한 프로젝트 수업이 아니었다. '유니버설 디자인'을 기반으로 하는 디자인씽킹같이 활동명은 큰 방향과 목적만 정하고 아이디어를 수렴한 후에 정해도 된다. 다시 말해 디자인씽킹 수업을 할 때 프로젝트 이름을 정하지 않고 시작해도 된다는 것이다.

이번 디자인씽킹 프로젝트는 수업을 진행하면서 학생들과 함께 공감하기 활동을 통해서 프로젝트 이름을 정하였다. 디자인씽킹에서 가장 중요한 목적은 '사람'이다. 디자인씽킹을 하는 사람이면 세상을 바라볼 때 '사람'을 중심으로 놓고 바라보아야 한다. 이 지구라는 행성에는 60억이 훨씬 넘는 사람이 살고 있다. 대한민국이라는 작은 나라에도 5000만이 넘는 사람이 살고 있다. 여러분이 살고 있는 도시, 다니는 직장, 아이들이 다니는 학교, 가족들이 생활하는 가정에도 '사람'이 살고 있다. 그리고 이글을 쓰는 필자도 '사람'이고 읽는 당신도 '사람'이다. 이렇게 우리는 수많은 '사람'들에 둘러싸여 있다.

혹시 여러분은 가정이나 학교, 또는 직장에서 생활하면서 신체적인 차이로 불편함을 느낀 적이 있는가? 대다수는 신체적으로 큰 어려움이나 불편함이 없이 살고 있다고 생각할 지도 모르겠다. 그럼 혹시 신체적인 차이 때문에 불편함을 느끼는 사람들을 찾아본 적이 있는가? 분명한 것은 이 순간에도 어떤 '사람'들은 신체적인 차이로 인해서 차별을 당하며 살아가고 있다는 것이다.

이러한 신체적 차이로 차별받는 사람들을 배려해서 모두가 함께 사용할 수 있는 디자인이 있다. 바로 '유니버설 디자인'이다. 유니버설 디자인을 학교에서 학생들과 디자인씽킹으로 접근할 수 있다. 가정

먼저 '이해하기' 단계로 들어가서 학생들은 유니버설 디자인에 대한 배경 지식을 조사하고 학습해보자.

1단계-이해하기 (유니버설 디자인이란 무엇일까?)

유니버설 디자인 7대 원칙

1. **누구나 사용할 수 있어야 한다.** (equitable use)
   → 누구든지 동일하고 공평하게 사용할 수 있어야하고 누구나 사용하기에 안전해야 한다.

2. **사용하면서 융통성이 있어야 한다.** (flexibility in use)
   → 사용자가 어떤 방법으로 하든지 어떤 조건이나 환경이든지 자유롭게 사용할 수 있어야 한다.

3. **간단하면서도 직관적으로 방법을 파악해야 한다.** (simple and intuitive)
   → 설명서를 보지 않고도 직관적으로 사용 방법을 알기 쉽도록 만들어야 한다.

4. **정보를 이용하는 것이 쉬워야 한다.** (perceptive information)
   → 교육 수준이나 장애와 상관없이 정보를 쉽게 파악할 수 있도록 여러 경로로 정보를 제공한다.

5. **잘못 사용하더라도 괜찮다.** (tolerance for error)

→ 만약의 사고를 방지하고 혹시 잘못 사용하더라도 원래대로 돌아가기 쉽게 만든다.

6. 작은 힘으로도 사용할 수 있어야 한다. (low physical effort)

→ 큰 힘이 들지 않더라도 자연스러운 자세로 사용할 수 있게 만든다.

7. 사용하기에 충분한 크기와 공간을 가지고 있어야 한다. (size and space for approach and use)

→ 신체조건과 상관없이 사용자와 도우미가 함께 사용할 수 있도록 크기와 공간을 제공해야 한다.

출처 : The Principles Of Universal Design 노스캐롤라이나 주립 대학 보편심리 센터

〈 유니버설 디자인 원칙 〉

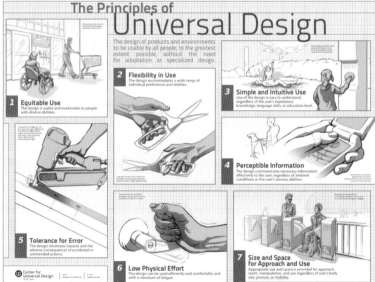

학생들과 프로젝트를 진행할 때 '유니버설 디자인'에 대한 사전 지식을 학습하게 한다. 일단 먼저 아래와 같이 '유니버설 디자인'이 무엇인지 조사하도록 했다.

유니버설 디자인(Universal Design)을 간단히 정의하면 '모든 사람을 위한 디자인'이다. 나이나 성별, 장애 여부나 신체적 차이와 상관없이 모든 사람이 쉽게 사용할 수 있도록 디자인하는 것을 말한다. 이러한 유니버설 디자인에는 몇 가지 원칙이 있다.

노스케롤라이나 주립대학교(North Carolina State University) 보편설계 센터에서 다음과 같이 '유니버설 디자인의 7가지 원칙'을 정했다.

학생들은 먼저 생활 주변에서 발견할 수 있는 유니버설 디자인의 예를 찾아본다. 예를 들면, 1층 현관에 있는 경사로, 장애인과 비장애인 모두가 사용할 수 있는 통합 화장실, 저상 버스 등 생활 주변에서 유니버설 디자인을 활용한 예를 어렵지 않게 찾을 수 있다.

부족한 부분은 세컨더리 리서치(2차) 조사를 통해 인터넷과 참고 문헌으로 조사하여 발표하도록 한다. 이때 주의할 점은 누구나 사용할 수 있는 디자인이지 '장애인만을 위한' 디자인은 아니라는 것이다. '장애인만을 위한' 디자인은 장애인이 사용하기에 편리한 것이지만 비장애인의 경우 더 불편할 수 있다.

예를 들면 점자책은 시각장애인에게는 편리할 수도 있지만 비장애인에게는 오히려 불편한 디자인이라고 할 수 있다. 이와 같이 이해하기 단계에서는 하고자 하는 주제에 맞는 지식을 찾아보도록 유도해야 한다.

2단계-공감하기 [주변에 불편을 겪는 사람은 누굴까?]

공감하기 단계에서는 사용자의 진짜 어려움을 '공감'하는데 있다. '유니버설 디자인'을 디자인씽킹 하기 위해서는 어떤 사람에게 공감을 해야 할까? 바로 자신의 신체적인 차이나 능력 때문에 불편함을 겪는 사람들이다. 그럼 디자인씽킹 수업을 하면서 이런 사람들의 모든 어려움을 해결해 줄 수 있을까? 아니다. 그것은 불가능하다.

천리 길도 한 걸음 부터라는 말이 있지 않은가. 아이들과 함께 작은 문제들부터 하나씩 해결해나가는 것이 이 단계에서는 매우 중요하다. 그럼 먼저 아이들이 문제 상황을 찾는다면 어디서부터 시작해야 할지 생각해 보면 좋다.

보통 아이들은 자신과 직접 관련 있는 것을 관심 있어 한다. 그럼 아이들과 직접 관련된 것을 가장 손쉽게 찾는 방법은 무엇일까. 바로 지금 여기에서부터 찾는 것이다. 아이들과 함께 교실을 둘러보고 우리 반 아이들은 교실 내에서 신체적인 어려움을 겪는 친구를 찾아보기로 했다. 교실에서는 특별히 신체적인 차이나 능력으로 인해서 불편을 느끼는 친구는 없는 것 같았다. 아이들은 불평 섞인 대답을 했다.

"선생님, 주위에서부터 찾아보라고 했는데 우리 반에는 아무래도 없는 것 같아요. 이세 어떻게 해야 할까요?"

대답을 듣고 나니 나중에 시간을 내어 밖에 나가서 신체적 능력의 차이로 어려움을 겪는 사람을 만나야 할 것 같았다. 그런데 그때 다영이(가명)가 손을 번쩍 들고 있었다. 아이들은 다영이를 주목하기 시작했다.

"선생님, 있잖아요. 저는 다른 친구들 보다 좀 불편한 것 같아요." 다영이가 도대체 어떤 어려움을 겪고 있었을까? 처음에 아이들은 다영이가 왜 그렇게 이야기하는지 몰랐다.

"선생님 이것 좀 보세요."
다영이는 자신의 주먹을 움켜지고는 주먹 아래쪽을 보여줬다. 연필자국이 숯처럼 시커멓게 묻어있었다.

〈 연필자국이 묻은 학생의 손 〉

"다영아, 손이 왜 그렇게 된 거니?"
"그냥 글씨 쓰다보면 항상 그래요"
"조심해서 잘 쓰면 되잖아."
"아무리 조심해도 안돼요."

그때 우리는 알게 되었다. 다영이는 왼손잡이였던 것이었다. 글씨를 쓸 때 왼쪽부터 오른쪽으로 쓰기 때문에 왼손잡이인 사람들은 이미 쓴 글씨를 움켜진 주먹으로 문댈 수밖에 없었던 것이었다. 그동안 다영이의 불편함과 어려움에 대해서 알지 못했다. 그렇지만 이제 아이들은 디자인씽킹으로 공감하기 시작했다. 이때부터 프로젝트의 이름을 '난 왼손잡이야'로 정했다. 아이들은 곧장 다영이에게 달려가서 인터뷰하기 시작했다.

"다영아 너 왼손잡인데 뭐 불편한 것 없었어?"
"불편한 거? 엄청 많아"
"그럼 어떤 상황에서 불편했었는지 좀 이야기 해줄 수 있어?"

평소에 다영이에게 크게 관심이 없었던 아이들이 우르르 몰려와 다영이의 말 한마디 한마디에 집중하고 귀를 기울이고 있었다. 다영이도 이런 상황이 낯설었지만 자신의 말을 들어주는 친구들에게 적극적으로 이야기하기 시작했다. 다영이가 말을 할 때 마다 아이들은 마치 누가 먼저랄 것도 없이 열심히 다영이의 말을 옮겨 적고 있었다. 아이들은 '왼손잡이'로 다영이가 겪었던 불편했던 점을 정리했다.

다영이의 경우처럼 왼손잡이를 대상자로 선정하는 것은 중요한 의미가 있다. 실제 생활 속에서 신체적인 차이 때문에 차별을 당하고 있었지만 대부분의 사람이 잘 인식하지 못하기 때문이다. 또한 자신의 주변에서 쉽게 찾을 수 있고 평소 알고 지내는 사람일 경우가 많기 때문에 너 흥미 있게 느낀다. 나름대로 소외와 차별을 당하며 살아왔다고 생각했던 다영이였지만 이 순간만큼은 누구도 그렇게 여기지 않았다. 오히려 '난 왼손잡이야' 프로젝트를 이끌어가는 주인공이 된 듯 어깨가 으쓱했다.

✎ 다영이가 말하는 왼손잡이로 살기에 불편한 점
① 글씨를 쓸 때 까만 연필이 손에 묻어서 불편하다.
② 지하철 탈 때 아무생각 없이 교통카드를 찍으면 왼쪽이 열려서 당황할 때가 있다.
③ 정수기에 냉수 먹으려고 손을 갖다 대다가 온수 쪽이 잘못 눌려질 때가 있다.
④ 드라이버나 병뚜껑 같은 걸 돌리기가 어렵다.
⑤ 책상에서 필기할 때나 밥을 먹을 때 자꾸 옆 친구의 오른팔이랑 부딪힌다.

이렇게 디자인씽킹을 하게 되면 '사람'을 중심으로 생각하고 존중하는 태도를 배우게 된다. 그동안 관심이 없이 소외당하던 사람들은 자신에게 관심을 기울이는 사람에게 그 속내를 드러내게 된다. 이렇게 해야만 우리가 찾는 진짜 문제를 발견할 수 있게 되는 것이다.

3단계-문제 정의하기 [왼손잡이 친구를 위한 진짜 문제 찾기]

인터뷰와 관찰, 함께 생활하기 기법들을 통해서 다영이의 어려움을 공감하고 난 후 HMW기법을 사용하여 '어떻게 하면 우리가 ~할 수 있을까?'라는 문장으로 바꾸어 문제를 적어본다.

✎ HMW(How Might We?)기법 사용하기

① 글씨를 쓸 때 까만 연필이 손에 묻어서 불편하다.

　➜ 어떻게 하면 글씨를 쓸 때 까만 연필이 손에 묻지 않게 만들 수 있을까?

② 지하철 탈 때 아무생각 없이 교통카드를 찍으면 왼쪽이 열려서 당황할 때가 있다.

　➜ 어떻게 하면 지하철 탈 때 왼손잡이들도 착각하지 않고 개찰구를 이용할 수 있을까?

③ 정수기에 냉수 먹으려고 손을 갖다 대다가 온수 쪽이 잘못 눌릴 때가 있다.

　➜ 어떻게 하면 왼손잡이들도 정수기에 온수 쪽을 누르지 않고 안전하게 물을 마실 수 있을까?

④ 드라이버나 병뚜껑 같은 걸 돌리기가 어렵다.

　➜ 어떻게 하면 왼손잡이들도 드라이버나 병뚜껑 같은 걸 돌리기 쉽게 만들까?

⑤ 책상에서 필기할 때나 밥을 먹을 때 자꾸 옆 친구의 오른팔이랑 부딪힌다.

　➜ 어떻게 하면 왼손잡이들도 옆 친구의 팔이랑 부딪히지 않는 책상을 만들 수 있을까?

〈 HMW기법으로 문제 정의하기 〉

HMW기법으로 한 문장으로 정리된 문제 상황들을 포스트잇에 적어서 붙인 다음 한 가지만 선정한다. 이때 문제 상황을 선정하는 중요한 원칙이 있다.

원칙을 정하는 이유는 첫째, 문제를 해결하면서 얻어지는 가치를 생각하게 한다. 둘째, 사용자가 꼭 해결해줬으면 하는 문제를 해결하게 한다. 셋째, 아무리 의미 있고 가치 있으며 해결해야 하는 진짜 문

문제를 선정할 때 생각해야 될 원칙

1. 정말 가치 있는 문제인가?
2. 진짜 해결해야 하는 문제인가?
3. 나에게 재미와 흥미가 있는 문제인가?

제이지만 흥미가 없어서 중간에 포기하는 것을 방지하기 위해서다.

이러한 세 가지 원칙을 생각하면서 자신이 가장 해결하고 싶은 문제를 선택한다. 선택할 때 색깔 스티커를 활용해도 좋지만 여의치 않을 경우는 간단한 투표나 거수로 선정해도 된다.

아이들은 각자가 생각하는 문제 상황이 왜 선정되어야 하는지 열띤 토론을 벌였다. 여러 논의를 마치고 아이들은 자신이 생각하는 가장 해결되어야 하는 문제 상황에 색깔 스티커로 투표했다. 그 결과 '어떻게 하면 왼손잡이 친구들과 오른손잡이 친구들 모두 불편하지 않을 책상을 만들 수 있을까?' 라는 문제 상황이 선정됐다.

> **목표**
>
> **어떻게 하면 왼손잡이 친구들과 오른손잡이 친구들**
> **모두 불편하지 않을 책상을 만들 수 있을까?**

4단계-아이디어 생성하기 (모든 아이디어를 존중하라)

아이디어 내기를 할 때에는 아주 하찮은 아이디어, 뻔해 보이는 아이디어, 그저 그런 아이디어, 엉뚱한 아이디어, 누구나 알고 있는 아이디어 모두 괜찮다. 아니 그런 아이디어일수록 더욱 칭찬해 주어야 한다.

모든 아이디어를 실행에 옮길 수는 없다. 모든 아이디어가 좋은 아이디어라고 할 수도 없다.

그렇지만 아이디어를 마구 쏟아내는 과정에서 정말 좋은 아이디어가 떠오를 수 있다. 좋은 아이디어는 엄청난 고민 끝에 하나만 딱 떠오르지 않는다. 아무거나 좋으니 떠오르는 대로 적어야 한다. 나에게는 뻔하고 그저 그런 아이디어가 다른 사람에게는 신선해보일 수 있기 때문이다.

유니버설 디자인 프로젝트를 할 때 주의해야 할 점은 무엇일까. 바로 특정한 누군가를 위한 디자인에 머물러서는 안 된다는 사실이다. 특히 아이디어 내기 단계에서 아이들을 지켜보면 그런 현상이 두드러진다. 문제 정의하기 단계에서 선정된 '어떻게 하면 왼손잡이들도 옆 친구의 팔이랑 부딪히지 않는 책상을 만들 수 있을까?'이다. 이때 주목해야 할 것은 왼손잡이 학생들도 불편하지 않는 책상을 만드는 것이지 '왼손잡이들만'을 위한 것이 아니란 사실이다.

아이디어 내기를 본격적으로 들어가기 전에 아이들이 기억할 수 있도록 한 번 더 이야기 해준다. 하지만 아이디어 내기 단계에 돌입한 이후에는 아이들이 낸 아이디어를 평가하면 안 된다.

아이들이 아이디어를 내게 하는 방법은 다양하지만 '유니버설 디자인'에서 사용할 수 있는 유용한 방법으로는 스캠퍼(SCAMPER) 기법이 있다. 스캠퍼 기법은 알렉스 오스본(Alex Osbone)의 체크리스트 기법을 로버트 애벌(Robert Eberle)이란 사람이 아이디어를 내는 도구로 재정리한 방법이다. 스캠퍼라는 뜻은 '뛰다', '뛰어 놀다'라는 뜻을 가지고 있으며 특정한 물건을 7가지로 변형하는 창의적인 아이디어 발산 기법이다. 창의적인 해결 방법은 뛰어 다닐 때, 즉 행동으로 옮겨서 역동적으로 활동할 때 이루어진다는 것을 표현하기도 한다. 스캠퍼 기법은 물건의 용도를 다양하게 바꿀 때 유용하게 사용된다.

S	Substitute 대체하기, 원래 원료나 재료를 다른 것으로 바꿈	라면 밀가루 ⇨ 쌀 우유 라테 ⇨ 두유 라테
C	Combine 결합하기, 여러 기기의 성능을 결합해 새로운 제품으로 만듦	카메라 + 전화기 + 컴퓨터=스마트폰
A	Adapt 적용하기, 동식물이나 물건의 특성을 새롭게 응용	도깨비 풀 ⇨ 벨크로 새의 유선형 ⇨ 비행기 동체 모형
M	Modify-Minify-Magnify 수정-축소-확대, 원래의 제품을 새롭게 변형시키거나 확대, 축소.	스마트폰 확대 ⇨ 태블릿 스마트폰 축소 ⇨ 스마트워치
P	Put to other use 다른 용도로 사용하기, 원래의 제품 고유의 기능과는 다른 새로운 용도로 사용함	폐 현수막 ⇨ 에코백 베이킹파우더 ⇨ 세탁세제
E	Eliminate 제거하기, 원래 특성이나 기능 중 일부 또는 전부를 제거함.	스마트폰 ⇨ 버튼 제거 오픈카 ⇨ 천장 제거
R	Rearrange-Reverse 재배열-역순, 기존의 방식이나 절차를 새롭게 배열하거나 반대로 시도함.	김밥 ⇨ 누드김밥 요구르트 ⇨ 거꾸로 짜먹는 요구르트

아이들에게 스캠퍼 학습지를 나누어 주고 기존에 있는 책상의 모습을 먼저 그리도록 한 뒤에 시작한다. 새로운 아이디어를 낼 때 그냥 낼 수 있는 사람도 있지만 보통은 그렇지 않다. 아이디어가 잘 생각나지 않거나 혹시 생각이 났다고 하더라도 남에게 보여줄 만한 아이디어가 아니면 표현하지 않는 경우도 많다. 이런 학생들에게 아이디어를 내는 도구를 제공한다. 학생들은 아이디어 도구를 사용하기 때문에 아이디어를 내는 부담을 덜 수 있게 된다.

스캠퍼 기법에 대해 긴 설명만 하게 되면 아이들이 어려움을 겪을 수 있다. 스캠퍼 기법을 활용한 여러 예시를 함께 제시해주면 이해를 도울 수 있고 더 쉽게 아이디어를 생성할 수 있다. 그리고 스캠퍼 기

〈 스캠퍼 기법을 활용한 브레인 스토밍 〉

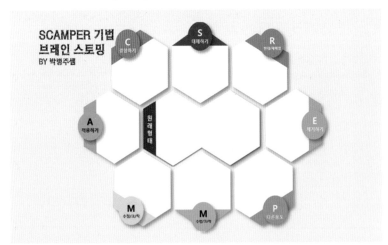

〈 킷캣을 이용한 스캠퍼 기법의 예 〉

법을 사용해서 아이디어를 내다보면 아이들이 어려움을 겪는 한 가지가 더 있다. 아이들이 스캠퍼의 모든 기법을 무조건 다 해야 한다고 착각하는 것이다. 물론 최대한 브레인스토밍을 해서 아이디어를 내면 좋지만 모든 기법을 다 사용하지 않아도 좋다. 대신 혼자만이 아니라 모둠끼리 협업하면서 아이디어를 최대한 끌어내는 것에 초점을 두도록 한다.

5단계-프로토타입 만들기 (유니버설 디자이너가 되자)

프로토타입 만들기에서 가장 핵심은 '가장 빨리', '가장 저렴하게', '가장 손쉽게' 만드는 것이다. 이번 단계에서는 앞서 디자인한 스캠퍼 기법으로 나온 아이디어를 프로토타입으로 만들어 보고자 한다.

유니버설 디자인하기에서 유용한 프로토타입 방법으로 두 가지를 소개한다.

(1) 주변 재료를 이용해서 쉽고 빠르게 만들기

'왼손잡이들도 불편함을 느끼지 않는 책상'을 디자인하는 것이므로 아이들에게 친숙한 재료를 활용한다. 지도하는 방법에 따라 재료는

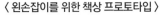

〈 왼손잡이를 위한 책상 프로토타입 〉

얼마든지 달라져도 된다. 다만 프로토타입을 만드는 중요한 핵심을 잊지 않는 것이 중요하다.

"선생님, 색연필로 색칠해도 돼요?"
"선생님, 7개 아이디어 모두 다 만들어야 돼요?"
"선생님, 각자 따로따로 만들면 안 되나요?"

프로토타입 만들 때, 그리고 아이디어를 낼 때 공통적으로 중요한 것은 협업 능력을 기르는 것이다. 혼자만 독불장군 식으로 해서는 안 된다. '내가 제일 잘나가' 유형의 친구들은 혼자 하려고 하는 성향을 가진 친구들에게 "협업"이 더 중요하다는 사실을 알게 한다. '나보다 나은 우리'라는 가치를 잊어서는 안 된다.

'가장 빨리' 만든다는 것을 주의시키지 않으면 아이들은 자신의 프로토타입을 '너무 예쁘게' 꾸미고 있게 된다. 시간은 시간대로 흘러가 버리고 프로토타입은 '너무 예쁘게' 완성되지 못한 채 남겨지게 된다. 이런 문제를 해결할 방법은 제한시간을 두는 것이다. 어차피 프로토타입은 '예술 작품'을 만드는 활동이 아니기 때문에 시간이 중요하지 않다. 자신의 아이디어를 간단하게 눈으로 볼 수 있도록 보여만 주면 그만인 것이다. 제한시간은 5-10분 정도만 준다. 제한시간 종료 후에 혹시 더 필요하면 3-5분 정도만 더 준다. 시간을 많이 줘봐야 '예쁘게' 만드는데 대부분을 할애하기 때문에 시간을 제한하는 것이 더 좋다.

어차피 피드백 받으면 다시 만들어야 하기 때문에 프로토타입에 마음을 뺏겨서는 안 된다.

(2) 틴커캐드(Tinker CAD) 활용하기

교육용 소프트웨어에 관심이 있는 선생님이거나 3D프린터에 관심 있는 사람이면 들어보았을 것이다. 바로 틴커캐드라는 교육용 소프트웨어다. 프로그램 상에 3D로 디자인을 하면 실제 3D프린터로 프린트를 할 수 있다. 이 프로그램은 물건이나 공간을 디자인할 때 유용하게 사용할 수 있는 프로토타입 도구로 활용할 수 있다.

틴커캐드의 강점은 바로 '무료'로 활용할 수 있다는 것이다. 3D프린터가 없는데 어떻게 사용할지 고민하는 사람이 있을 수 있다. 그러나 틴커캐드는 3D프린터가 없어도 상관없다. 자신이 만든 모형을 모니터 상에서 360도로 돌려보는 것만으로도 프로토타입의 역할을 다했다고 볼 수 있다. 프로토타입을 일일이 3D프린터로 뽑는다면 그만큼 노력과 시간이 소비되기 때문에 오히려 '가장 빠른' 프로토타입에 적합하지 않다.

아이들에게 틴커캐드로 프로토타입을 만들게 하면 만들기에 자신이 없는 친구도 적극적으로 바뀌는 모습을 보게 된다. 틴커캐드에는 기본 도형의 모형이 있고 이것들을 조합하면 어떤 모양이든 금방 만들 수 있다. 아이디어를 내고도 만들기에 소질이 없어서 프로토타입 만드는데 쭈뼛쭈뼛한 친구들이 많다면 틴커캐드를 활용하는 것도 좋은 방법이다.

교육용 소프트웨어를 활용하면 '협업'할 수 있을까 생각하는 분들도 있을 것이다. 협업이라는 것은 반드시 모든 사람이 손에 무언가를 만들고 있어야하는 것이 아니다. 실제로 작업하는 사람은 한사람일지라도 함께 힘을 합쳐서 도움을 준다면 그 자체로 협업을 했다고 할수 있다. 틴커캐드 같은 경우는 한사람의 아이디를 가지고 동시에 로그인을 할 수 있고 온라인상에서 같은 프로토타입을 동시 다발적으로 작업도 가능하기 때문에 온라인상에서도 '협업'을 할 수 있다. 다시 말하면 협업하는 마인드가 중요한 것이지 소프트웨어로 하든지 실제 손에 만져지는 도구로 하든지는 중요한 문제가 아니다.

6단계-공유하기 [함께 나누고 함께 고쳐라]

프로토타입 만들기를 마치고 난 후 각 모둠별로 만든 프로토타입에대해 발표하는 시간을 갖는다. 각 모둠별로 발표가 끝나면 아이들은돌아다니며 각 모둠의 프로토타입을 평가한다. 이때 의미 없는 욕설이나 비난만 하는 친구들이 생기지 않도록 하되 정확히 의견을 제시하도록 한다. 'I LIKE', 'I WISH'기법을 활용한다.

'I LIKE'는 친구들의 프로토다입 중에서 이떤 부분이 좋았는지 직는 것이다. 대신 그냥 '좋았어. 잘 만들었네.'라고 끝나는 것이 아니라 '어떤 부분이 좋았는지', '그것이 왜 좋았는지' 반드시 나타내도록 한다. 'I WISH'도 마찬가지다. 친구들의 프로토타입 중에서 마음에 들지 않는 부분이나 고쳤으면 하는 부분이 있을 수 있다. 그때 'I WISH'를 활용하면 된다. 이때도 그냥 '별로야. 이상해보여.'로 끝나서는 안 된다. 반드시 '이런 부분이 마음에 들지 않았다. 왜냐하면~'으로 나타내고 '이렇게 바꾸었으면 더 좋을 것 같아'라는 것을 표현하여 다음 프로토타입의 아이디어를 제공한다.

평가를 마쳤으면 각 모둠별로 새로운 프로토타입을 만들 수 있는 시간을 제공한다. 다시 프로토타입을 만들고 발표하고 평가받는 단계를 반복적으로 수행한다. '난 왼손잡이야'라는 주제를 가지고 자신과 같이 교실에서 생활하는 친구의 어려움을 함께 '공감'하고 친구의 어려움을 해결하기 위해 함께 '협업'하는 활동을 통해 배우는 것이 있다. 누구나 처음부터 완벽할 수 없다는 것을 알게 되고 실패를 딛고 다시 시작하면 전보다 더 나아질 수 있다는 것을 배우게 된다. 그리고 궁극적으로는 어려움을 겪는 친구나 이웃을 위해 필요한 도움을 줄 수 있다는 것을 알게 됨으로 아이들 스스로의 자존감과 자아효능감을 높여줄 것이다.

프로젝트 수업 5.
: 행복한 학교 만들기

▲▲

- **활동명**: 행복한 학교 만들기
- **적정 학년**: 5, 6학년
- **연계 교과**: 창체, 실과(사회), 미술
- **활동 유형**: 팀별 활동
- **소요 시간**: 5-6시간
- **준비물**: 설문지, 우드락, 종이, 칼, 가위, 고무찰흙 등
- **기타 주의사항**: 학교의 문제점을 고민하고 팀이 함께 프로젝트를 수행할 수 있도록 충분히 시간을 부여한다.

아이들이 가장 많은 시간을 보내는 장소는 바로 학교다. 대부분의 아이들이 아침부터 학교에 와서 친구들과 선생님들과 함께 이런저런 활동을 하며 보낼 것이다. 그러나 학교에서 생기는 여러 가지 애로사항을 바꾸기 위

해 노력하는 모습을 보이지는 않는다. 여기에 착안점을 두고 디자인씽킹 프로젝트 수업을 진행해 보았다. 일명 '행복한 학교 만들기' 프로젝트다.

내가 생활하고 있는 학교라는 공간의 문제를 발견하고 그 문제를 해결하기 위해 다양한 활동을 하면서 아이들은 보다 나은 학교생활을 위해 본인이 기여할 수 있다는 자신감과 문제 해결에 대한 성취감을 느낄 수 있을 것이다.

'행복한 학교 만들기' 프로젝트는 창의적 체험활동 및 실과(사회),미술 교과와 통합하여 수업안을 구성 진행하였다. 6차시에 걸쳐서 디자인씽킹 프로젝트 수업을 통해 아이들이 스스로 문제를 발견하고 인간중심의 창의적 해결방법을 찾아서 스스로 학교를 변화시킬 수 있는 주인임을 인식할 수 있도록 2주간에 걸친 프로젝트로 전개해 나갔다.

1단계-이해하기 [우리 학교의 문제점을 찾아라]

'행복한 학교 만들기' 프로젝트는 아이들이 일상생활에서 가장 긴 시간을 보내는 학교라는 공간에서 좀 더 편안하고 즐겁게 지낼 수 있는 방법을 찾아보자는 문제의식에서 출발한다.

먼저 즐거운 학교생활을 하기 위해 우리 학교의 문제점은 무엇일까라는 질문을 아이들에게 던질 수 있다. 생각보다 다양한 답변들이 나왔다.

"우리 학년만 책상이 옛날 책상이에요."

"뉴스에서 석면이 위험하다고 했는데, 우리 교실 천장은 석면으로 되어 있지 않나요?"

"운동장에서 축구를 할 때 먼지가 너무 많이 나와요. 모래를 교체해야 할 것 같아요."

"화장실이 너무 오래 되었어요."

"도서실이 4층에 있어서 이용하기가 불편해요"

대부분의 아이들이 학교 시설과 관련된 이야기를 하였다. 프로젝트의 첫 단추는 당면한 문제를 이해하고 명확하고 구체적인 도전 과제(디자인 챌린지)를 정의하는 것이 중요하다. 아이들이 막연히 우리 학교의 문제점이 시설이 낡고 노후하여 불편하다는 것에 불만을 토로하는 것에서 그치지 않고 즐거운 학교생활을 위해 우리 스스로가 해결할 수 있는 문제점을 찾는 것에서 프로젝트의 출발점을 찾게 하였다.

"우리가 어떻게 학교의 문제점을 해결할 수 있어요?"

"불가능해요 선생님. 돈이 엄청 많이 들 텐데요."

"교장선생님이 허락해 주실까요?"

이 모든 것을 함께 이야기하고 다양한 가능성을 검토하는 것도 하나의 디자인씽킹 과정이다. 그러나 선생님의 이야기에도 불구하고 아이들은 반신반의할 것이다. 이런 아이들에게 학교의 문제점을 찾아내고 훌륭하게 해결한 사례를 보여주기 위해 양정중학교 잔반 프로젝트팀의 '무지개 식판'이야기를 동영상을 보여줄 수 있다.

아이들은 '무지개 식판' 영상을 보고 의욕에 불타기 시작하였다. 이때, 선생님은 학교의 문제점을 단순히 학교 시설에 대한 불만으로 표현하는 것이 아니라 우리 스스로의 힘으로 해결책을 찾아낼 수 있는 질문의 형태로 바꿔보는 것으로 프로젝트 과제 접근 방향을 제시해 줄 수 있다.

HMW 접근법으로 학교의 문제점 해결을 다양한 질문의 형태로 바꾸어 서로 이야기를 해보는 시간을 가지면 좋다.

"어떻게 하면 우리가 학교에서 행복할 수 있을까?"
"어떻게 하면 우리 학교가 좀 더 행복해질 수 있을까?"
"어떻게 하면 우리 학교의 불편한 점을 바꿀 수 있을까?"
"어떻게 하면 우리가 더 즐겁게 학교를 다닐 수 있을까?"

아이들의 다양한 의견들이 쏟아진 가운데, 아이들이 선택한 '행복한 학교 만들기' 프로젝트의 출발점 목표는 이렇게 선정되었다.

목표

어떻게 하면 우리 학교를 좀 더 즐거운 학교로 만들 수 있을까?

다음으로 이 프로젝트와 관련되는 사람들이 누구인지를 명확히 하기위해 '이해관계자 지도'를 작성하도록 하였다. 학생, 선생님, 행정실 직원, 급식 아주머니, 배움터 지킴이, 그리고 학부모 등 학교와 관계된 사람들을 살피고 이분들 역시 이 프로젝트의 중요한 인물임을 인식하는 것으로 프로젝트의 첫 번째 시간을 마쳤다.

2단계-공감하기 (만나고, 경청하고, 정리하라)

프로젝트의 목표를 잡은 아이들은 디자인씽킹 프로젝트 수업의 핵심인 공감을 통해 해결하고자 하는 프로젝트의 목표를 좀 더 구체적으로 좁혀볼 수 있다.

앞서 이해하기 단계에서 작성한 '이해관계자 지도'를 통해 프로젝트와 관련된 인물들을 인터뷰하거나 관찰을 통해 사람들의 요구사항을 파악하기로 했다. 아이들은 학교 구성원들의 의견을 모으기 위해 한 명 한 명을 찾아서 인터뷰하는 것은 시간이 너무 많이 소요되므로 원활한 프로젝트 진행을 위하여 구성원들의 의견을 모을 수 있는 게시판을 설치하여 보는 것으로 결정하였다.

게시판을 어떻게 꾸밀지, 어디에 설치할 지, 의견 모으는 기간은 언제까지로 정할지, 이 모든 것은 아이들 스스로 결정하였다. 본인들이

다니고 있는 학교의 문제점을 스스로 찾아 한다는 그 자체만으로도
아이들에게 엄청난 동기 부여가 되어 자신들의 의견을 적극적으로 개
진하는 모습을 보였다.

또한 부모님들은 학교를 찾아와서 의견을 내는 것이 어려우니 집에
서 각자의 부모님을 인터뷰하고 결과를 정리하자는 의견 역시 제시되
었다. 이렇게 의견을 모은 후 최종적으로 게시판은 1층 중앙현관에 설
치하고 1주일간 의견을 수집하기로 했다.

또한, 게시판에 간단히 적은 것만으로는 알 수 없는 부분이 분명히
있을 수 있기에 심층 인터뷰를 통해 자세한 의견을 청취할 수 있는 시
간을 마련하기 위하여 역할 나눔 활동을 진행했다. 팀별로 어떤 시간
을 활용하여 인터뷰할지, 인터뷰 질문 구성은 어떻게 할지, 몇 명을 인
터뷰할지, 준비물은 무엇인지 등을 협의하면 좋다.

〈 게시판 사진 〉

1주일 간의 설문조사, 인터뷰, 관
찰 활동을 마치고 게시판에 모아진
다양한 의견들과 인터뷰 내용을 아
이들이 정리하고 분류하는 작업을
실시했다. 이 작업이 중요한 이유는
단순 조사활동으로 끝내는 것이 아
니라 정리하고 공유하는 활동을 통
해 다음 단계로 원활히 진행될 수 있
기 때문이다. 이때, 신생님은 아이들

의 의견정리 및 분류 활동이 원활히 진행할 수 있도록 옆에서 조언하는 역할을 하면 좋다.

그리고 선생님은 팀원들이 수집한 자료를 그래프로 시각화시키거나 그림을 그려 자세하게 설명하거나 마인드맵을 통한 계열화로 자료를 분류하는 등 자유롭게 활동적으로 협업을 할 수 있는 환경을 만들어주어야한다.

다음으로 정리 및 분류된 학교 구성원들의 다양한 요구사항을 프로젝트 해결에 필요한 정보로 바꿀 수 있도록 관련자들의 핵심 니즈가 들어간 문장 형태로 정리할 수 있도록 한다. 아래 내용은 '행복한 학교 만들기' 프로젝트'를 위한 관련자들의 니즈를 정리한 것이다.

✎ 설문조사와 인터뷰를 통해 찾아낸 니즈
----
① 복도에서 뛰어다니는 아이들이 너무 많아서 위험하다.
② 중간놀이 시간이나 점심시간에 할 수 있는 다양한 활동이 필요하다.
③ 도서관이 4층에 있어서 올라가기가 귀찮다.
④ 학생들의 놀이 공간이 부족하다.
⑤ 화장실 냄새가 심하다.

3단계-문제 정의하기[우리 학교의 진짜 문제는 무엇일까?]

'공감하기' 단계에서의 설문조사 결과, 인터뷰 내용, 학교 관련자들의 니즈 등을 바탕으로 디자인씽킹의 다음 단계인 문제 정의(Define)단계로 발전시킬 수 있다.

> ✏️ 문제 정의의 원칙
>
> ① 사용자들의 요구를 적극 반영하라
> ② 공감하기와 문제정의를 반드시 연결하라
> ③ 끊임없이 질문하며 문제의 진짜 원인을 찾자

이 단계에서는 팀원들끼리 공감하고 공유한 내용을 바탕으로 문제의 진짜 원인을 찾고 이를 토대로 문제 해결을 위한 방향을 명확히 정해보는 단계이다. 이 단계에서 아이들이 그 전 단계에서 공감했던 문제를 벗어나서 엉뚱한 방향으로 문제 해결책을 제시하는 경우가 많이 발생하는데, 선생님은 공감하기에서 공유했던 문제 해결의 구체적인 방향설정을 할 수 있도록 문제 정의의 원칙을 다시 한 번 강조해야 한다.

이 원칙에 의하여 프로젝트팀에서 해결할 수 있는 문제의 범위를 설정하고 해결채아 할 진짜 문제가 무엇인지 찾아 볼 수 있도록 한다.

〈 5WHY를 통한 팀에서 내린 문제정의 〉

이때, 팀원들이 순환의 오류에 빠지지 않도록 선생님은 계간순회를 통해 조언을 할 수 있다. 그리고 앞서 1단계 이해하기 단계에서 활용한 HMW접근법을 활용하여 디자인씽킹 프로젝트 수업에서 해결해야 할 문제에 대한 문제해결의 방향을 좀 더 구체적이고 긍정적으로 정할 수 있도록 한다.

- 우리가 어떻게 하면 복도에서 뛰어다니는 아이들이 줄어들 수 있을까?
- 우리가 어떻게 하면 복도에서 뛰지 않으면서 즐겁게 놀 수 있을까?
- 우리가 어떻게 하면 아이들이 학교 도서관 이용을 많이 할 수 있을까?

최종적으로 프로젝트팀에서 선정한 해결해야 할 문제는 아래와 같이 선정되었다.

이렇게 자신들이 해결해야 할 진짜 문제를 파악한 후 문제 해결을 위한 아이디어를 생성하는 과정은 자연스럽게 이어져 나갈 수 있다.

┌─ 문제 ─────────────────────────────────────┐

**어떻게 하면 학교의 공간을 아이들이 즐겁고 안전하게
지낼 수 있도록 바꿀 수 있을까?**

└──┘

4단계-아이디어 생성하기 (나누고, 분류하고, 선정하라)

학교의 어떤 공간을 아이들이 즐겁고 안전하게 생활할 수 있도록 변화시킬 수 있는지, 공감하기와 문제 정의 단계에서 찾아낸 요소를 기반으로 1차 브레인스토밍을 통해 가능한 다양한 아이디어를 제시할 수 있도록 한다.

"복도가 넓어서 달리고 싶은 마음이 생겨요."
"본관과 별관 사이의 긴 통로에서 달리기 시합을 많이 했어요."
"본관과 체육관 통로와 계단 사이에 있는 난간은 위험해 보여요."
"1층의 넓은 중앙 현관은 아무 것도 없어서 우리를 위한 장
소로 비꿔보는 것도 좋을 깃 같아요."

아이들의 의견은 다음과 같았다.

아이들의 의견을 듣고 각각의 공간에 대한 리디자인 이유를 자유롭게 이야기할 수 있는 시간을 준다. 자연스럽게 리디자인하고 싶은 공간에 따라 반 아이들이 팀을 재구성하게 되었으며 팀별로 교실 공간 중 원하는 곳으로 가서 리디자인하고 싶은 공간에 대한 아이디어를 도출하기 시작했다. 팀 성향에 맞게 책상에 앉아서 의견을 나누는 아이들, 바닥에 앉아서 의견을 나누는 아이들, 시끄럽다고 복도로 나가서 의견을 나누는 아이들 각양각색의 모습을 볼 수 있다.

이때, 선생님은 2차 아이디어 생성에 앞서 다시 한번 브레인스토밍의 원칙에 대하여 아이들과 이야기를 나누어볼 수 있다. 전체적으로 이야기를 나누어도 좋고, 팀별로 원칙을 만들어 보는 것도 좋다.

포스트잇 한 장에 하나의 아이디어를 쓰되, 글로 표현하기가 편한 친구는 글로, 간단한 그림으로 나타내는 것이 편한 친구들은 그림으로 나타낼 수 있도록 한다.

아이디어를 충분히 도출했다면 문제해결을 위한 최고의 아이디어를 선정해야 한다. 브레인스토밍 직후가 아이들의 적극성과 흥미를 가장 유연하게 이끌어 낼 수 있기 때문에 이때를 놓치지 말고 아이디어를 선정하여야 한다.

아이디어 분류하기	아이디어 다듬기	1차 아이디어 선정하기
팀 보드판을 보며 비슷한 아이디어 모으기	분류된 의견을 종합할 수 있는 대표의견을 정리하여 다른 색의 포스트잇에 옮겨 쓰기	몇 개의 대표 아이디어 중 진짜 아이디어를 선정하기 팀원은 스티커를 이용하여 투표하기

- 실현 가능한 아이디어인가
- 사용자의 요구가 잘 반영되어 있나
- 문제 정의 방향과 부합되고 있나
- 사람들에게 어떠한 가치가 있나

1차 아이디어가 선정되었으면 실현 가능성을 확인하고 최종 아이디어 콘셉트 자료를 제작하게 한다.

이 과정에서 선생님은 아이들에게 비판적 사고는 더 좋은 해결방안을 제시할 수 있는 바탕이 된다는 것을 인지시켜주고 서로의 감정이 상하지 않도록 다시 주지시켜준다.

공간 변형 최종아이디어를 선정한 후 팀에서는 아이디어를 전달할 구체적인 콘셉트 자료를 스케치한다. 콘셉트 자료는 아이디어 제목, 공간 변화의 이유, 특징, 사용자의 요구사항 등을 한 눈에 알아볼 수 있게 인포그래픽이나 비주얼씽킹 등의 시각화 자료로 만든다.

이때, 콘셉트 자료를 너무 예쁘게 그리느라 시간을 많이 소비하는

〈 나눔과 소통의 장 우리학교복도 인포그래픽 〉

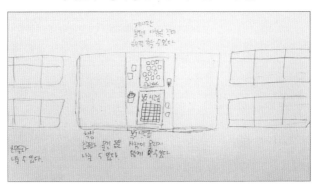

〈 레저공간으로서의 복도 비주얼씽킹 〉

팀의 모습도 볼 수 있을 것이다. 선생님은 아이들에게 자료는 아이디어를 구체화하고 효율적으로 전달하는데 목적이 있는 것이지 예쁜 그림 뽐내기가 아님을 다시 상기시켜 주어야한다. 이제 최종 콘셉트를 바탕으로 프로토타입을 제작하여 보자.

5단계-프로토타입 만들기 [대화와 소통의 장]

'행복한 학교 만들기'의 프로토타입은 학교에 있는 가장 기본적인 재료를 바탕으로 제작한다. 선생님은 종이, 색연필, 클레이, 우드락, 수수깡 등 학급에 있는 학습준비물을 제공하고, 팀별로 원하는 자료를 가져가 제작할 수 있게 한다.

이미 앞 단계에서 우리는 하나라는 팀원 정신이 생긴 상태라 모두 열심히 팀의 아이디어를 구현하기 위하여 각자 오리고 만들고 초집중의 상태가 되었다. 바로 디자인씽킹 프로젝트 수업에서 강조하는 협업이 이루어지고 있는 것이다. 대부분의 교실에서 흔히 팀 활동을 할

〈 대화와 소통의 장 웃음꽃 복도 프로토타입 〉

때 보이는 유형인 항상 열심히 하는 학생과 무임승차하는 학생은 보이지 않는다. 진정한 협업의 모습을 볼 수 있다. 끊임없이 프로토타입에 대한 의견을 주고받으면서 재빨리 완성해가는 모습이 무척 깊은 인상을 준다.

6단계-공유하기 (우리 학교의 행복함을 공유하라)

'행복한 학교 만들기'의 프로토타입을 만들고 난 후 각 팀별로 자신들의 프로토타입에 대해 발표하는 시간을 가진다. 발표자는 팀원에서 아나운서의 역할은 맡은 아이가 한다(각 팀은 팀장, 행동가, 디자이너, 아나운서 등 맡은 역할이 나누어져있음).

　각 팀의 발표를 듣고 난 후 아이들은 프로토타입에 대한 피드백을 했다. 피드백을 하기 전 선생님은 두루뭉술한 무조건적인 긍정적인 평가나 비난을 하지 않도록 주의를 준다. 이때 'I WISH', 'I LIKE'를 활용하도록 하자.

> I LIKE = 복도에 우리들이 앉아서 얘기를 나눌 수 있도록 의자를 놓아둔 것
> 　　　 이 참 좋아
> I WISH = 의자가 잠깐을 앉더라도 좀 푹신했으면 좋겠어

=복도에 컴퓨터를 둔다는 것은 마음에 들지 않아. 왜냐하면 집에서도 컴퓨터 게임을 많이 하는데 학교에서도 게임을 하기보다는 친구들과 대화를 나누며 보드게임을 할 수 있는 테이블을 만드는 것이 더 좋을 것 같아.

프로토타입에 대한 피드백을 바탕으로 기존의 프로토타입을 수정하여 다시 발표하고 피드백을 받는 단계를 거친다. 그리고 최종 수정이 끝난 프로토타입은 최종적으로 교장선생님과 학교 선생님들에게 프레젠테이션을 하게 하였다. 그 결과 학교 차원에서 가능한 것을 실행할 수 있도록 하겠다는 교장 선생님의 약속을 받았다.

'행복한 학교 만들기' 프로젝트는 아이들이 많은 시간을 보내는 학교라는 장소에서 아이들이 스스로 문제를 찾아보고 그 해결 방법을 찾아 자신의 힘으로 해결해보는 것에 큰 의미가 있는 프로젝트 수업이다.

팀이 낸 아이디어가 실현되어 우리가 생활하는 공간이 바뀌는 것을 느낀 아이들은 이제 '우리가 뭘 할 수 있겠어', '학교는 원래 그래'라는 생각이 아니라 '우리도 할 수 있어', '우리가 바꿀 수 있어', '실패해도 괜찮아', '다시 만들면 돼'라는 디자인씽킹의 마인드 셋을 가지게 될 것이다.

프로젝트 수업 6.
: 나는 너를 응원해

▲▲

- **활동명**: 나는 너를 응원해
- **적정 학년**: 전 학년
- **연계 교과**: 도덕, 창체
- **활동 유형**: 팀별 활동
- **소요 시간**: 3-4시간
- **준비물**: 종이, 가위, 풀, 고무찰흙, 풍선, 빨대, 핸드폰 등
- **기타 주의사항**: 2차 피해를 생각하여 학급에서 일어난 실제 사건을 대상으로 이야기하지 않는다.

초등학교 1학년 입학을 앞둔 예비학부모를 대상으로 아이의 입학을 앞두고 가장 걱정되는 부분이 무엇인지에 대한 설문 조사를 진행했다. 그 결과 1위는 '교우관계'로 나타났다.

TV를 켜면 매번 심심찮게 들려오는 학교 폭력의 심각성에 우리 아이도 잠재적인 피해자가 될 수 있다는 생각이 크기 때문일 것이다. 이러한 두려움은 비단 학부모 뿐 아니라 아이들도 겪고 있는 상황이다. 매번 학교에서 일어나는 크고 작은 다툼과 갈등 속에서 친구관계의 어려움을 겪고, 결국 학교생활에 적응이 힘들어지는 결과를 초래하기도 한다. 따라서 이번 '나는 너를 응원해' 프로젝트를 통해서 아이들의 시각으로 본 학교폭력의 문제점은 무엇인지 스스로 찾아보고, 친구와의 올바른 관계 설정 및 즐거운 학교생활에 프로젝트의 목표를 두고자 한다.

목표

어떻게 하면 학교폭력의 문제점을 잘 알고
학교폭력을 예방할 수 있을까

1단계-이해하기 [학교폭력이란?]

'나는 너를 응원해' 프로젝트는 학교 폭력이 무엇인지에 대한 이해에서 출발한다. 저학년 아이들은 학교폭력이 무엇인지에 대한 이해가 명확히 정립이 되어있지 못하다. 따라서 이해하기 난세에서 좀 더 명확한 학교 폭력의 개념에 대해 알아볼 필요가 있다. 장황한 설명을 통하기 보다는 아이들이 좋아하는 O, X 퀴즈를 통해서 접근하는 것도 좋은 방법이 될 수 있다.

> 교사 : "선생님이 보여주는 그림을 보고 학교폭력인지 아닌지 O, X로 나타내봅시다."
> 학생 : (관련 그림을 보고 OX로 나타낸다.)
> 교사: "왜 그렇게 생각했나요?"

반면에 초등학교 고학년은 또래 관계의 비중이 워낙 크고 학교 폭력의 양상이 좀 더 내밀해지기 때문에 드러내놓고 따돌리는 것이 아니라 관계의 따돌림이 많아지고 있다. 그리고 각종 SNS의 무분별한 사용으로 사이버상의 폭력이 심각한 상황이다.

학교폭력은 직접적인 가해자와 피해자도 문제이지만 그것을 지켜보는 방관자와 본인이 학교 폭력 가해자인지 모르는 아이들도 선생님이 관심을 가지고 지도해야할 부분이다. 특히 학교폭력을 당한 경험이 많아 만성적인 무기력감과 우울감에 시달리는 아이들은 없는지 살펴봐야하고, 자신의 무분별한 행동에 양심의 가책조차 느끼지 못하는 아이들에 대한 해결이 필요한 시점이다. 그래서 아이들이 학교폭력을 어떻게 느끼고 있는지를 이해하는 과정이 필요하다.

교사: 학교 폭력하면 떠오르는 것이 무엇인가요?

학생: 따돌림, 외로움, 무서움, 폭행, 피해자, 가해자 등이요

교사: 여러분이 생각한 단어를 친구들과 이야기 하지 않고 포스트잇에 한 단어씩 적어봅시다.

먼저 아이들은 친구들과 대화를 나누지 않고 각자가 생각하는 학교 폭력에 대한 다양한 생각적기 활동을 시작한다. 그리고 친구와 함께 생각 나누기 활동을 할 수 있다. 포스트잇을 한 장씩 붙이면서 이유를 간단히 말하여 보고, 다음 아이는 본인의 포스트잇을 붙이는 데 비슷한 내용이 있다면 그쪽에 포스트잇을 붙인다. 다른 내용이라면 다른 곳에 붙이도록 한다.

다음으로 비슷한 생각끼리 분류를 하고 분류된 포스트잇의 내용을 전체적으로 포함할 수 있는 핵심 공감 단어를 다른 색 포스트잇에 적

〈 학교폭력에 관련된 떠오르는 단어 찾기 〉

어서 붙이거나 또는 매직으로 크게 쓴다. 이 핵심공감단어는 다음 단계인 공감하기에서 활용된다.

이해하기 단계는 디자인씽킹 프로젝트 수업에서 첫 단계이고 단순히 아이들에게 배경지식을 넣어주는 것이 아니라 아이들이 학교폭력에 대해 오랫동안 체득한 기본적인 것을 스스로 꺼내어 보고 탐색하는 활동으로 전개되었다. 이 활동을 바탕으로 앞으로의 프로젝트 진행이 이루어진다고 해도 과언이 아니다.

●●●●●●

2단계-공감하기 (대상에 공감하라)

'나는 너를 응원해' 프로젝트에서 가장 중요한 단계는 바로 공감 단계라고 할 수 있다. 학교폭력을 저지르는 친구들은 바로 이 공감하는 능력이 상대적으로 떨어지기 때문에 자신의 행동에 의해서 피해를 입는 친구들을 이해하지 못하여 학교폭력을 지속적으로 일으킨다는 학계의 연구 결과도 있다. 따라서 이 프로젝트의 핵심은 바로 내가 당사자가 되어보는 공감활동이라고 생각한다. 프로젝트 진행 학년에 따라 다양한 공감활동을 진행 할 수 있다.

고학년의 경우 앞서 이해하기 단계에서 학교폭력에 관련된 다양한 생각들을 유목화한 내용을 바탕으로 해결하고 싶은 문제를 선정하여 공감 지도를 작성하게 한다. 공감지도를 작성할 때 주의할 점은 막연한 대상이 아닌, 대상을 구체화하여야 한다는 것이다. 그런 다음 대상에 대한 의견 교환이 활발하게 일어나도록 해야 한다. 아이들의 활동

저학년 공감 활동의 예

사진을 통한 공감 대화하기

① 학교폭력을 연상하게 하는 사진을 보고 아이들과 공감 대화하기

② 학교폭력과 관련된 경험 이야기하기

hot sitting

활동방법

① 사진을 제시하고 간단한 정지 화면 만들기.

- 모둠별로 역할을 나누어 정지화면을 만들어 본다. 이때 모둠원들 간에 충분한 소통이 이루어질 수 있도록 시간을 준다.

- 정지 장면을 연기한 후 1명을 선정하여 피해 아동의 역할을 맡겨 교실 앞 의자에 앉도록 한다. 이때, 다른 사람의 감정에 민감하고 감정 언어를 잘 활용할 수 있는 친구를 뜨거운 의자에 앉히도록 한다.

- 의자에 앉은 친구에게 관련 감정과 상황에 대한 질문을 하고, 핫시팅에 앉은 친구는 답변한다.

고학년 공감지도 예

공감지도 작성 방법

가장 원하는 것	원하는 것을 얻기 어려운 점

방관자에 대한 공감지도

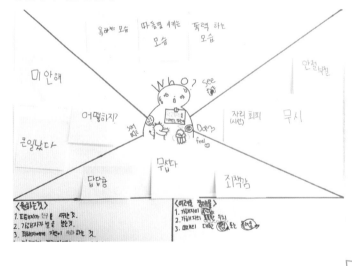

에 있어서 선생님은 문제에 대한 해결책을 먼저 생각하는 것이 아니라 충분한 공감이 이루어지도록 개입하여야 한다.

이 공감지도 활동을 통해서 아이들은 다양한 입장에서 학교폭력을 바라볼 수 있다. 폭력을 방관하는 방관자, 폭력을 행하는 가해자, 폭력을 겪고 트라우마를 가지고 있는 학생 등 학교 폭력에 관련된 여러 인물에 대한 공감이 이루어 질 수 있는 것이다. '나는 너를 응원해' 프로젝트의 가장 핵심인 공감하기 단계에서 선생님은 다음에 유의하여야 한다.

✏️ **공감하기 단계에서 주의해야 할 점**

- -

① 학교 폭력 예방프로젝트의 가장 중요한 출발점이 공감이므로 충분히 문제 상황에 공감할 수 있는 시간을 제공한다.

② 자연스럽게 이야기가 이어질 수 있도록 학생들의 이야기를 적극 수용한다.

③ 피해 경험과 가행 경험을 모두 이야기 할 수 있도록 하되, 가해 학생에 대한 비난이 일어나지 않도록 교사가 미리 분위기를 형성하여 준다.

④ 교실 상황에 맞게 취사선택하여 진행할 수 있다.

이렇게 아이들은 스스로 탐구하고 문제를 깊이 있게 이해하는 과정에서 진실한 공감이 이루어지고 그 공감을 바탕으로 진정한 친구관계가 무엇인지와 학교폭력에 대한 두려움을 벗어날 수 있게 되리라 생각된다.

3단계-문제 정의하기 [우리가 해결해야 할 문제]

공감하기 단계에서 공감한 내용을 바탕으로 구체적인 대상의 문제를 해결하기 위해 HMW기법을 활용할 수 있다. 저학년의 경우 HMW 접근법을 활용하여 문장을 만드는 활동은 쉽지가 않기에 해결해야 할 문제를 스스로 찾는 수준에서 문제 정의단계를 설정하는 것이 좋다. 또한 선생님이 "우리가 어떻게 ~할 수 있을까?"라는 HMW문장을 칠판에 제시하고 학생들과 함께 해결해야 할 문제를 같이 한 문장으로 만들어보는 것도 저학년에게는 좋은 방법이 될 수 있다.

✏️ **HMW(How Might We?) 기법 사용하기**

----

① 온라인 폭력을 당하는 친구들은 친구들과 소통하고 싶어 한다.

➡ 우리가 어떻게 하면 온라인 폭력을 당하는 친구들이 친구들과 소통하게 할 수 있을까?

② 방관자들은 피해자들을 돕고 싶어 하나 두려움을 가지고 있다.

➡ 우리가 어떻게 하면 방관자들이 두려운 마음을 버리고 피해자들을 도울 수 있도록 할 수 있을까?

고학년의 경우는 충분히 팀 활동을 통해 해결해야 할 과제를 한 문장으로 정의할 수 있다.

한 문장으로 만든 해결해야 할 과제를 비주얼씽킹으로 나타내 보게 할 수도 있다. 문제 정의 후 비주얼씽킹으로 해결해야 할 문제를 제시하면 문제 상황에 대한 이해에 도움이 되어 아이디어 생성에 도움이 될 수 있다.

4단계-아이디어 생성하기 (허용, 다다익선, 수정 보완하라)

고학년 아이들은 팀별로 학교폭력을 당하는 피해자의 문제를, 학교폭력을 방관하는 방관자, 학교 폭력의 가해자를 그리고 학교 폭력의 피해를 당한 후 트라우마를 겪고 있는 학생 등을 사용자로 선택하여 각기 다른 문제정의를 내렸다. 이렇게 해결해야할 문제를 선택한 후 해결책을 찾기 위해 4번째 단계인 아이디어 생성하기 활동을 시작한다.

다양한 아이디어 생성 방법 중 이번 프로젝트에서 활용한 방법은 브레인스토밍이다. 아이들은 브레인스토밍의 원칙을 생각하며 팀별로 최대한 많은 아이디어를 생성하기 위해 노력하였다.

모든 아이들의 아이디어 만들기가 끝나면 다양한 아이디어들 중 프로젝트 해결에 가장 적합한 아이디어를 선정하기 위한 아이디어 선정회의에 들어간다. 이 프로젝트에서는 의사결정 그리드 모형을 활용하였다. 아이들이 서로 돌아가면서 자신의 아이디어를 설명하고 아이

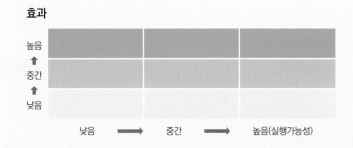

✎ 아이디어 선정 의사결정 그리드

효과

| 높음 |
| 중간 |
| 낮음 |

낮음 ➡ 중간 ➡ 높음(실행가능성)

① 가로축은 실행 가능성, 세로축은 효율성으로 제시한 후 각 축마다 3단
  계로 나눈다(낮음, 중간, 높음).
② 모두 9칸의 공간으로 나누어진다.
③ 각각의 아이디어에 대한 의견을 나눈 후 해당 칸에 아이디어를 부착한다.
④ 실행 가능성과 효율성이 가장 높게 나온 아이디어를 채택한다.

디어의 실행가능성과 효율성을 기준으로 설명을 한다. 설명이 끝나면
서로 질문을 통해 의문점이나 좋은 점, 보완이 필요한 점에 대해 이야
기를 나눌 수 있다. 그리고 그리드판에 팀원들의 의견을 모아 아이디
어를 분류하여 붙인다. 가장 좋은 아이디어는 그리드판에서 가장 높
은 점수에 붙여 놓은 아이디어가 되는데, 여기서 반드시 하나의 아이
디어만을 고집할 필요는 없다. 2-3개의 아이디어를 결합 및 수정하여
최고의 아이디어로 선정할 수도 있다.

〈 의사결정그리드 회의 〉

〈 아이디어 선정 투표 〉

저학년의 경우는 다소 의사결정 그리드 모형을 활용한 아이디어 선정이 어려울 수 있으므로 브레인스토밍으로 나온 다양한 아이디어를 팀원들과 함께 이야기를 나누고 가상 좋은 아이디어에 스티커를 붙이

는 활동으로 전개할 수 있다. 팀원 간에 아이디어를 나누는 속에서 아이들 스스로 학교 폭력을 해결하기 위한 노력은 어떻게 이루어져야 하는지를 찾아낼 수 있다.

이렇게 선정된 아이디어들을 제작하기 위한 프로토타입 단계로 진행하여 보자.

5단계–프로토타입 만들기 (빨리, 함께, 다시)

아이들은 선정한 아이디어를 프로토타입으로 구현하기 위한 아이디어회의를 한다. 학년과 프로젝트의 주제의 특성상 모든 학년이 똑같은 프로토타입의 형태를 정하여 실행하기에는 어려움이 있다. 따라서 저학년의 경우는 프로토타입 제작 활동으로 역할극을 만들거나 그림으로 나타내는 활동으로 진행할 수 있다.

고학년의 경우는 간단한 재료를 활용한 종이 모형 프로토타입이나 교실에서 구할 수 있는 풍선, 빨대, 고무찰흙을 이용하여 모형 제작을 하거나 역할극, 만화 제작 등 다양한 형태로 진행해 볼 수 있다. 간혹 팀 중에서는 어떤 재료를 선정해야 하는지 쉽게 정하지 못하여 시간을 낭비하는 경우도 있다. 프로토타입 제작은 완성품을 완벽하게 만드는 것이 아니라 만들면서 수정하고 보완해야 하는 과정을 거쳐야 하기 때문에 아이들이 빠른 시간 내에 협의하고 결정하여 행동에 옮기도록 옆에서 안내해 주어야 한다.

프로토 다입의 제직이 끝났을 때 바로 진체 힉생들 잎에서 왜 이러한 프로토타입을 만들었는지 공유하는 단계로 진행된다.

6단계-공유하기 (가치를 공유하라)

'나는 너를 응원해' 프로젝트에서 아이들은 팀별로 만든 프로토타입을 가지고 학급 전체 아이들을 대상으로 공유하는 시간을 가진다. 팀의 프로토타입 선정 이유와 제작한 프로토타입에 대한 발표가 끝나고 질의 응답하는 시간을 통해 서로에게 피드백을 주고받는 시간을 가진다. 이 시간을 통해 아이들은 학교폭력 예방에 대한 저마다의 가치를 공유할 수 있다.

여기에 그치지 않고 피드백을 통해 완성된 최종 산출물을 학급 뿐 아니라 학년 전체와 공유할 수 있는 방향으로 발전시킨다면 학교폭력 예방 뿐 아니라 스스로 문제를 해결하였다는 성취감과 자신감을 얻을 수 있으리라 기대된다. 선생님들이 다양한 공유의 방법을 고민하고 프로젝트의 결과를 확장한다면 학교 폭력 예방 및 평화로운 학급 운영에 도움이 될 것이다.

이 프로젝트는 매년 학교에서 주입식으로 알려주는 학교폭력 예방 교육이 아니라 스스로 탐구하고 문제를 깊이 있게 이해하는 과정에서 진실된 공감을 이루고 그 공감을 바탕으로 진정한 친구 관계가 무엇인지를 깨닫는 계기가 될 것이라 생각한다. 결론적으로 학교폭력에 대한 두려움에서 아이들이 벗어날 수 있는 계기가 될 수 있음에 큰 의의를 둘 수 있다.

●

‘변화는 모든 배움의 마지막 결과다’

Leo Buscaglia

디자인씽킹과
프로젝트 수업

가정편

디자인씽킹 활동 1.
: 에코 가족

▲▲

디자인씽킹은 나 중심의 생각에서 상대에게 관심을 가지고 그 관심이 주변으로 옮겨가 새로운 문제를 발견하는 과정이다. 아이들이 매일 생활하는 대표적인 공간은 학교와 가정이다. 그렇다면 가정에서 쉽게 찾아볼 수 있는 문제 상황을 보다 나은 방향으로 바꿔보는 활동으로 활용해보면 어떨까?

　가족들과 함께 디자인씽킹 활동을 하는 것은 아이들과 부모님들이 함께 한다는 것에서 더 큰 의미가 있을 것이다. 우리가 생활하는 '집'이라는 공간으로 '가정'이라는 관계적 측면에서 '우리 가족을 위해' 혹은 '우리 가족이 누군가를 위해'라는 접근으로 생각해본다면 가족 구성원이 시작해 볼 프로젝트는 무궁무진 할 것이다. 우리가 매일 보는 뉴스와 인터넷 기사, 아이가 읽고 있는 책에서 소재를 찾을 수도 있다. 또는 집안 구석 구석을 관찰하면서 찾은 문제, 가족 중 한 사람의 불만이나 고충을 해결해보는 것도 재미있는 출발점이 될 수 있다. 그럼 이번에는 가정에서 진행할 수 있는 간단한 디자인씽킹 프로젝트 수업을 몇 가지 알아보겠다.

가정에서 해볼 수 있는 첫 번째 디자인씽킹 활동으로 '에코 가족'을 소개한다. 환경, 그린 산업, 에코 생활 등에 대한 관심이 높아짐에 따라 그것에 대한 이해와 관심 수준은 매우 높다.

'에코 가족'은 이러한 공감대에서 출발하여 '우리 집에서 배출되는 생활 쓰레기가 어느 정도이고 이것을 재활용이 아닌 새로운 제품으로 탄생시켜보면 어떨까?' 하는 실천적 문제에서 시작한다. 하루만 지나면 베란다 한쪽에 수북이 쌓이는 재활용 쓰레기를 보면서 디자인씽킹 마인드로 재미있게 풀어가 보는 것으로 가볍게 시작하면 어떨까?

목표

어떻게 하면 우리 집의 생활 쓰레기(재활용 쓰레기)를 새롭게 활용할 수 있을까?

1단계-이해하기 (업사이클링이란?)

첫 단계 '이해하기'에서 먼저 해야 할 것은 우리 집에서 배출되는 재활용 쓰레기가 어느 정도이고 어떤 종류가 많이 배출되고 있는지를 파악하는 것이다.

우리나라의 재활용 분리수거 실천률은 80%에 육박할 정도로 대부분의 국민들이 분리수거의 중요성을 알고 있다. 학교에서도 아이들에게 분리수거의 필요성, 방법 등에 대한 교육을 꾸준히 진행하고 있어 아이들의 이해 수준도 높은 편이다.

그러나 재활용 쓰레기가 많으니 '일회용품 사용을 줄이자'라는 관점에서 문제를 바라보는 것이 아니라, 생활에서 어차피 나올 수 없는 것이라면 '다시 우리 생활에 이롭게 활용해보자'는 눈으로 접근해보는 것도 필요하다. 바로 '업사이클링'을 도입하여 집안의 재활용 쓰레기를 우리에게 유용한 무언가로 탈바꿈해보자는 것이다.

먼저, 가족들이 모여 '업사이클링(up-cycling)'이 무엇인지에 대해 이야기해보는 시간을 갖는 것이 유용하다. '업사이클링'과 관련해서 아이들과 EBS의 〈하나뿐인 지구 - 새로움에 가치를 입히다〉 프로그램을 먼저 시청하고 이야기를 나눠보거나, '업사이클링' 제품을 판매하는 사회적 기업을 찾아볼 수도 있다. '업사이클링'에 대한 공감대가 형성되었다면, 이제 우리 집을 둘러보자. 베란다 분리수거함에 담긴 많은 재활용 쓰레기의 종류, 용도 등을 생각해보고 이것을 '업사이클링'을 위한 재료로 어떻게 활용할 수 있을지를 고민해본다.

✎ 이해하기 단계 조사 항목들 예시

① '업사이클링'에 대해 이해하고 장·단점에 대해 이야기나누기
② 일주일 동안 우리 집에서 가장 많이 배출되는 재활용 쓰레기 알아보기
③ '업사이클링'의 재료로 활용할 수 있는 재활용 쓰레기 파악하기

위의 항목들과 같이 '업사이클링'의 재료를 찾았다면, 본격적으로 우리 가족 혹은 우리 가족이 알고 있는 사람들에게 도움이 될 수 있는 '업사이클링' 제품을 기획하면 된다.

이렇듯 '이해하기' 단계에서는 가족들이 함께 주제를 찾고 그것을 함께 해결해보자는 의지를 다지는 과정이다. 디자인씽킹 활동의 첫 문을 여는 단계이며, 우리 가족의 공통 관심사를 공유하는 값진 시간 인 것이다.

〈 업사이클링 화분 1,2 〉

2단계-공감하기 [우리 집의 재활용 쓰레기 현 주소]

두 번째 활동은 우리 가족이 해결하고자 하는 문제를 파고 들어가는 활동이다. 직접 아파트 분리수거 현장에 내려가서 재활용 쓰레기 종류와 양을 파악해보고 '업사이클링' 제품에 대한 사람들의 생각을 설문조사나 인터뷰를 진행해도 좋다. 필요에 따라 가족끼리 역할을 나누고 자료를 조사해서 보충하는 것도 이 과정에서 자연스럽게 이루어질 수 있다.

디자인씽킹에서 '공감하기' 단계는 인간중심적인 마인드로 사람들이 그 문제와 관련하여 어떤 생각을 갖고 있는지 무엇이 필요한 것인지를 끄집어내는 과정이다. 그러므로 평소 가족들과 주변 사람들의 이야기를 귀 기울여 듣고 그 안에 통찰을 얻을 수 있는 활동이면 무엇이든 가능하다. 여기에서는 우리 집은 물론 아파트 분리수거 현장을 관찰하고 재활용 쓰레기의 종류를 파악하고, 실제로 분리수거를 하는 이웃 사람들을 대상으로 '업사이클링' 제품에 대한 설문조사를 실시하는 것을 제시하였다.

디자인씽킹 활동 방향과 규모에 따라 우리 가족을 위한 '업사이클링' 제품으로 진행해도 좋으며, 처음부터 사용할 대상자를 정해놓고 설문조사를 진행할 수도 있다.

이웃들이 주로 어떠한 재활용 쓰레기를 배출하고 배출하는 시간대를 파악하는 것은 이후 설문조사 질문을 만들고 실시하기 위해 사전에 반드시 파악해두어야 하는 사항들이다. 또한, 분리 수거 하는 사람들의 연령대를 조사할 필요도 있다.

✎ **설문조사를 위한 관찰 항목들 예시**
- -
① 우리 아파트에서 가장 많이 배출되는 재활용 쓰레기 알아보기

② 우리 아파트 사람들이 분리수거하는 시간대 체크하기

③ 분리수거를 하는 사람들의 연령대 파악하기

직접 분리수거를 하는 사람들이야말로 실제 재활용 쓰레기의 새로운 변신에 관심이 많을 확률이 높으며, '업사이클링' 제품에 대한 반응 또한 높을 것이다. 이러한 사전 준비 활동에서도 가족들 간의 대화와 협의를 통해 설문 대상 선정, 문항 선별, 실시 계획이 세워져야 한다.

위의 질문들은 하나의 예시이다. 각각의 질문에 대답하기 쉽도록 작은 번호를 붙여서 객관식으로 제시한다면 설문 대상자들이 좀 더 부담 없이 설문 조사에 임할 수 있을 것이다. 설문조사를 통해 아래와 같은 내용을 파악할 수 있다.

✎ '업사이클링' 제품 설문에서 정한 질문 항목들 예시

① 주로 집에서 배출하는 재활용 쓰레기는 무엇인가요?

② 누가 분리수거를 담당하나요?

③ 분리수거를 하면서 환경적인 측면에서 볼 때 어떤 생각이 드시나요?

④ 최근 버려지는 쓰레기에 새로운 가치를 입혀 제품으로 재탄생시키는 것을 '업사이클링'이라고 합니다. 버려진 현수막을 재료로 세상에 하나뿐인 가방을 제작하는 것처럼 말입니다. '업사이클링'에 대해 어떻게 생각하시나요?

⑤ '업사이클링' 제품을 직접 제작하신다면 어떤 재활용품을 활용하고 싶으신가요?

⑥ '업사이클링' 제품을 구매하실 의향이 있으신가요?

'이웃들이 또한 우리 가족이 정한 문제(재활용 쓰레기가 많고, 이를 새롭게 바꾸는 것)에 공감하는가?'

'우리의 프로젝트가 이웃들에게 도움이 될 것인가?'

'구체적으로 어떤 재활용 쓰레기를 활용하는 것이 좋을까?

이렇듯 우리가 발견한 문제가 우리만의 문제가 아니라 우리 모두의 문제로 공감되며, 이것을 해결하는 방향 또한 모두가 공감할 수 있어야 한다. 이것이 디자인씽킹 활동이 가진 가장 중요한 가치이며, 프로젝트의 본격적인 출발을 위한 원동력이 되는 것이다.

다음은 위의 질문들을 이웃들에게 설문조사한 후 파악한 요구 사항들을 정리한 것이다. 설문조사 실시 후에는 반드시 설문 결과를 하나씩 살펴보고 사용자의 요구사항을 파악할 수 있도록 한다. 부모님들이 직접 설문조사지의 통계 처리, 결과 정리 등을 아이들에게 보여준다면 자료에서 정보로 변환되는 과정을 눈으로 직접 볼 수 있는 기회가 될 수 있다.

① 플라스틱 용품이 가장 많이 배출된다.

② 주로 30대 이상의 주부들이 분리수거를 담당하고 있다.

③ 한번 쓰고 버려지는 재활용 쓰레기를 보면서 자원 낭비, 안타까움을 공통으로 느끼고 있다.

④ '업사이클링'에 대해 대부분 처음 들어보았으며, 환경을 생각할 수 있어 매우 긍정적인 반응을 보였다.

⑤ 지금 바로 생각나는 것은 없으나, 가정에서 쉽게 사용할 수 있는 제품이면 좋겠다고 대답했다.

⑥ 제품이 잘 나온다면 기꺼이 사용하겠다고 응답했다.

이제부터 설문조사에 응해준 이웃들은 에코 가족의 사용자이다. 사용자의 눈높이에 맞춘 '업사이클링' 제품을 만들어보도록 하자.

3단계-문제 정의하기 [우리가 해결할 문제는 무엇인가?]

'문제 정의하기' 단계에서는 '공감하기' 단계의 설문조사 결과를 바탕으로 우리 가족이 해결해야 하는 진짜 문제를 정의해보는 시간이다. 이미 1~2단계에서 도출된 결과로 '이웃들을 위한 업사이클링 제품 만들기'를 하는 것이 아니었나? 의문이 들 수 있다. 물론 그대로 진행해도 문제는 없다. 일반적인 문제해결 과정에서는 이미 '업사이클링' 제품을 뚝딱뚝딱 만들고 있을지도 모른다. 그러나 디자인씽킹 활동에서는 최종으로 해결해야 하는 문제를 명확하게 하고 실제적인 문제해결에 들어가는 중간 단계가 있다. 이것이 바로 '문제 정의하기'이다. 활동은 간단하다. 여기에서는 설문조사에서 정리한 결과를 통해 사용자 즉, 우리 이웃이 필요로 하는 것과 우리 가족이 실제적으로 해결할 수 있는 것을 고려하여 목표를 정하는 것이다.

설문 조사 결과에서 눈에 띄는 키워드는 '30대 주부', '플라스틱', '가정에서 쉽게 사용하기'였다. 이것이 사용자의 요구사항이라고 할 수 있다. 사용자의 요구사항을 파악하였다면, 이제는 우리가족이 하고 싶은 것, 할 수 있는 것을 이야기해볼 필요가 있다. 사용자의 목소리도 중요하지만 이 프로젝트는 우리 가족에게도 의미 있고, 가치 있는 활동이어야 하기 때문이다. 우리 가족에게는 어떠한 '업사이클링

✎ 협의를 통해 우리 가족이 필요한 '업사이클링' 제품
----
① 베란다에서 식물을 기르기를 좋아하는 엄마에게 필요한 화분
② 덧셈, 뺄셈을 배우고 있는 동생에게 필요한 수학 교구
③ 설거지 할 때 물이 튀는 것을 싫어하는 아빠에게 필요한 물 튐 방치용품
④ 물고기 기르기를 좋아하는 나에게 필요한 페트병 어항

제품이 필요할까?'에 대해 꼭 논의해 보아야 한다. 아마 이야기를 진행하는 과정에서 가족의 관심사, 행동 패턴, 필요한 것 등이 하나, 둘 나오기 시작할 것이다.

설문조사에서 파악한 것을 조합하여 '한 문장 쓰기'로 우리 가족이 해결해야 할 문제를 정의해본다.

> **우리 가족은 (30대 주부)를 위해 (버려진 플라스틱)을 이용하여 업사이클링 (화분과 어항)을 만든다.**

한 문장 쓰기로 표현한 우리 가족의 목표는 앞으로 활동의 이정표가 된다. '업사이클링' 제품은 무궁무진하다. 하지만, 이제부터 우리 가족은 '30대 주부를 위한 플라스틱 업사이클링 화분'을 만드는 것이 목표가 되는 것이다.

4단계-아이디어 생성하기 [우리 가족의 창의적 아이디어 펼치기]

'아이디어 생성하기' 단계는 본격적으로 아이디어를 펼치는 시간이다. 이미 상호간에 친밀함이 높기 때문에 가족 간에는 브레인스토밍이 가장 적합한 방법이라고 생각한다. 자유롭게 이야기하고 질문하고 보충하면서 엄마, 아빠, 아이들이 낸 아이디어가 조금씩 발전해나가는 것을 경험하는 것이다. 글을 쓰는 것이 어려운 아이들은 자신의 생각을 그림으로 표현하거나 부모가 그것을 글로 적어줄 수도 있다.

이렇게 도출한 다양한 아이디어는 우리 가족의 현실적인 제약 사항을 반영해서 한 번 더 생각해볼 필요가 있다. 아이디어 내기에만 집중한 것은 아닌지, 설문조사의 결과를 반영한 것이 맞는지, 우리 가족이

〈 거실 벽면에 붙인 브레인스토밍 〉

✎ '업사이클링' 제품 제작에 포함 시킬 항목

① 주부들의 취향 고려하기

② 플라스틱을 활용하기

③ 화분이나 어항과 같이 가정에서 손쉽게 사용할 수 있도록 하기

④ '업사이클링' 제품이라는 것을 표현하여 환경을 생각하도록 하기

실제로 만들 수 있는 것인지 등을 확인한다. 그리고 마지막으로 이러한 노력을 통해 우리 이웃과 환경에 도움이 되고 필요한 가치를 실현시킬 수 있는지를 판단할 필요가 있다. 이 과정에서 반드시 포함되어야 할 아이디어 요소를 정리하면서 프로토타입 제작을 위한 최종 아이디어의 콘셉트를 정한다.

5단계: 프로토타입 만들기 (더 이상 버려진 쓰레기가 아니다)

버려진 페트병, 과일을 담았던 플라스틱 상자 등을 이용하여 프로토타입을 만든다. 손쉽게 확인하고 빠르게 수정하는데 초점을 두고 진행하는 것이 중요하다. 이외에도 집안에서 손쉽게 구할 수 있는 재활용 쓰레기(천, 비닐, 종이, 끈 등)를 이용하여 제작에 들어간다. 페트병 화

분이나 어항을 만드는 방법은 인터넷 검색을 통해서도 손쉽게 방법을 익힐 수가 있으며, 프로토타입을 제작할 때 필요한 재료에 대한 부담이 없기 때문에 다양한 방법으로 프로토타입을 시도해볼 수 있다.

프로토타입을 제작함에 있어 칼, 가위, 송곳과 같이 아이들에게는 위험한 도구들의 사용이 불가피하다. 프로토타입 제작을 아이들 스스로 할 수 있도록 하는 것이 중요하나, 부모가 직접 도구를 사용하는 것을 시범으로 보여주고 실습할 수 있는 기회를 제공하는 것 또한 살아있는 '메이커(Maker) 교육'이 될 수 있다.

페트병을 이용한 화분과 어항의 경우에는 페트병을 바로 자르고 붙이면서 프로토타입을 구현해나갈 수 있다. 그래서 가장 손쉽고 간편하게 생활에서 실천해볼 수 있는 '업사이클링'의 예라고 할 수 있다.

프로토타입을 만드는 과정에서도 대화를 통해 아이디어를 발전시켜 나가야 한다. 하나의 완성된 '업사이클링' 화분과 어항을 만드는 것이 아니라 점점 달라지는 프로토타입을 만들어 나간다는 점을 기억해야 할 것이다. 이 과정에서 아이들에게 "잘못해도 돼", "다시 해도 좋아", "서툴러도 좋은 경험이야"라는 점을 이야기 해주면서 활동에 적극적으로 참여해나갈 수 있도록 유도하는 것이 필요하다.

6단계-공유하기 [이웃의 의견 들어보기]

완성한 프로토타입을 이제는 이웃들과 함께 나누는 시간이다. 설문조사를 부탁했던 옆집 아주머니와 아랫집 아저씨에게 프로토타입을 선보이고 아이들이 직접 피드백을 받는다. 그들에게도 프로토타입이 완성된 작품이 아니란 점을 설명하고 여러 가지 의견을 들어본다. 이 때, 아이들도 자신들의 프로토타입이 완성품이 아니라 얼마든지 다시 만들거나 변형될 수 있다는 점을 이해시킨다.

이웃들의 피드백을 주고받은 후 필요한 경우 프로토타입을 수정한다. 새롭게 만들어도 무방하다. 프로토타입을 활용해 실제 사용할 사용자들에게 반응을 들을 수 있으며, 이 과정에서 얻은 피드백을 반영하여 좀 더 발전된 모습으로 구현될 수 있다. 이러한 프로토타이핑 작업을 두 세 차례 거친다면 최종으로 만족할 만한 제품으로 탄생되는 것이다. 다만, 이러한 과정은 실제 제품 디자인에서 적용되는 과정이므로 가족 프로젝트에서는 따를 필요는 없다. 가족들의 취향과 선호도를 반영하여 프로토타입의 수정의 방향은 협의를 통해 정하고 프로젝트의 매듭을 지으면 되는 것이다.

'에코 가족 프로젝트'는 버려지는 것에 새로운 가치를 입히는 '업사이클링'에서 착안하였다. 가정에서 버려지는 재활용 쓰레기를 조사하고 가족 구성원들과 이웃들이 손쉽게 활용할 수 있는 생활용품을 만드는 것이 프로젝트의 흐름이었다. 에코 가족 프로젝트는 환경과 이웃을 생각한다는 의미를 담은 가족 프로젝트로 다양한 소재와 아이디어를 활용한다면 재미있고 친환경적인 활동이 될 수 있을 것이다.

디자인씽킹 활동 2
: 한복 입어 볼까요.

얼마 전 경복궁 야간 개장을 한다는 뉴스를 보았다. 매년 경복궁은 여름 즈음 시민들에게 아름다운 고궁을 거닐 수 있는 특별한 기간을 제공하고 있다. 올해도 한복을 입고 입장할 경우 관람료가 무료라고 한다.

특별한 날에만 입는 옷으로 여겨지는 한복을 경복궁 나들이에 적용한 마케팅이 절묘하다 싶다가도 '거추장스럽게 한복을 입으면서 까지 가는 사람이 있을까?'하는 의문이 들기도 한다. 아이가 있는 집이라면 옷장에 한 두 벌의 한복이 있을 것이다. 어린이집, 유치원에서 명절을 맞이하여 한복을 입고 오라고하기 때문이다.

'그렇다면 사람들은 왜 한복을 즐겨 입지 않을까?'
'불편함을 줄이고 새로운 디자인으로 개량한 한복들도 왜 사람들은 입지 않을까?'

304

옷장의 한 자리를 차지하고 있는 한복이 디자인씽킹 활동 가족편의 두 번째 소재이다[1]. 기존의 한복을 새롭게 디자인 하는 것이 될 수도 있고, 사용자의 취향과 요구사항을 반영한 개량한복을 새롭게 만들어 볼 수도 있다. 한복이 아닌 옷장이나 신발장에서 몇 년째 사용하지 않는 옷, 신발 등을 새롭게 탄생시켜보는 것도 가능하다. 중요한 것은 가족이 함께 공감하는 문제를 찾고 함께 문제를 해결해나가는 과정을 경험한다는 것이다.

목표

어떻게 하면 사람들이 평소에도 한복을 즐겨 입을 수 있을까?

'한복 입어볼까요? 프로젝트'는 이러한 관점에서 '사람들이 평소에도 즐겨 입을 수 있는 한복'을 가족들이 함께 디자인해보는 것을 주제로 삼았다. 우선, 옷장에 넣어둔 한복을 꺼내보고 우리 가족의 추억을 되살펴보는 시간을 갖는 것도 좋다. 결혼식, 돌잔치, 할머니의 칠순 잔치 등 가족의 즐거웠던 시간들을 이야기하며, 자연스럽게 프로젝트의 문을 여는 것은 어떨까?

---

1   이 프로젝트는 저자가 2017년 광주도평초등학교에서 담임을 맡았던 정은서, 정연서 학생과 그 가족들이 진행한 사례이다.

1단계-이해하기 [한복에 대해 알아보기]

첫 단계 '이해하기'에서는 옷장에 넣어둔 한복을 꺼내보고 '우리 가족은 평소에 한복을 왜 즐겨 입지 않는가?'에 대해 서로 이야기를 나누어 보는 것으로 시작한다. 한복에 대한 기초 자료를 조사해보는 것도 의미가 있다. 기존 한복의 특징, 한복의 우수성, 시대별 한복의 변천사, 요즘의 한복 등을 인터넷 검색을 통해 찾아보는 것이다.

✎ 이해하기 단계에서 가족들이 알게 된 사실들
- -

① 한복은 시대에 따라 변천 되어 왔으며, 조선 시대로 올수록 실용적인 디자인으로 변모하였다.

② 여성의 한복은 저고리와 치마가 대표적인데 넓고 긴 치마와 긴 저고리의 긴 옷고름으로 이루어져있다.

③ 한복의 색 배합도 시대에 따라 변하였다.

④ 한복의 옷감은 면직물, 마직물, 견직물로 나누어져 있으며, 계절과 시대에 따라 선택하여 사용한다.

✎ 우리 가족의 능동적인 이해하기 및 의사소통을 도와주는 질문들
- -

① 우리 가족 외에도 사람들이 왜 한복을 입지 않는지를 알아볼 수 있는 방법이 무엇이 있을까?

② 새로운 한복을 디자인하기 위해서는 무엇부터 시작하면 좋을까?

③ 새로운 한복을 디자인한다면 대상을 누구로 정할 것인가?
④ 실제로 사람들의 반응을 듣기 위해서는 어떻게 하면 될까?

위와 같이 구체적으로 디자인씽킹 활동의 방법적인 측면에서 서로 의견을 주고받는 것이 필요하다. 활동의 큰 방향을 잡고 이것을 어떠한 방식으로 진행할 것인지 큰 그림을 '이해하기' 단계에서 그려야만 다음 단계들이 매끄럽게 진행될 수 있다.

2단계-공감하기 (설문조사 준비와 실행)

두 번째 활동은 '공감하기' 단계이다. 여기에서는 사용자 즉, 한복을 입을 대상자를 정하여 그들의 요구사항을 도출해내는 활동을 전개한다. '왜(Why)?'라는 관점에 집중하여 사용자를 관찰하고 체험하고 의견을 들으면서 '왜?'라는 질문으로부터 문제 해결의 실마리를 찾는다.

앞서 살펴본 '공감하기' 단계의 여러 활동 중 '한복 입어볼까요? 프로젝트'에서는 사람들이 한복을 입지 않는 이유에 초점을 맞추어 설문조사를 실시한다.

앞에서도 언급했지만 설문조사는 특정 문제나 주제에 대해 나수의

✎ 10대 여학생과 성인 여성을 대상으로 한복에 대한 설문지 예시

----

① 평소 1년 중 한복을 입는 횟수는 얼마나 되나요?

　 ㉠ 없다. ㉡ 1-2회 ㉢ 3-4회 ㉣ 5-6회

② 한복을 잘 입지 않는다면 그 이유는 무엇인가요?

　 ㉠ 다른 사람이 안 입고 다녀서

　 ㉡ 디자인이 안 예뻐서

　 ㉢ 화려해서

　 ㉣ 세탁이 불편해서

　 ㉤ 취향에 맞지 않아서

　 ㉥ 기존의 옷과 어울리지 않아서

　 ㉦ 기타 (　　　　)

③ 한복을 고른다면 저고리 모양은 어떠한 것이 좋을까요?

　 ㉠ 복식 저고리 ㉡ 민 저고리

④ 치마 착용 방식은 어떤 것이 좋을까요?

　 ㉠ 지퍼치마 ㉡ 밴드치마

⑤ 저고리의 길이는 어느 정도가 적당할까요?

　 ㉠ 가슴까지 ㉡ 배꼽까지 ㉢ 허리까지 ㉣ 엉덩이까지

⑥ 치마 길이는 어느 정도가 적당할까요?

　 ㉠ 무릎 위 ㉡ 무릎 아래 ㉢ 엉덩이 ㉣ 치마바지 ㉤ 철릭 원피스

　 ㉥ 기타(발끝까지)

의견을 수집하는 방법이다. 일정 수 이상의 사람들을 대상으로 답변을 들을 수 있기 때문에 가장 일반적인 기호를 파악하기에 적합한 방법이다. 설문조사를 위해서는 탄탄한 준비과정이 필요한데 그 중에서 사람들의 답변을 이끌어낼 수 있는 설문 문항을 구성하는 것이 중요하다. 두 번째 디자인씽킹 프로젝트 수업에서는 10대 여학생과 성인 여성을 대상으로 한복에 대한 설문 조사를 실시한다는 가정 하에 설명하고자 한다.

설문지는 설문 시간, 장소, 대상 수 등에 대한 구체적인 설문 계획을 세운 후 진행한다. 문항 작성에서 설문 결과의 통계까지 일련의 과정을 경험함으로써 일반적인 리서치 과정을 이해하는데 도움이 될 것이다.

10대 학생들을 대상 설문조사 결과

1년 중 한복 입는 횟수

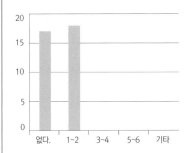

결론 도출 : 대부분의 여자 청소년들은 평상시에 한복(개량한복 포함)을 자주 입지 않는다.

개량한복을 안 입는 이유

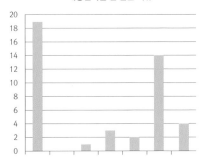

결론 도출 : 대부분의 여자 청소년들은 개량한복을 입지 않는 이유가 다른 사람들이 안 입어서(혼자 튈까봐, 유행에 맞지 않아서) 또는 불편해서다.

계획 : 현재 유행을 참고하면서 입고 움직이고 벗기 편한 옷으로 디자인.

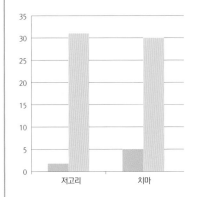

계획 : 민저고리에 밴드치마로 디자인.

저고리 길이

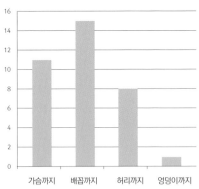

계획 : 개량한복 10벌 중 5벌은 배꼽, 3벌은 가슴, 2 벌은 허리까지 길이로 디자인 하자.

성인 여성들을 대상 설문조사 결과

1년 중 한복 입는 횟수

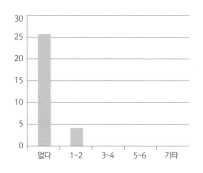

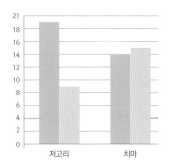

결론 도출 :다수의 성인 여성이 한복(개량한복 포함)을 입은 적이 없다.

개량한복 안 입는 이유

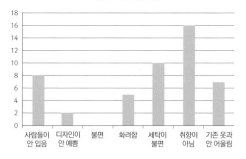

결론 도출 : 가장 많은 성인 여성들이 개량한복을 안 입는 이유는 '취향이 아니라서'이다. 사람들이 안 입는다는 이유는 득표수가 적은 걸 보아하니 여자 청소년들에 비해 유행이나 다른 사람의 시선에 덜 민감하다고 예상할 수 있다. 자료를 보면 성인들이 좋아하는 복식 저고리는 기존의 개량한복들 중에 잘 보이지 않았고, 취향에 맞지 않다는 건 복식 저고리가 없다는 뜻으로 해석된다.

계획 : 10벌 중 7벌을 복식 저고리로 디자인. 3벌은 민저고리.

6학년 국어과 교육과정에서 '면담하기'의 절차와 실제를 다루는 단원이 있다. 이 단원을 지도하면서 이러한 실제적인 경험이 학생들에게는 가장 강렬한 교육적 효과를 남길 수 있다는 확신을 가졌다. 신문이나 뉴스에서 쉽게 접하는 내용들을 아이들이 직접 설문을 통해 자료를 수집하고 정리하여 하나의 정보로 탈바꿈한다는 것은 좋은 경험이 될 것이다.

설문조사의 경험도 마찬가지이다. 우리가 사용하고 있는 제품, 서비스 등이 탄생되기까지 사전 설문을 통해 사람들의 니즈(Needs)를 듣고 파악하는 단계가 포함되어 있다는 것을 아이들은 자연스럽게 이

✎ **설문조사 결과 파악 할 수 있는 사용자의 현황 및 요구사항 예시**

① 10대 여학생들이 한복을 입지 않는 이유는 '다른 사람들이 입지 않아서'이다.

② 성인 여성들이 한복을 입지 않는 이유는 '취향이 아니라서'이다.

  → 성인 여성들은 여학생들에 비해 유행이나 다른 사람의 시선에 덜 민감하다는 것을 알 수 있다.

③ 저고리의 형태는 배꼽이나 허리까지 기장을 두 부류다 선호하였다.

④ 치마의 길이는 10대 여학생은 무릎 위까지 성인 여성들은 무릎 아래까지를 선호하였다.

  → 성인 여성들은 여학생들에 비해 활동성에 치중한다고 생각된다.

해할 수 있다. 사전 준비와 설문 조사를 실행하는데 많은 시간이 소용되므로 가정과 연계하여 지도한다면 아이들은 실질적인 자료 수집 방법을 익힐 수 있는 계기가 된다.

설문 결과를 위에서 제시한 표와 그래프로 제시할 필요는 없다. 대략적인 사람들의 선호도와 이유를 파악하는 정도로 활용해도 무방하다. 다만, 설문 조사를 토대로 사용자들의 요구사항을 정리하여 디자인에 반영하는 것은 잊지 말아야 할 것이다. 이 때, 아이들과 통계적으로 나온 수치들에서 얻을 수 있는 사실들을 이야기해보는 과정을 함께한다면 다양한 통계자료를 읽고 해석하는 경험을 제공할 수 있다.

● ● ● ● ● ● ●

3단계-문제 정의하기 [통찰하기]

'공감하기' 단계에서 설문 조사를 통해 10대 여학생들과 성인 여성들의 의견들을 확보했다면 그중 의미 있는 내용을 골라 실질적으로 활용하기 위한 해석이 필요하다. 사용자의 다양한 요구사항과 취향을 고려하여 한복을 디자인하는 활동이므로 'HMW' 기법으로 인사이트를 도출해본다.

① 10대 여학생들이 한복을 입지 않는 이유는 '다른 사람들이 입지 않아서'이다.

② 저고리의 형태는 배꼽이나 허리까지 기장을 두 부류다 선호하였다.

③ 치마는 무릎 위의 기장을 선호하였다.

  ➜ 우리가 어떻게 하면 ②, ③을 반영하여 10대 여학생들이 즐겨 입는 한복을 디자인 할 수 있을까?

① 성인 여성들이 한복을 입지 않는 이유는 '취향이 아니라서'이다.

② 저고리의 형태는 배꼽이나 허리까지 기장을 두 부류다 선호하였다.

③ 치마는 무릎 아래의 기장을 선호하였다.

  ➜ 우리가 어떻게 하면 ②, ③을 반영하여 성인 여성들의 취향을 반영한 한복을 디자인 할 수 있을까?

4단계-아이디어 생성하기 [그림으로 아이디어 펼치기]

통찰한 내용을 중심으로 아이디어를 생성하는 과정은 그림으로 표현하기 활동으로 이어진다. 시각화는 디자인씽킹 활동 전 과정에서 활용되는 요소이자 도구이다. 멋진 그림을 그리는 것이 아니라 아이디어를 눈으로 보여줌으로써 상호간의 활발한 의사소통을 촉진하는데 의미가 있다. 종이와 펜을 이용하여 우선 가족 구성원 각자가 생각하

〈 10대 여학생들이 선호하는 디자인 〉

는 한복의 이미지를 그려본다. 포토샵이나 싸이툴(saitool: 스케치 프로그램)과 같은 디지털 도구를 활용해도 좋지만 우선은 손에서 아이디어를 표현해보는 것을 권장한다. 이 때, 가족 구성원 모두가 마음껏 의견을 낼 수 있는 자유로운 분위기를 만들 필요가 있으며, 적극적으로 아이디어를 표현할 수 있도록 한다.

학교에서도 그림으로 표현하는 것에 소극적인 태도를 보이는 아이들을 간혹 볼 수 있는데 이러한 모습을 보이는 이유는 '나는 그림을 못 그린다.' 혹은 '내 그림이 이상하다고 생각할 것이다.'라는 걱정 때문이다. 가족과 함께 하는 디자인씽킹 활동에서는 타인의 눈을 의식한 소극적인 태도에서 벗어나 보다 적극적으로 활동할 수 있도록 부모가 따뜻한 격려와 지지를 해주면 어떨까?

그림으로 표현하기 활동 후 사용자들의 요구사항을 반영한 최종 디자인을 선정하는 하는 활동까지 이루어질 수 있도록 한다.

● ● ● ● ● ● ●

5단계-프로토타입 (보이고 다시 수정하라)

최종으로 선정한 디자인을 프로토타입으로 구현해보는 단계이다. 프로토타입의 취지를 살려 최종 디자인 그대로 설문조사 대상자들에게 피드백을 받아보는 것도 좋다. 여기에서는 최종으로 선정한 디자인에 색을 입혀 1차 프로토타입을 완성하였다. 그리고 설문용 보드판을 제작하여 호감도를 투표하도록 하는 1차 피드백을 받아보았다. 10대 여

〈 1차 프로토타입 설문용 보드판 〉

학생들을 대상으로 3개의 스타일에 대한 스티커 투표를 실시하였다.

여기에서는 프로토타입을 제작하는 것 또한 중요하지만 피드백을 받고 또 다시 수정해나가는 과정에 초점을 맞추어 진행한다. 이 과정에서 주안점은 가족 간의 협의를 통해 조정해나가는 것이다. 설문용 보드판을 이용한 투표로 가장 선호하는 디자인을 알아보기 위함이었으나, 포스트잇에 직접 피드백을 남기는 학생들도 있었다.

······●

6단계-공유하기 [사용자의 피드백 얻기]

이러한 1차 피드백을 반영하여 2차 프로토타입을 제작하여 2차 피드백을 받아보았다. 1차 피드백과 동일한 방법으로 10대 여학생들을 대상으로 3개의 스타일에 대한 스티커 투표를 실시하였다.

〈 1차 프로토타입에 대한 피드백 〉

A유형 : 치마 길이를 늘려 달라. 치마가 다소 유치하다.

B유형 : 치마 길이를 늘려 달라.

C유형 : 민소매를 바꿔 달라.

〈 2차 프로토타입과 피드백 〉

〈 개량 한복으로 구현된 최종 프로토타입 〉

2차례에 걸친 피드백을 바탕으로 최종으로 완성한 프로토타입은 실제 한복을 만들어 보는 것으로 마무리하였다. 실제 한복까지 제작하는 것은 가족 중에 바느질에 탁월한 재주가 있지 않고서는 사실 쉽지 않은 일이다.

프로토타입의 완성도도 중요하지만 무엇보다 '프로토타입 만들기와 공유' 단계에서 아이디어를 실현시키고 그것을 여러 사람들의 의견을 들어 다시 수정하고 변형하면서 발전시켜나가는 과정을 경험하도록 하는 것이 가장 중요한 일임을 기억하자.

디자인씽킹 활동 3
: 엄마 무엇을 도와드릴까요?

아이들은 종종 공부하기 힘들다는 투정을 하며 엄마 아빠에게 불만을 터트리곤 한다. 하지만 반대로 엄마 아빠에게는 어렵고 힘든 점이 없을까? 이번 디자인씽킹 활동은 '내가 우리 집에서 가족을 도와줄 수 있는 것이 없을까' 라는 질문에서 시작해 보고자 한다. 나 중심이 아닌 엄마 아빠에게 관심을 옮겨 문제를 발견하고, 발견한 문제를 해결하는 과정을 디자인적 사고로 경험해보고자 한다.

이번 사례는 가족 구성원 중 엄마를 Taget User로 설정하여 프로젝트를 진행하고, 프로젝트를 함께 할 팀원으로 가족 구성원 모두가 참여할 수 있도록 한다. 프로젝트 진행의 전체 흐름을 아래와 같이 제시하니, 가정에서는 상황에 맞게 변형하여 적용하기 바란다.

> **목표**
>
> **어떻게 하면 우리 가족이 엄마를 도와줄 수 있을까?**

●●●○○○○

1단계-이해하기(가족 마인드맵을 그려라)

'엄마 무엇을 도와드릴까요?' 프로젝트를 시작하기 전 가족 구성원에 대해 알아보는 시간이 필요하다. 게임 형식으로 진행해도 좋고, 가족 구성원 마인드맵을 활용하는 것도 좋은 방법이다. 이러한 시간을 가지는 이

〈 가족 마인드맵 그리기 〉

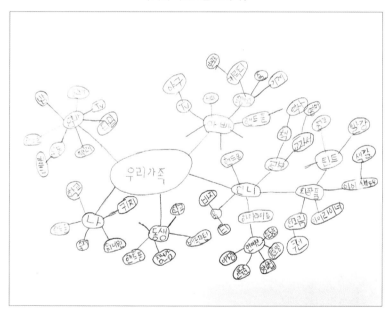

유는 가족에 대해 알고 있는 1차적인 정보는 무엇인지, 그 정보가 진정한

가족에 대한 의미 있는 것인지를 체크해보는 용도로도 활용할 수 있다.

2단계-공감하기 [엄마의 표정을 맞춰라]

두 번째 '공감하기' 단계에서는 활동 시작 전 팀원 간의 공감을 활성

화하기 위하여 몸과 마음풀기 준비 활동을 시작한다. 매일 보는 가족

〈 우리 엄마 표정 알아 맞추기 〉

의 표정을 관찰해보고 엄마, 아빠가 가진 전형적인 표정을 골라보는 활동을 하거나 가족의 표정을 세심히 살펴보고, 그 사람의 상황과 감정을 공감해보도록 한다.

활동 방법은 이번 프로젝트의 taget user인 엄마를 하루 동안 관찰하고 8가지 표정을 그려보는 것이다. 그리고 팀원인 가족 구성원과 함께 엄마의 표정과 비슷한 동물이나 사물은 무엇인지, 엄마가 언제 그런 표정을 짓는지 등에 대한 이야기를 같이 나누어 본다.

엄마에 대한 서로의 생각과 느낌을 공감한 팀 구성원은 이제 어떤 문제가 있는지 파악하고 해결이 필요한 문제에 대한 공감활동을 시작한다.

먼저, 문제해결을 원하는 사람의 이야기를 듣기 위하여 엄마에 대한 인터뷰를 실시한다. 인터뷰 상황에서 자연스럽게 엄마의 요구사항이 나타날 수 있게 팀원들과 함께 인터뷰 문항을 함께 만드는 시간을 가지도록 한다.

✎ 엄마에 대한 인터뷰 문항 예시

- -

① 현재 엄마가 하고 있는 집안일들은 무엇인가요?

② 집안일 중 가장 힘들고 어려운 일은 무엇인가요?

③ 왜 그 일이 가장 힘이 든다고 생각하시나요?

④ 엄마가 현재 집안일에 있어서 가족에게 가장 원하는 것은 무엇인가요?

⑤ 엄마에게 지금 가장 필요한 것은 무엇인가요?

두 번째 공감 활동으로는 관찰을 진행하도록 한다. 엄마를 하루 동안 그림자(쉐도잉)처럼 따라 다니면서 엄마의 말과 행동, 감정 표현 등을 자세히 관찰하고 기록하는 것이다. 처음에는 엄마가 어색해하고 관찰자를 의식할 수 있으나 시간이 지나면서 자연스러운 모습을 보여주며 문제 해결을 위한 실마리를 제공할 수도 있다. 가족에게 보여주는 모습과 또 다른 모습을 관찰하기 위하여 엄마와 가장 가까운 이모나 엄마의 지인을 활용할 수 있다. 이모나 엄마의 지인에게 프로젝트의 목적을 자세히 설명하고 엄마에 대한 관찰 조사활동을 부탁할 수 있다. 평소 가족구성원에게 보여주지 않았던 모습이나 니즈를 발견할 수 있는 좋은 방법이 된다.

다음으로 '엄마 되어보기'는 엄마의 역할을 경험해 보는 활동이다. 말 그대로 엄마가 되어 엄마의 역할을 하루 동안 수행하면서 알게 된 정보와 문제점 등을 기록하는 것이다. 엄마에 대한 심층 인터뷰 전에

〈 엄마 되어보기 〉　　　　　　　　〈 기록지 〉

실시하면 더욱 양질의 인터뷰를 진행할 수 있다.

　이렇게 관찰과 인터뷰를 통해 얻은 정보를 팀원들과 함께 정리하고 공유하는 시간을 가지도록 한다. 많은 시간을 들여 관찰하고 인터뷰를 하였다 하더라도 활동에 의미만 두고 결과를 분석하고 해석하지 않는다면 아무 의미 없는 활동에 그치게 된다. 또한 '왜'라는 관점으로 접근하여 인사이트를 찾는 것도 잊지 말아야 한다. 아래는 공감활동을 통해 확보한 정보이다.

> ✎ 공감하기 활동 결과 파악 할 수 있는 엄마의 상황 및 요구사항 예시
>
> ① 엄마는 매일 매일 하는 집안 일이 즐겁지 않다.
> ② 가족들과 대화 하는 시간이 별로 없다.
> ③ 혼자만의 시간을 가지고 싶다.
> ④ 엄마가 하는 집안일의 양이 많다.

● ● ● ◉ ● ● ● ●

3단계-문제 정의하기 [우리 가족의 진짜 문제는?]

관찰 내용의 원인이 무엇인지 그 이유를 고민하는 것에서부터 사용자의 니즈 찾기가 시작된다. 이 때 사용할 수 있는 좋은 방법이 바로 질문이다. '왜?'라는 질문을 끊임없이 던져 진짜 문제의 원인을 찾아야

한다. 엄마에 대해 알게 된 정보를 '5why'기법을 사용하여 문제의 진짜 원인을 찾아보자.

5why기법을 통해 문제의 진짜 원인이 무엇인지 알게 되었다면 문제에 대한 해결책을 HMW접근법을 찾아본다.

엄마에 대한 관찰, 엄마 되어보기, 엄마 인터뷰 등 다양한 공감활동 결과와 5why에서 찾은 문제의 진짜 원인을 HMW를 넣어서 해결과제를 문장으로 만들어보는 것이다. 이때 반드시 가족 구성원(프로젝트 팀원)과 함께 수집한 자료를 시각화 하여 분류하고 공유하는 작업이

✎ 5WHY 기법 사용하기

예시) 문제 상황 : 엄마가 해야 하는 집안일이 매우 많다.

① **1why** : 왜 엄마가 해야 하는 집안일이 매우 많은지 생각해보니 엄마를 제외한 다른 가족들이 집안일을 별로 하지 않기 때문이다.

② **2why** : 왜 다른 사족들은 집안일을 하지 않는지 물어보니, 서로 다른 일들이 바쁘기 때문이다.

③ **3why** : 왜 바쁜 일이 많은지 이유를 물어보니 아빠는 회사에서 힘들고, 나는 학교에 학원에 해야할 숙제가 많기 때문이다.

④ **4why** : 회사에서 힘들고 해야 할 숙제가 많기 때문에 집에서는 회사일 이나 숙제만 하는지 물으니 그건 아니고 tv도 보고 게임도 하기 때문에 시간이 없다.

⑤ **5why** : tv 보고 게임을 하기 때문에 집안일의 대부분을 엄마가 하게 된다.

선행되어야 한다.

엄마의 하루를 시각화 하는 taget user 여정지도를 제작하는 것도 중요하다. 엄마가 하루 동안 어떤 일을 하는지 시간의 흐름에 따라 시각화 하고 관찰 활동에서 기록해 두었던 엄마의 감정(기쁨, 화남, 우울함 등)을 표시해 준다. 그리고 그러한 감정이 나타나게 된 원인이 무엇인지도 분석하여 본다.

이 활동은 가족 구성원이 거실에 모여 자유롭게 움직이며 활동할 수 있는 분위기와 함께 가정용 보드판이나 집 벽면을 활용하여 정보를 분류할 수 있도록 환경을 구성하는 것도 좋다. 이러한 과정을 거쳐 도출한 HMW의 형태의 해결과제에 대한 디자인 원칙이다.

〈 Taget user 여정 지도 〉

① 엄마는 집안일이 많고 매일 매일 해야 할 일이 많다고 느끼고 있다.

→ 우리가 어떻게 하면 엄마의 집안일을 줄여 줄 수 있을까?

② 엄마는 가족과 함께 하는 시간도 소중하지만 혼자만의 시간을 가지고 싶을 때가 있다고 생각한다.

→ 우리가 어떻게 하면 엄마만의 시간을 만들어 줄 수 있을까?

③ 엄마는 집안일을 매일 매일 반복되는 일상이라 집안일에 대한 보람이 그다지 없다고 생각한다.

→ 우리가 어떻게 하면 엄마가 하는 일에 보람을 느낀다고 생각하게 할 수 있을까?

4단계-아이디어 생성하기 [분류하고, 선정하고 다듬어라]

이전 단계에서 정의한 3~5개의 HMW형태의 해결과제를 가정의 보드 판이나 벽면에 붙이고, 팀원(가족 구성원)에게 포스트잇을 나눠준다. 이 때, 브레인스토밍을 하기 전 가족 구성원 간의 브레인스토밍 규칙을 같이 만들어서 공유하는 것도 보다 다양한 아이디어가 나오는 데 도움이 된다.

✎ 우리집 브레인스토밍 규칙 예시

① 판단하지 않는다.

② 한 사람씩 돌아가면서 이야기 한다.

③ 전에 나온 아이디어를 수정해서 말해도 괜찮다.

④ 다른 사람이 아이디어를 낼 때 경청한다.

'우리가 어떻게 하면 엄마의 집안일을 줄여 줄 수 있을까'라는 주제를 바탕으로 포스트잇 한 장 당 하나의 아이디어를 쓴다.

"로봇 청소기를 산다."

"옷을 3일 이상 입고 빨래 통에 넣는다."

"양말은 꼭 뒤집어서 넣지 않는다."

"집안일을 나누어서 같이 한다."

"순번을 정해서 집안일을 한다."

"반찬을 사서 먹는다."

위와 같이 여러 가지 아이디어들이 나왔고, 아이디어를 내는 속도가 줄어든다면 다음 주제로 넘어가서 브레인스토밍을 할 수 있게 한다. 한 주제당 15-30분 정도가 적당하나 꼭 시간을 지켜야 할 필요는 없다. 브레인스토밍을 이끌어 갈 퍼실레이터는 가족 구성원 중 누구나 상관없고, 아이가 퍼실레이터를 맡아보는 경험도 자신감을 키울 수 있는 좋은 기회이다. 단, 진행에 어려움을 겪을 때는 엄마, 아빠가 조언을 해주는 것이 원활한 진행에 도움이 된다.

그리고 스캠퍼 기법을 활용하여 아이디어를 생성할 수도 있다. 예를 들어 엄마의 집안일을 좀 더 손쉽게 도와줄 도구에 대한 아이디어를 생성한다고 가정하자.

스캠퍼 워크시트를 제공하고 기존의 도구(예를 들어 먼지털이)를 대체하기(S), 결합하기(C), 조절하기(A), 변경·확대·축소하기(M), 용도바꾸기(P), 제거하기(E), 역발상·재정리하기(R)를 통해 아이디어를 낼 수 있도록 도와준다. 물론, 스캠퍼 기법에 대한 자세한 설명이 선행되어야함은 당연하다. 이렇게 3-5개의 주제에 대한 여러 아이디어가 생성되었다면 문제 해결을 위한 최고의 아이디어를 선정하는 단계로 발전한다.

(1) 아이디어 분류 및 다듬기

보드판이나 벽에 부착된 아이디어를 비슷하다 생각되는 아이디어끼리 모으거나 분류 기준을 정하여 키워드를 부착 후 아이디어를 분류한다. 분류한 아이디어를 종합할 수 있는 대표 의견으로 정리하여 다른 색의 포스트잇으로 옮겨 써준다.

(2) 아이디어 선정 및 시각화하기

팀원 간의 투표를 통해 선정된 아이디어를 시각화 하여 표현한다. 이

〈 아이디어 분류 〉 〈 시각화된 아이디어 〉

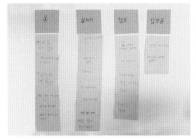 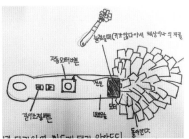

때, 시각화에 있어서 멋진 그림으로 나타내려고 대부분의 아이들은 많은 시간을 투자하고 노력한다. 부모님은 멋진 그림이 중요한 것이 아니라 간단하게 아이디어를 스케치하고, 아이디어에 대한 실현 가능성, taget user인 엄마의 요구사항이 반영 된 것인지, 엄마에게 꼭 필요한 가치 있는 것인지를 서로 논의해보는 시간이 중요하다는 것을 아이들에게 주지시켜 주어야 한다.

(3) 최종아이디어 콘셉트 자료 제작하기

아이디어에 대한 실현가능성, 엄마의 요구사항, 엄마에게 정말 가치 있는 일인지에 대한 검토가 끝났다면 최종 아이디어에 대한 다듬는 시간을 가진다. 탈락된 아이디어에서 가져올 것은 없는지, 새롭게 추가하여 보완할 사항은 없는지 이야기한다.

다듬는 과정이 완료되었다면 최종 아이디어가 어떻게 엄마의 문제 상황에 직용되고, 문제를 해결할 수 있는지 한눈에 파악힐 수 있도록 글과 함께 그림으로 나타내는 콘셉트 자료를 제작한다. 콘셉트 자료의 제작까지 끝났다면 프로토타입으로 실행해 보자.

5단계-프로토타입 만들기 [엄마를 위한 프로토타입]

아이디어의 최종 콘셉트 자료를 검증하기 위한 도구인 프로토타입을 만들어야 한다. 만들어진 프로토타입을 통해 아이디어를 테스트하고 평가할 수 있다.

일반적인 프로토타입은 글이나 그림, 쉽게 구할 수 있는 재료(종이, 마카, 풀, 가위, 종이컵, 찰흙, 수수깡, 클레이 등)로 간단한 만들기, 소프트웨어(아두이노, 3D프린팅 등)의 활용, 역할극의 형태로 제작할 수 있다.

이번 디자인씽킹 활동 '엄마 무엇을 도와드릴까요?'에서의 프로토타입은 시나리오 형태의 글쓰기, 그림으로 묘사하는 스토리 보드, 종이 등을 활용한 간단한 모형 만들기, 그리고 팀원들이 역할극(taget user인 엄마와 가족 구성원의 역할)을 수행하는 방법 등을 활용하였다. 이 외에도 문제 해결 아이디어에 따라 다양한 프로토타입 제작이 가능하다. 본 도서의 2장 프로토타입 제작하기에서 좀 더 자세한 내용을 참고하기 바란다.

각 가정마다 문제 해결의 아이디어를 새로운 제품 제작에 두는 가

〈 프로토타입1 〉

예시 : 문제 해결 아이디어를 사용자가 경험하는 입장에서 쓴 시나리오

〈 프로토타입2 〉

정도 있을 것이고, 가족 구성원의 역할 분담이나 일에 대한 가치의 변형에 두는 가정도 있을 것이다. 따라서 각 가정에서 나온 최종 문제 해결 아이디어에 따라 프로토타입 제작의 형태를 정하는 것이 좋을 것이다.

처음 프로토타입을 만들어보는 아이들은 멋지고 예쁘게 만들기 위해서 노력하나 프로토타입은 빨리 만들고 손쉽게 만들고 실패하면 다시 제작하는 것임을 부모님이 인지시켜 주어야한다. 어려움을 느끼는 아이들에게 부모의 '할 수 있어, 실패해도 괜찮아, 다음엔 더 멋진 프로토타입이 나올 거야, 너의 생각대로 만들어' 등 응원의 말 한마디가 아이들에게는 창조적 자신감과 실패하는 힘을 길러낼 수 있는 시작이 될 수 있음을 잊지 않도록 하자.

● ● ● ● ● ● ●

6단계-공유하기 (가치를 공유하고 개선하라)

프로토타입을 제작하였다면 평가를 받는 활동을 해야 한다. 이 프로젝트에서는 피드백을 받을 수 있는 대상으로 taget user인 엄마, 이웃집 아주머니, 엄마의 가까운 지인 등을 선정하여 미리 피드백을 받을 수 있도록 요청하게 한다. 피드백 요청을 수락한 이들에게는 피드백을 할 때 주의할 점을 미리 안내해주어야 한다.

✎ **효과적인 피드백이 이루어 질수록 주의해야 할 점**

① 솔직한 피드백을 해야 한다.

② 구체적인 피드백을 해야 한다.

③ 문제 해결의 방향성에 맞는지에 초점을 두고 해야 한다.

④ 보다 나은 해결책을 위한 보완점을 제안할 수 있다.

✎ **프로토타입 발표 시 유용한 팁**

① 상대방의 평가에 상처받지 말자. (더 나은 제품을 위한 조언이다)

② 프로토타입을 있는 그대로 설명하자. (선입견 없이 평가받을 수 있다)

③ 구체적인 질문을 할 수 있게 하자. (새롭게 보완 수정할 수 있는 아이디어를 얻을 수 있다)

④ 상대방의 이야기를 경청하자.

피드백을 받을 준비가 되었다면 프로토타입을 아이들이 직접 발표하게 하자. 자신의 프로토타입을 발표하는 활동을 통해 발표력과 자신감을 신장할 수 있으며 프로토타입을 개선하기 위한 적극적인 태도를 고취할 수 있다. 이때, 프로토타입 발표 시 유용한 몇 가지 팁을 아이들에게 미리 알려주는 것도 잊지 말자.

피드백을 마쳤다면 수정 및 개선이 진행되어야 한다. 프로토타입을 개선해야한다면 그 이전 단계로 이동하여 수정 보완할 점을 반영 후 2차, 3차 프로토타입을 제작하여야 한다. 만일 엄마의 문제상황이 무엇인지 제대로 파악하지 못했다면 더 앞 단계인 문제 정의하기 단계로 되돌아가면 된다.

디자인씽킹은 한 번에 해결책을 찾아내는 과정이 아니라 여러 번의 시행착오 끝에 문제를 해결하는 문제해결력을 키우는 과정이다. 결과보다 과정에 중점을 두고 진행해야한다는 말이다.

이번 활동을 통해 우리 아이들은 나 중심에서 벗어나 가장 가까운 가족에게 관심을 가지고 문제상황을 해결하기 위한 인간중심, 창의적 문제해결력을 키울 수 있는 디자인씽킹 활동을 경험해 보았다.

다음은 '엄마 무엇을 도와드릴까요?' 디자인씽킹 활동을 경험한 아이들의 반응이다.

"우리 엄마가 이렇게 힘든지 몰랐어요."
"내가 만든 이 물건이 엄마를 도와주었으면 좋겠어요."
"엄마가 즐거워하니깐 기분이 좋아요."
"아빠랑 동생이랑 함께 문제를 해결하기위해 노력하니 우리 가족이 더욱 더 친해진 것 같아요."
"새로운 문제로 디자인씽킹을 해보고 싶어요."
"우리 가족이 찾아낸 해결방법을 내 친구에게도 알려주고 싶어요."
"내 아이디어를 실현하기 위해 방법을 연구하고 프로토타입

도 만들어 발표해보니 나도 할 수 있다는 자신감이 생기는
것 같아요."

프로젝트를 통해 문제를 발견하는 힘, 문제해결을 위한 창의적 아
이디어를 생성하고 실행하는 힘 뿐 아니라 문제해결 과정에서 생긴
가족 간의 돈독하고 깊어진 유대감은 또 하나의 선물이라 할 수 있다.

디자인씽킹 활동 4
: 유아를 위한 장난감 만들기 ▲▲

대부분의 아이들은 방과 후 또는 방학 기간 중 많은 시간을 가정에서 보내게 된다. 그와 동시에 아이를 둔 부모님들은 아이들과 함께 보내는 시간이 때로는 즐겁지만 "혹시 학원에 보내지 않으면 우리 아이가 뒤처지지 않을까?" 또, "부족한 공부를 해야 하는데 왜 저렇게 스마트폰 게임만 하면서 놀고만 있지?"라고 생각하며 마음을 졸이는 경우가 많다. 그러면서도 부모로써 어떻게 아이들과 시간을 보내야할지 막막해 지는 것도 사실이다.

사실 방학은 다양한 체험을 하며 경험의 폭을 넓히는 기회가 될 수도 있지만 자기 스스로를 절제하지 못하면 생활리듬도 흐트러지고 학업성적도 하락하게 되어 스스로에게 독이 될 수도 있다. 방학기간이나 집에서 아이들과 보내는 시간을 활용하여 온 가족이 함께 디자인씽킹 활동을 해 보면 어떨까? 혹시 우리 아이가 방학 때 방에서 스마트폰만 만지작거리며 시간을 낭비하고 있지는 않은가? 디자인씽킹 활동은 이런 고민을 하는 부모님들에게 진정한 해답이 될 수 있다. 집에서 하는 디자인씽킹 활동을 통해 온 가족이 함께 많은 대화를 나누며 서로 소통할 수 있다. 또, 목표 지향적 활동으로 아이들이 즐기며 공부하고 탐구하며 이와 함께 미래사회에 꼭 필요한 역량인 창의적 문제해결력 또한 향상시킬 수 있을 것이다. 이를 위해서 가정에서 할 수 있는 디자인씽킹 활동 중 '우리 아이를 위한 빛과 소리를 내는 장난감 만들기' 활동을 추천한다.

어린 동생이 있는 형, 누나들이나 집에서 자녀가 재미있게 즐길 수 있는 장난감을 만들어주고 싶은 부모님들, 이 세상의 모든 아이들이 즐겁게 가지고 놀 수 있는 장난감을 만들고 싶은 누구나 이 프로젝트의 주인공이 될 수 있다.

먼저 4인 가족이 그 동안 가지고 있던 장난감에 실증이 난 3살짜리 막내 동생을 위한 장난감을 만들기 위해 가족이 다함께 디자인씽킹 활동을 한다고 가정해보자. 주제는 아래와 같이 정할 수 있다.

목표

**어떻게 하면 3살짜리 우리 막내가 즐겁게 놀 수 있는
장난감을 만들 수 있을까?**

1단계-이해하기 [진짜 유아용 장난감 제작자가 되어보자]

첫 단계인 '이해하기'에서는 가족끼리 모여서 유아용 장난감에 대해 서로 이해하는 시간을 가지도록 한다.

먼저 우리 가족이 유아용 장난감을 만들기 위해서 어떤 부분에 대해서 알고 있어야 하는지 돌아가면서 말하고 포스트-잇을 이용하여

✏️ **이해하기 단계 조사 항목들 예시**

① 3-4세 유아들의 장난감 종류 및 유형 알아보기

② 아이들의 안전을 고려하여 사용되는 장난감 재료 알아보기

③ 시장조사를 통해 유아들이 좋아하는 장난감 형태 파악하기

✏️ **우리 가족의 능동적인 이해하기 및 의사소통을 도와주는 질문들**

① 지금 판매되는 유아용 놀이기구는 뭐가 있을까?

　(이미 알고 있는 내용 포스트잇에 써 보기)

② 우리가 알고 있는 것 외에 판매되는 유아용 장난감을 조사하는 방법에는 무엇이 있을까?

③ 또 어떤 방법으로 정보를 찾을 수 있을까?

④ 3-4세 유아들은 어떤 장난감을 좋아할까?

⑤ 아이들이 취향을 파악하려면 어떤 방법이 있을까?

식탁 위나 바닥에 붙여본다. 여기서 부모님들은 의견을 제시함과 동시에 다양한 방면으로 장난감에 대해 이해할 수 있도록 적절한 질문을 던져주는 조력자 역할을 하면 된다. 3-4세 유아들이 가장 좋아하는 장난감 종류를 조사해 보고 유아용 장난감이 갖추어야 할 조건에 대해서도 알아본다. 그리고 마트나 장난감판매점에 가서 아이들이 현재 어떤 장난감을 좋아하는지 시장조사도 해 볼 수 있다.

위와 같이 내용적인 측면뿐만 아니라 방법적인 측면에서도 서로 의견을 공유하고 탐구할 수 있도록 하기 위해서는 한 사람에 의한 지시, 안내가 아니라 조금 시간이 걸리더라도 질문을 통해 가족들이 서로 의견을 주고받으면서 탐색해 나갈 수 있도록 한다.

2단계-공감하기 (동생을 관찰하고, 질문하고, 경험해보자)

두 번째 활동은 문제 상황에 처해있는 '3살짜리 막내 동생'과의 공감하기 활동이다. 함께 생활하는 막내 동생이 성장하면서 전에 즐겁게 가지고 놀던 장난감은 왜 싫증나는지 또 새롭게 관심을 가지는 것에는 어떤 것이 있는지에 대해 관찰하고 관심을 기울이며 공감해야 한다. 공감하기 단계는 말 그대로 보고, 질문하고, 경험하며 장난감을 사용하는 유아들과 공감하는 단계이나. 막내 동생의 장난감과 장난감을 가지고 노는 장면을 관찰할 수 있다. 동생 및 동생 또래의 여러 유아들이나 유아를 많이 상대하는 사람들에게 질문이나 설문, 인터뷰 등으로 자료를 수집하거나 직접 다양한 장난감을 만져보면서 부족한 부분이나 문제점을 발견 할 수 도 있다.

　가정에서 진행하는 디자인씽킹 활동인 만큼 가족들이 함께 또는 환경에 따라 역할을 나누어 경험하며 공감을 공유하는 것 또한 매우 중요하다. 어떤 것을 관찰해야하는지, 만약 설문을 한다면 어떤 내용이 좋을지, 대상자는 누구로 할지 이 모든 것을 가족들이 함께 만들어 가야한다.

　관찰을 할 때는 메모를 통해 기록을 남겨두도록 하고 하루나 이틀보다는 일주일 정도의 시간을 할애하여 지속적으로 관찰하는 것이 좋다. 또 관찰하기 행동 그 자체로 끝나는 것이 아니라 서로 기록한 것을 테이블 위에 앉아서 공유하며 분류하고 공통적으로 발견되는 사항을 찾는 활동이 꼭 이루어 져야 한다.

　만약 우리 막내 동생만을 위한 장난감 만들기가 목표라면 막내 동생만 인터뷰 하면 되지만 대중적인 유아용 장난감 제작을 디자인씽킹 활동 목표로 삼았다면 인터뷰나 설문 등을 통해 수집한 자료의 객관성 및 대중성을 확보할 필요가 있다. 유아들을 대상으로 설문은 어렵기 때문에 유아들을 많이 대하는 어린이집 선생님이나 부모님들을 대상으로 설문을 진행하도록 한다.

　관찰 및 인터뷰를 통해 공감을 위한 자료를 수집했다면 다음 단계

✎ 관찰을 통한 공감하기를 위해 가족들이 함께 정할 수 있는 관찰 항목들 예시

① 집에서 막내 동생이 사용하는 장난감 관찰하기

② 예전에는 사용했지만 지금은 흥미가 떨어져서 잘 사용하지 않는 장난감 관찰하기

③ 유아용 장난감에 주로 사용되는 재질

④ 유아용 장난감에 포함된 여러 가지 기능들

⑤ 막내 동생이 장난감을 사용할 때의 표정 및 기분 등

✎ 객관성 확보를 위한 인터뷰 및 설문에서 정한 질문 항목들 예시

① 유아들이 가장 많이 사용하는 장난감은 무엇인가요?

② 왜 그 장난감을 많이 사용한다고 생각하시나요?

③ 집이나 어린이집에서 장난감을 사용하면서 생기는 안전사고에는 어떤 것이 있나요?

④ 남자아이와 여자아이가 선호하는 장난감은 각각 어떤 것이 있나요?

⑤ 유아들이 쉽게 싫증내거나 특별한 관심을 보이는 장난감은 어떤 특성을 가지고 있나요?

③ 또 어떤 방법으로 정보를 찾을 수 있을까요?

④ 3-4세 유아들은 어떤 장난감을 좋아할까요?

⑤ 아이들이 취향을 파악하려면 어떤 방법이 있을까요?

✎ 공감하기 활동 결과 파악 할 수 있는 사용자의 현황 및 요구사항 예시

① 남자아이들은 블록이나 자동차, 공룡 등 움직이는 장난감을 좋아한다.

② 유아들은 빛이나 소리를 내며 주의를 끄는 장난감에 쉽게 눈이 간다.

인 경험하기로 넘어간다. 하루 종일 동생을 따라다니며 동생의 일상을 관찰하고 기록하면서 언제, 무슨 장난감을, 어떻게 가지고 노는지, 사용한 지 몇 분 만에 싫증을 내는 지 등에 대해 가족들이 하루씩 돌아가며 또는 시간을 나누어 에스노그라피 연구를 진행한다. 또 직접 동생이 가지고 노는 장난감을 작동시켜보며 서로의 의견을 주고받는 시간을 가진다. 이렇게 가족이 다 함께 수집한 자료에서 장난감 제작에 의미가 있는 사용자의 요구 및 공통점을 찾아낼 수 있다.

3단계-문제 정의하기 (질문하고 또 질문하라)

여기서는 특정 문제 상황의 해결이라기보다는 다양한 요구사항 및 고려사항을 반영하여 물건을 제작하는 활동이기 때문에 문제의 진짜원인을 찾는 5why기법보다는 HMW 기법이 더 적절하다고 볼 수 있다.

유아들의 성별, 기능, 안전성, 지속적인 사용 등 여러 가지를 고려하

✎ HMW 기법 사용하기

① 막내 동생은 집에 있는 움직이지 않는 장난감 대부분에 싫증을 느끼고 있다.

➡ 우리가 어떻게 하면 움직이면서 싫증나지 않는 장난감을 만들 수 있을까?

② 유아들은 빛과 소리를 내는 장난감에 더 큰 흥미를 느낀다.

➡ 우리가 어떻게 하면 빛과 소리를 내는 장난감을 만들 수 있을까?

③ 유아들은 부주의하기 때문에 장난감을 입에 넣거나 던져서 안전사고가 많이 발생한다.

➡ 우리가 어떻게 하면 입에 넣어도 안전하고 다치지 않는 장난감을 만들 수 있을까?

여 해결해야 할 문제를 정의하는 방법이 더 유용할 수 있기 때문이다. 가족들끼리 테이블에 모여 앉아서 공감하기 단계에서 파악한 현재 집에 있는 장난감의 문제점 및 유아들의 요구사항, 그 밖의 유아용 장난감에서 고려해야 할 사항에 대해서 이야기하고 HMW 질문으로 하나씩 해결해야할 문제를 정의해 보자.

이렇게 여러 가지 문제 상황을 HMW기법으로 정의하고 이 중에서 진짜 막내 동생의 요구사항을 잘 반영하였는지, 실현 가능성이 있는지, 좀 더 많은 아이들이 즐길 수 있는 가치가 있는지 등을 고려하여 해결해야할 문제 2-3가지 정도를 가족 투표를 통해 선정한다.

디자인씽킹 활동이라고 해서 거창한 장난감을 만드는 것이 목표가 되어 처음부터 부담을 느껴서는 안 된다. 3살짜리 막내 동생 또는 유아들이 즐겁게 놀 수 있는 간단한 장난감을 만든다는 생각을 가지는 것이 좋다. 처음부터 완벽한 생각은 존재하지 않는다. 단계를 거치며 다듬어 갈 수 있고 피드백을 통해 수정할 수 있다. 사람을 위해 조금이라도 가치 있는 최고의 아이디어를 선정하여 구현하는 것이 디자인씽킹 활동의 최대 목표이기 때문에 거창한 목표로 가족들이 부담감을 가질 필요는 없다.

4단계-아이디어 생성하기

만약 우리 가족이 "어떻게 하면 빛과 소리를 내는 재미있는 유아용 장난감을 만들 수 있을까?"라는 문제정의를 가지고 아이디어 생성하기 단계를 시작했다고 가정해보자. 가족들은 우선 함께 모여 각자 생각하는 빛을 내는 장난감과 소리를 내는 장난감에 대한 아이디어를 포스트잇이나 메모지에 써서 테이블 위에 붙인다. 그리고 서로 돌아가면서 자신의 아이디어가 어떤 아이디어이고 어떤 점을 고려하였는지 어떻게 사용하는 지에 대한 설명을 한다. 여기서 빛과 소리가 모두 포함된 아이디어도 좋고 빛, 소리 중 한 개만 사용한 아이디어도 좋다. 만약 아이디어가 쉽게 나오지 않는다면 각각의 소소한 아이디어들을 스캠퍼 기법을 활용하여 장난감의 용도를 바꾸거나, 확대, 축소, 결합, 제거 등을 통해 창의적인 장난감으로 변화시킬 수 있다.

소규모 활동이고 가족이 함께 하는 디자인씽킹 활동인 만큼 스티커를 활용한 투표보다는 가족들 모두의 아이디어가 조금씩이라도 포함되어 적절하게 조합된 아이디어로 재탄생시킨다면 가족에게는 더 의미 있는 활동이 될 것이다.

〈 가정에서의 브레인스토밍 사례1,2 〉

✎ 유아용 장난감 제작 콘셉트 자료에 포함 시킬 항목

① 최종적으로 선정된 장난감 이름을 정해서 쓰기

② 공감하기 단계에서의 동생 및 유아의 요구사항 간략히 표현하기

③ 문제 정의 단계에서 HMW 기법의 질문으로 표현한 문제 정의 쓰기

④ 장난감이 유아들에게 어떤 가치가 있는지 표현하기

⑤ 장난감이 어떻게 사용되고 문제 상황을 해결하는지 설명하기(글, 인포그래픽, 비주얼씽킹)

⑥ 디자인씽킹 프로젝트에 참여한 모든 가족들의 이름 쓰기

⑦ 장난감 아이디어 중 예상되는 문제점이나 다음 단계에서 해결해야 할 과제 적기.

가족들끼리 의논하여 아이디어를 채택하였다면 다음은 선정한 아이디어의 콘셉트(concept) 자료를 그림과 글 등을 이용하여 표현해 볼 차례이다. 비주얼씽킹이나 인포그래픽을 활용하여 장난감의 사용 방법 및 기능 등에 대해 이해하기 쉽게 표현하고 왜 이 장난감을 만들게 되었는지에 대한 히스토리도 기록한다.

콘셉트(concept) 자료 제작은 우리 가족이 문제해결 방향을 제대로 잡았는지 혹시 중간에 다른 길로 가지는 않았는지에 대해 점검할 수도 있고 콘셉트 자료를 바탕으로 프로토타입 제작의 완성도를 높일 수 있기 때문에 꼭 필요하다.

5단계-프로토타입 만들기 [값싸고, 빨리, 쉽게 만들어라]

프로토타입 제작을 위해서 우리 집에서 어떤 재료로 어떤 방법을 통해 시제품을 제작을 할 것인지에 대해 협의한다. 가정에서 버리는 재활용품을 활용한 업-사이클링(up-cycling)으로 프로토타입 장난감을 제작하거나 재료를 구하거나 실제로 제작이 어려울 경우 종이 프로토타입으로 구현해 보는 방법도 있다.

특히 가정에서는 재료나 제작 도구를 구입하기 쉽지 않기 때문에 종이인형으로 장난감이 구현되는 모습이나 작동원리를 보여주는 종이 프로토타입을 제작하는 것도 좋은 방법이 될 수 있다. 물론 직접 제작해서 동생이 직접 사용하는 모습까지 볼 수 있다면 더 좋겠지만 디자인씽킹 활동을 통해 동생을 위한 장난감을 제작해보는 전 과정을 경험하고 동생을 위해 우리 가족이 함께 어떤 것을 창작해냈다는 그 자체만으로도 충분히 가치 있고 값진 일이다.

조금 더 높은 완성도를 가진 빛과 소리를 내는 장난감을 구현해 보기를 원한다면 시중에 판매하는 다양한 피지컬 컴퓨팅 도구(비트브릭, 햄스터 로봇, 아두이노 등)와 코딩소프트웨어를 활용할 수 있다.

하지만 이미 만들어진 기능은 창의적인 아이디어 구현을 제한할 수 있기 때문에 사용에 신중을 기해야 한다. 기존에 있는 장난감을 활용

〈 빛과 소리를 내는 SW 자동차 만들기_피지컬 컴퓨팅 〉

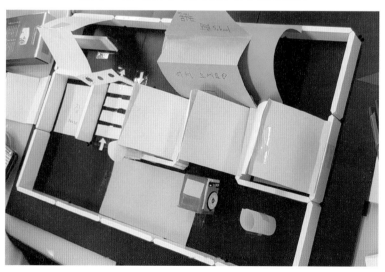

하여 전혀 새로운 장난감으로 재탄생 시킬 수도 있다. 가장 싸고, 빠르게, 또 쉽게 만들 수 있어야 테스트와 피드백을 통해 완성도 높은 아이디어로 탄생될 수 있다는 점을 명심해야 한다.

6단계-공유하기 (가치를 공유하라)

우리 가족이 다 함께 만든 아이디어를 장난감 프로토타입으로 구현하였다면 여기에 그쳐서는 안 된다. 만든 프로토타입 장난감이 실제로 동생이 좋아하는지, 또 동생 또래의 많은 아이들이 즐길 수 있는 장난감인지 테스트해보고 피드백 받는 과정이 필요하다.

먼저 의사소통이 가능한 연령이라면 가정에서 동생에게 제작한 장난감을 직접 사용해보게 하고 반응을 살펴보거나 사용 소감 등에 대한 질문을 통해 피드백을 받을 수 있다. 또 어린이집에 가지고 가서 동생이 또래 친구들과 같이 사용하는 모습을 직접 관찰하거나 선생님을 통해 반응을 살필 수도 있다.

피드백을 주고받은 후 프로토타입을 수정하여 다시 제작한다. 그리고 수정한 프로토타입을 사용범위를 조금 더 넓혀서 사용하게 하고 설문조사를 통해 보다 객관적인 피드백 자료를 수집할 수 있다. 디자인씽킹 활동에서 공유하기 단계의 가장 큰 목표는 가치를 공유하는

✎ 유아용 장난감 공유하기 설문 조사에 사용가능한 질문들

① 만약 이 장난감을 판다면 구매할 생각이 있나요?

② 이 장난감의 최대 장점은 무엇이라고 생각하시나요?

③ 아이들이 이 장난감을 몇 일 정도 재미있게 사용했나요?

④ 유아들이 사용하기에 안전한가요? 그렇지 않다면 어떤 부분에서 위험한가요?

⑤ 특별히 고칠 점이나 추기로 넣으면 좋을 것 같은 기능이 있으면 포스트 잇에 적어주세요.

것이다. 물론 우리 막내 동생이 즐겁게 사용한다면 그것 자체만으로도 가치 있는 일이다. 만약 더 의미 있게 가치를 공유하기를 원한다면 크라우드 펀딩을 이용하여 보다 많은 사람들과 공유하는 것을 시도해 볼 수 있다. 만약 여유가 된다면 크리스마스나 어린이날에 주변의 보육시설이나 복지시설에 찾아가서 장난감을 구입하기 힘든 아이들에게 멋진 장난감을 선물하는 것도 장난감 제작 디자인씽킹 활동을 의미있게 마무리 하는 방법이 될 것이다.

'나로부터의 변화에서 우리의 변화로…'

미래를 꿈꾸고 실현시키는 능력은 인간이 가진 고유한 특성이다. 그리고 교육은 인류가 그동안 축적해온 지식을 바탕으로 다가올 미래를 대비하고 새롭게 형성해나가기 위한 기반을 마련하는 것이다. 우리 아이들이 살아갈 미래는 지금까지와는 비교도 할 수 없을 만큼 빠르고 변화한 모습을 지녔을 것이다. 디자인씽킹은 생각의 전환과 인간에 대한 공감을 실현할 수 있는 창의적이고 융합적인 사고방식이다. 세계적인 디자인경영 그룹 IDEO사를 필두로 디자인씽킹은 혁신적인 비즈니스 모델로 인정받고 있다. 아울러 디자인씽킹은 창의적 문제해결력, 의사소통, 협업, 공감 등의 미래사회의 핵심 역량들을 발현시킬 수 있는 사고이자 프로세스라는 점에서 높이 평가되고 있다.

이 책에서는 교육에 디자인씽킹을 소개하고 교육적 측면에서 바라본 디자인씽킹의 가치를 찾고자 하였다. 또한, 교과 수업과 연계한 프로젝트 활동, 가족들과 함께 할 수 있는 활동들을 제안하고 실제 적용 사례들을 생생하게 담고 있다.

이 책의 저자들은 초등학교에서 아이들을 가르치는 교사들로 다년간 디자인씽킹을 배우고 수업에 적용할 수 있는 방안을 모색해왔다. 교육과정과 연계되며, 무엇보다 아이들의 삶과 연결 지은 프로젝트를 꾸려가기 위해 고민하고 협의하고 있다.

프로젝트 수업에서 디자인씽킹은 하나의 교수·학습 모형이다. 문제를 발견하고 그와 관련된 사람들을 공감하며, 그 안에서 깊이 있는 통찰을 통해 문제를 해결해나가는 일련의 과정이자 결과이다. 그러나 디자인씽킹이라는 긴 호흡의 과정을 다수의 아이들과 저마다 다른 교실 상황에 적용해보기란 쉽지 않았다. 보다 효과적인 활동을 찾기 위해 동일 주제의 프로젝트로 저마다의 교실에서 적용해보기도 하였으며, 수업의 난이도를 조정하여 학년 군을 다르게 수업을 해보기도 하였다.

이렇게 한 해, 두 해 아이들과 디자인씽킹 프로젝트 수업을 하면서 공통적으로 느낀점은 "우리의 수업도 프로토타입"라는 것이다. 프로토타입에 대한 공유와 피드백을 통해 프로토타입은 수정·보완을 거쳐 더욱 발전하며, 궁극에는 사용자의 니즈(Needs)를 충족시킬 수 있는 산출물로 탄생한다.

우리의 수업도 마찬가지이다. 한 번의 수업으로 그치는 것이 아니라, 스스로 성찰하고 함께 공유하고 피드백을 주고받으며, 다음 수업에 반영하는 과정이 중요하다. 우리는 디자인씽킹을 통해 교육의 주 고객인 아이들이 만족하는 수업, 교사와 학생이 함께 성장하는 교육을 꿈꾸게 되었다. 그렇다면 디자인씽킹 프로젝트 수업을 접한 아이들은 어떠했을까?

우선, 아이들은 자신을 둘러싼 환경에 대해 관심을 갖고 그 안에서 발생하는 여러 가지 현상들을 관찰하였다. 관련 사람들을 만나고 인터뷰하며, 자신들이 해결할 수 있는 문제를 찾아 나섰다. 사물함과 서랍의 물건들이 항상 뒤엉킨 짝을 관찰한 아이는 "어떻게 하면 교과서와 학용품이 섞이지 않게 사물함의 칸을 나눌 수 있을까?"라는 문제를 찾았다.

급식실에서 배식 도우미를 하던 아이는 유독 아이들이 싫어하는 메뉴를 파악하고 그 음식에 든 식재료가 무엇이며, 왜 그것을 싫어하지는 지에 대해 설문 조사하였다. '가지의 물컹함이 싫다.', '햄버거는 좋아하지만 피클이 들어서 싫다.', '파프리카의 색깔은 예쁘지만, 아삭거려서 싫다.'등 구체적이고 다양한 반응들을 얻었다.

아이들은 타인의 눈으로 세상을 바라고 그들의 입장에서 문제를 해결하기 위해 노력하고 있었다. 또한 친구들과 아이디어를 이야기하고 눈으로 직접 실현해가는 과정을 매우 흥미로워하였다. 디자인씽킹을 통해 아이들 스스로 해결 방안을 구현하고 결과를 확인하고, 자신이 정한 사용자에게 피드백을 받아보는 일련의 활동들은 아이들에게 새로운 경험이며, 살아있는 교육이었다.

또한, 사람이 가장 중요한 가치임을 느끼고 있었다. 디자인씽킹은 타인의 입장에서 생각하고, 문제를 해결해 나가는 과정이다. 이 과정이 아이들에게는 다소 생소하고 어려울 수 있다. 그러나 이러한 경험들을 통해 '사람 중심'이라는 보편적 가치를 몸소 느끼고 실천하게 된다. 디자인씽킹은 거창하고 인류 지향적인 활동이 아니어도 좋다. 가족, 친구, 애완견, 이웃 같이 매일 마주치는 사람과 생명에 대해 관심을 갖고 이해하는 것이다. 한 걸음 디 나아간다면, 그들이 이떤 환경의 변화에 놓여있고, 어떻게 생각하며, 무엇을 왜 원하는지 등을 면밀히 살펴보는 마음과 자세를 표현하는 것이다.

몇 해 전 방향 감각이 없는 청년이 빨간 화살표가 누락된 버스 노선도를 발견하고, 정류장마다 2천 700개가 넘는 화살표 스티커를 붙이고 다닌 일이 기사화 된 적이 있었다. 버스 정류장에서 어느 방향으로 버스를 타야 하는지 모르는 불편함을 모두 느끼고 있음을 공감한 청년은 하루 15시간씩 자전거를 타고 빨간 화살표 스티커를 붙였다. 청년의 아이디어는 사람을 향한 진정성이 만든 작은 변화이자 실천이었다.

우리 교육에서도 작은 변화와 실천을 통한 새로운 혁신을 꿈꾸고 있다. 이러한 혁신은 가장 가까운 곳의 작은 것으로부터 시작하며, 소통하고 협업하여 해결하는 다양한 경험의 축적이 만들어 낼 것이다. 그리고 그 중심에서는 '사람'이라는 가치가 존재한다. 이제 이 책을 읽은 독자들도 우리로부터의 변화를 이끌기 위한 새로운 도전을 시작해 보길 바란다.

● 출처

이미지

3D 모델 소프트웨어, 틴커캐드(www.tinkercad.com)

공감의 뿌리, 공감의 뿌리 홈페이지(www.rootsofempathy.org)

다방 광고, 다방 홈페이지(www.dabangapp.com)

데미스 하사비스(구글 딥마인드 CEO), 유튜브

리어카 광고 클라우드 펀딩, 끌림 홈페이지(www.cclim.or.kr)

마시멜로 챌린지, 유튜브 TED(Build a tower, build a team | Tom Wujec)

브리태니커 백과사전, 위키백과

어드벤처 MRI, GE healthcare

업사이클링 의자, flickriver

업사이클링 화분, laregion

위키피디아, 위키피디아 홈페이지

유니버설 디자인 원칙, Center for Universal Design

지식 생산 필터, 로저 마틴 '디자인씽킹'

크라우드 펀딩 해피빈, 해피빈 사이트(happybean.naver.com)

킷캣을 이용한 스캠퍼기법, Design&Technology

팀 브라운의 디자인적 사고 마인드맵, 아이디오

프로토타입의 종류, 그림(스토리보드), 라임프랜즈

저서

데이비드 켈리,『유쾌한 크리에이티브』

데이비드 호우,『공감의 힘』

로저 마틴,『디자인씽킹(design thinking)』

박준철,『오래가는 UX 디자인』

알렉스 F. 오즈번,『독창력을 신장하라』

이성대,『프로젝트 수업, 교육과정을 만나다』

제러미 리프킨,『공감의 시대』

키스 소여,『그룹 지니어스』

프랭크 파트노이,『속도의 배신』

문구 인용

노스케롤라이나 주립대학교(North Carolina State University)의 '유니버
설 디자인의 7가지 원칙'

데이비드 켈리 (IDEO의 창업자)

로버트 애벌 (Robert Eberle)

르 코르뷔지에 (국제적 합리주의 건축사상가)

머스 프레이 (Thomas Frei)

미국의 토마스 제퍼슨 기념관 사례

빌 버넷 (스탠포드대학 디자인 프로그램 책임자)

스탠포드 대학의 d.school '마시멜로 챌린지'

알렉스 오스본 (Alex Osbone)

에벌의 스캠퍼 발상법

이브베하 (퓨즈 프로젝트)

팀 브라운 (아이디오 IDEO의 CEO)

폴 랜드 (그래픽디자이너, ABC, UPS, IBM, Next 로고 디자인)

공감하고 생각하고 실행하라!
생각혁신 프로젝트

디자인씽킹 수업

초판 1쇄 발행 2018년 10월 10일
초판 3쇄 발행 2021년 01월 25일

지은이 우영진, 박병주, 이현진, 최미숙
펴낸이 박기석
기획 안주희, 장인영
편집 장인영
디자인 올컨텐츠그룹

펴낸곳 (주)아이스크림미디어
출판등록 2013년 12월 11일
신고번호 제2013-000115호
주소 경기도 성남시 분당구 판교역로 225-20 시공빌딩
전화 1544-3070
팩스 02-6280-5222
홈페이지 http://teacher.i-scream.co.kr

ISBN 979-11-5929-020-6 03370 **CIP** 2018030531